Quem tiver a garganta maior vai engolir o outro:

sobre violências conjugais contemporâneas

Quem tiver a garganta maior vai engolir o outro:

sobre violências conjugais contemporâneas

Kátia Lenz César de Oliveira

Casa do Psicólogo®

© 2004 Casa do Psicólogo Livraria e Editora Ltda.
É proibida a reprodução total ou parcial desta publicação, para qualquer finalidade,
sem autorização por escrito dos editores.

1ª edição
2004

Editores
Ingo Bernd Güntert e Myriam Chinalli

Assistente Editorial
Sheila Cardoso da Silva

Produção Gráfica & Editoração Eletrônica
André Cipriano

Capa
Renata Vieira Nunes

Revisão
Luís Carlos Peres

Dados Internacionais de Catalogação na Publicação (CIP)
(Câmara Brasileira do Livro, SP, Brasil)

Oliveira, Kátia Neves Lenz César de
   Quem tiver a garganta maior vai engolir o outro: sobre violências conjugais contemporâneas / Kátia Neves Lenz César de Oliveira. -- São Paulo: Casa do Psicólogo®, 2004
   [Originalmente apresentada como dissertação de mestrado da autora, pelo programa de pós-graduação em Psicologia, da Universidade de São Paulo em Ribeirão Preto, em 2001, sob o título: Relações conjugais violentas: suas contradições e novas configurações contemporâneas pós-feminismo. Orientadora: Dra. Zélia Maria Mendes Biasoli - Alves].

   Bibliografia.
   ISBN 85-7396-300-X

   1. Violência Conjugal   2. Gênero   3. Dinâmica Familiar

04-1463   CDD-155.64

Índices para catálogo sistemático:
1. Violência conjugal: Gênero: Dinâmica familiar: Psicologia 155.64

Impresso no Brasil
Printed in Brazil

Reservados todos os direitos de publicação em língua portuguesa à

Casa do Psicólogo® Livraria e Editora Ltda.
Rua Mourato Coelho, 1.059 – Vila Madalena – 05417-011 – São Paulo/SP – Brasil
Tel./Fax: (11) 3034.3600 – E-mail: casadopsicologo@casadopsicologo.com.br
http://www.casadopsicologo.com.br

"(...) Aí eu falei pra ele: 'você vai embora, não quero você mais morando na minha casa.' Quando eu falei assim, ele pegou, foi, catou a cabo de vassoura, a vassoura que tava..., e eu tava do lado de cá da mesa e ele do lado de lá, ele pegou e veio, mandou com tudo, mandou no meu braço. Aí eu abaixei, pus o braço, acertou o braço, né? Ai, como o braço doeu! Eu abaixei a mão e ele acertou na cabeça, foi onde eu peguei e fui e falei pra ele: 'cê num, num vai me bater nunca mais, se você me bater vai ter troco.' Aí tinha umas garrafa de refrigerante assim em cima da mesa, aí eu catei a garrafa e... abri a cabeça. Sabe? Aí ele desmaiou lá no chão. (...) E eu peguei e falei pra ele: 'de hoje em diante vai ser assim, se você vir pra cima de mim eu vou revidar, aí quem tiver a garganta maior vai engolir o outro.' "

(mulher (2) entrevistada neste estudo)

*Ao Márcio, meu marido, companheiro
nos bons e maus momentos*

*Aos meus filhos Jasmim e Emanuel, que
me enchem de alegria*

*À minha mãe Ana Maria, primeira
referência de mulher batalhadora e
constestadora para mim.*

*A todas as pessoas que se dispuseram a
falar de suas relações conjugais conflituosas
para mim.*

AGRADECIMENTOS

- Aos homens e mulheres que se dispuseram a falar de suas relações conjugais para mim, pela confiança depositada.
- À minha orientadora do mestrado, Dra. Zélia Maria Mendes Biasoli-Alves, da Faculdade de Filosofia, Ciências e Letras de Ribeirão Preto – FFCLRP, USP, por ser a primeira a acreditar em mim quando cheguei em Ribeirão. Deixar-me seguir meus próprios passos é uma das principais marcas da sua tolerância e carinho para comigo. Suas críticas foram sempre extremamente proveitosas, dimensionando-me a construção de um texto mais simples e, com certeza, mais claro.
- À equipe mais próxima de mim da Casa da Mulher (ONG), por terem me acolhido durante todo o tempo em que estive em Ribeirão, por apoiarem minhas idéias e projetos: Judete, Sílvia, Raquel, Raimunda, Carmem e Dona Elza.
- Às funcionárias da Delegacia de Defesa da Mulher de Ribeirão Preto, em especial à Ana Maria, assistente social, por darem todo apoio necessário à pesquisa.
- À amiga Raquel Gandelsman, pela parceria no trabalho junto a mulheres vítimas de violência, pelas intensas discussões teóricas, políticas, sobre o meu relacionamento com aqueles a quem entrevistava, sobre nossas próprias trajetórias pessoais.
- Ao amigo Marco Perroni por ajudar-me a refletir sobre o meu posicionamento, em especial diante dos homens que entrevistava.
- Ao "nosso grupo de estudos" de 1998-2000 sobre os construtivismos e construcionismos: Emerson Rasera (o Mera), Carla Guanaes, professora Dra. Marisa Japur, César Sandoval, Ana Paula Soares da Silva e Celiane Borges, que além de me ajudarem a começar a lapidar conceitos teóricos, estiveram sempre dispostos a discutir minha pesquisa e minhas inquietações como pesquisadora. Vocês são exemplo para mim.
- Ao Mera ainda devo o empenho por acolher e dissipar minhas angústias durante todo, mas todo mesmo, o processo do trabalho.
- Ao professor Dr. Geraldo Romanelli (USP de Ribeirão Preto), pela disposição em sempre me apresentar bibliografia nova, por discutir desde o texto do projeto de pesquisa até os da qualificação.

- À professora Dra. Gláucia Diniz (UnB Brasília), que acompanhou-me deste minhas primeiras tentativas de construir um projeto de pesquisa. Suas frases mais marcantes em momentos diferentes: "é preciso ter disciplina", "tire férias".
- À professora Dra. Clotilde Rossetti-Ferreira (USP de Ribeirão Preto), por dispor-se carinhosamente a discutir pontos importantes do meu trabalho.
- À professora Dra. Míriam Grossi (UFSC – Santa Catarina), pelos e-mails trocados. Lembrar de seu interesse pelo que vinha escrevendo e levantando me deram força para continuar e terminar o trabalho.
- À colega de mestrado Gabriela Burali, pelas trocas de experiência e apresentação de novos textos e autores.
- À professorinha (isso é carinho) Dra. Regina Caldana (USP de Ribeirão Preto), pelas discussões sobre o método de história de vida e principalmente sobre ética na pesquisa.
- À CAPES, pelo apoio na forma de bolsa de mestrado.
- À Ana Maria, minha mãe, pela paciência em ouvir-me falar dos problemas do meu trabalho.
- Ao meu marido Márcio, por entender minhas "dores de cabeça" com o trabalho, nos dois sentidos. Seu apoio foi fundamental.
- À minha filha Jasmim, por renunciar a brincar comigo em vários momentos e pelas opiniões sobre "o porque os homens batem".
- Ao meu filho Emanuelzinho, por promover meus melhores recreios no último ano em que escrevi a dissertação, que resultou neste livro.
- Às queridas e saudosas companheiras de trabalho por duas épocas diferentes em Rio Branco, AC, aquelas que me introduziram em trabalhos de intervenção pelo fim da discriminação contra a mulher, em especial Filomena (a Filó), Alcinélia, Marisa e Isabel.
- Aos novos colegas de trabalho na Universidade Federal do Amazonas – UFAM, pelo carinho com que me acolheram e pelo incentivo a produzir na vida acadêmica, em especial aos professores Denise Gutierrez, Cláudia Sampaio e Darlindo Ferreira.
- Aos alunos e alunas da UFAM pelo crédito que me dão, em especial ao grupo de estágio (200H) que objetiva formular uma cartilha sobre as ambigüidades da violência conjugal.

Sumário

PREFÁCIO 15

APRESENTAÇÃO 19

REVENDO POLÍTICAS E CONCEITOS 23

1. As mobilizações sociais que conduziram ao debate atual
sobre a violência conjugal 23
2. O quadro atual das reflexões teóricas sobre a violência
conjugal 32
    a) O modelo centrado na argumentação da opressão
das mulheres pelos homens 33
    b) O modelo baseado na idéia de conflito: criticando e
elaborando novas interpretações 44
        Quanto à distribuição e forma/tipo da violência entre
homens e mulheres 44
        Quanto à abordagem diante da problemática e ao
foco de análise 49
3. Novas perspectivas 58

**APROXIMANDO-ME DAS PESSOAS DE
CARNE E OSSO** 61

Como colher as narrativas 61
Os procedimentos de coleta das narrativas e os cuidados
éticos 63
Características gerais dos entrevistados e de suas parcerias
enquanto casais 67
Formatando um olhar para a análise 70
    a) O foco em cada parceiro e na relação pesquisador-
entrevistados 70
    b) Construindo uma forma de comparar os parceiros 72

O CASAL SÍLVIA E JOÃO PEDRO – O CONFLITO CONSTANTE DEPOIS DE 6 ANOS "FELIZES" 83

a) JOÃO PEDRO: APAIXONADO E RAIVOSO
Seu ponto de vista sobre sua relação com Sílvia 85
b) SÍLVIA: VÍTIMA E AMANTE
Seu ponto de vista sobre sua relação com João Pedro 89
c) QUEM AMA E QUEM NÃO AMA? 96
   A convergência 96
   As diferenças e os desencontros 96
   Estratégias e atribuições de sentido de Sílvia 104
   Estratégias e atribuições de sentido de João 108
   O encaixe estabilizado 110

O CASAL DORA E ANDRÉ – TENTATIVAS DE GARANTIR UMA CONVIVÊNCIA MAIS TRANQÜILA 125

a) ANDRÉ: O BOM MARIDO ARREPENDIDO
Seu ponto de vista sobre sua relação com Dora 129
b) DORA: DE VÍTIMA À CULPADA
Seu ponto de vista sobre sua relação com André 131
c) ENTRE OS DEFEITOS E AS QUALIDADES
DO OUTRO 135
   Convergência 135
   Diferenças e equivalências 136
   Estratégias e atribuições de sentido de André 143
   Estratégias e atribuições de sentido de Dora 154
   O encaixe estabilizado 165

VIOLÊNCIAS CONJUGAIS CONTEMPORÂNEAS – O CONFRONTO COMO SOBREPOSIÇÃO AO PARCEIRO 175

RETOMANDO A POLÊMICA TEÓRICA 193

a) PATRIARCADO versus/e INDIVIDUALISMO,
FOCO NO COLETIVO versus/e FOCO NO INDIVÍDUO;
ou, Quais as visões de mundo que legitimam o exercício da
violência? 193

b) CONTRADIÇÕES E VIOLÊNCIAS; ou, Porque a relação é mantida apesar do sofrimento? e O que é violência em uma abordagem relacional? 203
c) SIMETRIA E ASSIMETRIA/HIERARQUIA: reconhecendo dois padrões distintos de conjugalidade violenta 211

CONSIDERAÇÕES FINAIS..................................219

REFERÊNCIAS BIBLIOGRÁFICAS 223

ANEXO 1A..................................229

ANEXO 1B..................................231

ANEXO 1C 233

ANEXO 2..................................235

PREFÁCIO

ESCUTANDO CASAIS EM SOFRIMENTO

É com muita satisfação que apresento este livro de Kátia Lenz, livro que tive o privilégio de ler em versão anterior quando participei de sua banca de mestrado no Programa de Pós-graduação em Psicologia da Universidade de São Paulo – Ribeirão Preto. Conhecera Kátia alguns anos antes em um congresso sobre violência familiar onde, desde nossos primeiros diálogos, nos reconhecemos em algumas inquietações teóricas em torno do papel de homens e mulheres nas relações conjugais violentas. Acompanhei à distância seu crescimento intelectual e a construção nem sempre fácil desta pesquisa. É por isto que aceitei com grande alegria o convite para apresentar este trabalho que considero de grande importância para o campo dos estudos de violências contra as mulheres no Brasil contemporâneo.

A violência conjugal não é um tema nem novo, nem fácil de ser abordado como objeto de investigação. Este livro vem alinhar-se em uma já significativa produção teórica brasileira sobre o tema, produção que tem sua origem em temáticas caras ao feminismo brasileiro contemporâneo.

Como bem lembra a autora, recuperando alguns dos textos já clássicos sobre o tema, desde o final dos anos 70 a questão aparece no debate público brasileiro. Inicialmente como tema de revolta de grupos feministas contra a absolvição sistemática de homens que assassinavam suas mulheres "por amor", a violência contra as mulheres logo se mostrará sob a face da violência conjugal mais cotidiana – espancamentos, xingamentos, humilhações – nas queixas proferidas por mulheres vítimas destas agressões nas primeiras ONGs feministas brasileiras, os SOS-Mulher, e já à partir de 1985 nas inúmeras delegacias da mulher que serão criadas em vários lugares do país. É no bojo destas manifestações que se iniciam as primeiras pesquisas sobre esta problemática a partir de questões suscitadas no atendimento à mulheres vítimas da violência afetivo-conjugal.

Kátia também inicia seu questionamento sobre a temática a partir dos casos que lhe apareciam na ONG em que trabalhava como psicóloga. Kátia nos conta, de forma muito sincera e emocionada, sua trajetória intelectual, desvelando suas inquietações e sua adesão gradual ao ideário feminista. Reconheço em seu relato a trajetória significativa de inúmeras jovens de sua geração que descobrem o feminismo em suas práticas profissionais e nos bancos acadêmicos quando se defrontam com questões que aparentemente já tinham sido resolvidas pela geração de mulheres que a antecedeu, como no caso aqui estudado, a complexidade das relações de gênero no casamento. Ao contar sua trajetória a autora vai construindo seu objeto de pesquisa e se diferenciando dos discursos mais recorrentes e facilmente aceitos para explicar estas violências como fruto da "dominação masculina". Por sua opção metodológica de escutar os dois parceiros da díade conjugal, Kátia consegue, no meio de tantos trabalhos sobre violência conjugal já produzidos no Brasil, trazer novos elementos para pensar a complexidade das relações afetivo-conjugais.

Creio que este livro será de grande utilidade tanto para profissionais que atuam com casais em situação de violência quanto para pesquisadores deste tema, por várias razões. Primeiramente porque ela faz uma excelente revisão bibliográfica do que tem sido produzido sobre a temática da violência conjugal, articulando textos produzidos em vários campos disciplinares como Psicologia, Antropologia, Filosofia, Psicanálise e Sociologia. Além desta importante revisão teórica, Kátia expõe detalhadamente seus procedimentos e inspirações metodológicas. Detalhando como faz a pesquisa e, sobretudo, como analisa seus dados, ela nos inspira a percorrer os elementos de sua pesquisa como se estivéssemos ao lado dela, escutando estes homens e mulheres presos na armadilha dos conflitos conjugais. Sua postura metodológica é impecável e de um respeito profundo pelas razões do sofrimento alheio. Sua escuta de pesquisadora/psicóloga é preciosa para os casais que aceitaram ser entrevistados como percebemos nas próprias falas transcritas no livro. Alguns deles, inclusive, a procuram espontaneamente após encerrada a etapa formal de entrevistas em busca da continuidade da escuta e do diálogo estabelecido no processo da pesquisa. Encontramos estes casais, mulheres e homens marcados por relações conjugais violentas nos capítulos 4 e 5, nos quais suas falas são reproduzidas e analisadas. Escutando as falas de Sílvia, João Pedro, Dora, André, Paulo e Carla vamos aos poucos acompanhando a autora em sua ousada análise destes casais.

O que estrutura estas relações conjugais? Quem eram estes sujeitos antes do casamento? Porque a escolha destes parceiros? Qual o lugar dos filhos nestas relações? Como são vividas as cenas de conflito e as separações? As questões são inesgotáveis e vão se refazendo a cada nova fala que Kátia reproduz neste livro, transformando trajetórias afetivas singulares dos sujeitos analisados em estruturas conjugais mais universais na cultura brasileira. Estruturas afetivo-conjugais marcadas por histórias de abandono, de sofrimento, de dificuldades de encontrar-se no mundo enquanto sujeito. A pobreza e o alcoolismo, temas recorrentes nos trabalhos sobre violências domésticas, aparecem aqui apenas como pano de fundo e não se configuram como eixo central de análise. O que importa aqui são os vínculos emocionais que ligam Silvia a João Pedro, Dora a André, Carla e Paulo.

Nos relatos sofridos deste livro, a violência aparece inicialmente em momentos inesperados, em mal-entendidos que levam cada vez mais os casais a desencontros e conflitos regulares em torno de temas que se repetem: ciúmes, provas de amor, confiança, respeito, fidelidade, dependência. Uma vez presente nas relações destes casais, a violência parece tornar-se elemento indispensável para a sobrevivência de ambos, seja juntos, seja separados. Analisar os casos expostos não é tarefa fácil mas Kátia nos propõe uma interessante análise que combina estudos feministas com as teorias do duplo vínculo e do individualismo para tentar entender a dor presente na vida destes casais. Ao analisar com respeito o sofrimento dos casais o livro traz uma importante contribuição para este campo de pesquisa e abre o caminho para outras investigações sobre o tema das violências conjugais contemporâneas. Não há dúvida que este livro é certamente um dos mais instigantes produzidos pelas pesquisadoras de sua geração e que traz uma importante contribuição para o campo de estudos de gênero brasileiro.

Miriam Pillar Grossi
Paris, março de 2004.

É Doutora em antropologia pela Université de Paris V– René Descartes e realizou pós-doutorado junto ao Laboratoire d'Anthropologie Social e no Collège de France. Tem várias publicações no campo dos estudos de gênero, sexualidade e violência. Professora adjunta do Departamento de Antropologia da Universidade Federal de Santa Catarina, atua nos Programas de Pós-graduação em Antropologia Social e Doutorado Interdisciplinar em Ciências Humanas. É editora-adjunta da Revista Estudos Feministas e coordena o Núcleo de Identidades de Gênero e Identidades.

APRESENTAÇÃO

Terminei o curso de Psicologia em fins de 1994 e assim que me formei fui para o Acre, onde trabalhei numa instituição de apoio à mulher, chamada Casa Rosa Mulher, durante dez meses, como psicóloga. Foi através dessa experiência que comecei a ter um contato mais direto com as lutas feministas. Na Casa, buscava-se entrar em contato e promover ajuda, em especial, à profissionais do sexo, vítimas de violência doméstica, e meninas-adolescentes daquele bairro de periferia em que se encontrava a Casa. O trabalho se dava através de reuniões de discussão de temas de interesse dessa clientela, cursos profissionalizantes, oficinas de sexualidade e de atendimentos individuais da advogada, da assistente social, do médico e da psicóloga. O tema da violência doméstica era um dos mais intrigantes para muitos de nós, por isso nos debruçávamos a estudar e discutir novas formas de intervenção.

Minha mobilização aconteceu depois que me senti impotente frente ao caso de uma moça de 16 anos que era freqüentemente amarrada pelo próprio marido à sua cama, para que não se afastasse de casa. Nossos últimos contatos com ela aconteceram em uma visita a seu domicílio, quando disse que não poderia mais freqüentar a instituição – onde fazia curso de corte e costura, participava de oficinas de conscientização e era atendida por mim – porque seu companheiro a havia proibido. No propósito de melhorar meu atendimento, comecei a ler mais sobre a violência contra a mulher. Quis me tornar feminista no intuito de combater a opressão, lutar pela emancipação e desenvolver argumentos em prol da causa.

Vim, logo a seguir, para Ribeirão Preto e comecei a participar de uma pequena ONG, chamada Casa da Mulher. Inicialmente, organizei, juntamente com outra psicóloga, grupos fechados de atendimento a mulheres da comunidade, tendo como um dos interesses estabelecer contato mais direto e constante com as que sofriam violência do marido, porque já pretendia desenvolver nesse tema meu projeto de pesquisa para o mestrado.

A proposta de intervenção nos grupos, de forma geral, era mais voltada à sensibilização sobre as questões de gênero do que de um atendimento "clínico". O projeto desenvolvido por mim prescrevia:

"(...) A demanda recebida ainda pode estar associada ao processo de psicologização que vem se desenvolvendo em nossa sociedade, através da grande difusão (distorcida) de conceitos da psicologia e da psicanálise. Essa psicologização leva as pessoas a perceberem todos os seus problemas como dificuldades individuais relacionadas com o seu interior, com seus sentimentos, sem levar em conta os determinantes sociais e culturais destes mesmos fatores. A conseqüência é que muitos problemas sociais são tratados como problemas psíquicos individuais. Daí o aumento da procura aos psicólogos.

Nesta perspectiva aceitamos a demanda, mas propondo encontros que saiam dos limites de um discurso que privilegia apenas o interno do indivíduo. Propomos oficinas que promovam maior compreensão dos determinantes sociais sobre o sujeito, e também maior compreensão deste em suas singularidades, frente ao contexto microssocial em que se insere. Apostamos, assim, no desenvolvimento da capacidade crítica das mulheres e na ampliação do universo de escolhas das mesmas."

Quando discutíamos nestes grupos o tema da violência doméstica, parecia-me mais conveniente, como militante em favor dos direitos das mulheres, defender a posição de que ela provinha dos valores culturais dominantes sobre o que é ser homem e ser mulher (mais precisamente da opressão das mulheres), o que significava não ficar justificando as ações dos homens (através de explicações psicologizantes), nem reforçar a culpabilização das mulheres[1]. Mas, por outro lado, como psicóloga minha intervenção tendia a avaliar o papel delas na produção das relações violentas[2], o que necessariamente não era contraditório às explicações no viés de gênero, mas dirigia a atenção para a discussão sobre fatores para além (ou aquém?) da discussão sobre os determinantes culturais. Assim, na prática – que em 1998 e 1999 se deu com um grupo só para "mulheres que vivem uma

---

[1] Esta postura era resultado de minha primeira apreensão do livro de Saffiotti e Almeida (1995): "Violência de gênero: poder e impotência"

[2] Tendência apoiada na minha primeira apreensão do livro da Gregori (1993): "Cenas e queixas ..."

relação conjugal violenta" – usava as diferentes perspectivas misturadamente, e às vezes cambiando entre uma e outra.

A segunda tendência a cada dia ia ganhando mais espaço, porque foi ficando claro que uma intervenção orientada para desenvolver a consciência do lugar de oprimida gerava um avanço, mas parecia ainda a metade do caminho. Ou seja, na maioria das vezes não era o bastante para fazer com que a mulher saísse da relação conjugal violenta, mesmo que quisesse, que tivesse vontade/determinação. A relação que muitas delas conseguiam estabelecer com os companheiros ainda continuava sendo indissolúvel, remetendo-me a analisar dificuldades "psicológicas", às vezes como conseqüência da violência recebida, mas por outras também como geradora de violência.

Essa tendência, que na época definia como mais "psicologizante", ganhava ainda mais força ao receber pedidos de ajuda de homens. No Acre uma mulher me procurou dizendo que seu marido queria conversar comigo para que "eu o ajudasse a parar de bater nela". Em Ribeirão Preto um homem, intitulando-se o agressor, procurou a Casa da Mulher pedindo que alguém visitasse sua mulher e a ajudasse, ele queria que ela cessasse com comportamentos que, segundo ele, o levavam a agredi-la. Minha curiosidade em ouvir os homens era incitada a cada dia por discussões a respeito de atitudes como essas.

Dar voz também aos homens, juntamente com as companheiras, não implicava abandonar a tendência politizada, a posição de feminista. Esta me manteve consciente do perigo da relativização dos enquadramentos de vítima e agressor, alimentou a capacidade de me horrorizar e minha tentativa de ter um objetivo claro para a transformação da realidade que oprime. Mas o lugar de curiosa/pesquisadora incitou-me ao exercício de ouvir, de estar aberta a enxergar/construir novas possibilidades de interpretação do fenômeno. "Negociando" entre as duas posições fui reconfigurando meu posicionamento diante dos homens: mais do que denunciar, minha intenção era entender os seus pontos de vista. Parecia-me que só assim conseguiria de fato transformar a realidade, usando as palavras de Gregori, "modificar a 'estrutura' básica que faz operar a violência" (1993: 131).

Meu impulso a partir daí foi comparar as narrativas entre os parceiros. Dispus-me então a tentar entrevistar um casal (o casal 1 deste estudo), como uma experiência piloto para a pesquisa. A resposta do homem foi rápida, mostrando disposição para falar de suas dificuldades pessoais e conflitos com sua esposa.

Com essa experiência entendi que, por mais que aqueles homens culpassem a terceiros (pessoas, contextos) pelos seus comportamentos, aqueles pedidos e a disposição para a entrevista mostravam o incômodo masculino, talvez tanto quanto o feminino, com as situações que viviam. Se não era exatamente a violência o centro de suas preocupações, ela fazia parte de algo que definiam como um problema e se por um lado continuavam a agredir, por outro desejavam abandonar tal prática.

Nos grupos de mulheres apareciam ainda casos diferentes, mais raros, mas de igual importância, conduzindo-me a ampliar o leque de indagações. Houve uma que, relacionando o nome do grupo que promovíamos na Casa da Mulher de Ribeirão Preto – "grupo de auto ajuda de mulheres que vivem uma relação conjugal violenta" – à sua problemática, participou das reuniões dizendo que era ela quem agredia seu companheiro.

Esses dados faziam-me levantar a possibilidade de que tanto homens como mulheres estivessem vivendo uma contradição de comportamentos/desejos/intenções e sofrendo com ela. Eu passava então a tentar entender a problemática a partir da idéia de uma prisão para ambos, um nó, um emaranhado de pensamentos/pressupostos/ sentimentos que se cruzam e se confundem (usando meus referenciais da psicologia[3]), que, psicopatológico ou não, estava ali.

Mas ficar só com esse olhar era cair no lugar comum do campo da psicologia e desperdiçar o potencial crítico e transformador das teorias feministas. Minha apreensão ancorada na minha formação vinha então para articular-se a elas. Meu interesse de pesquisa nascia na intenção de apreender pelo menos mais alguns elementos dessa teia complexa que compõe as situações de violência conjugal.

---

[3] Penso em Laing (1977), que defende uma espécie de "servidão humana" a partir do que ele define como "nós, laços, labirintos, impasses, disjunções, redemoinhos, ligaduras".

REVENDO POLÍTICAS E CONCEITOS

1. As mobilizações sociais que conduziram ao debate atual sobre a violência conjugal

A partir de 1970 a violência na relação conjugal começa a ser vista para além de um caráter psicopatológico individual. Isso se dá em virtude do movimento feminista que garante a visibilidade à "violência contra a mulher", ressaltando as proporções endêmicas do fenômeno como prova de que ele está associado aos valores culturais que desprestigiam e submetem as mulheres. O tema aparece, então, estreitamente ligado a uma discussão política.

Autores do movimento de apoio às mulheres vítimas de violência conjugal nos Estados Unidos (Soares, 1999) contam sua história referindo-se aos primeiros anos da década de 70 na Inglaterra, quando um grupo de mulheres teria alugado uma casa para sediar reuniões, em que pretendiam discutir os preços abusivos de alimentos, e que, por solicitação, ela acabaria sendo utilizada como refúgio e proteção de esposas que sofriam violência de seus maridos. A atenção se volta então à opressão das mulheres dentro de casa ajudando a formatar o novo feminismo nos países de capitalismo avançado, que encontrara mais um tema para compor suas discussões e reivindicações.

Na realidade, o feminismo aparece desde a Revolução Industrial Européia, lutando principalmente pelo direito ao trabalho e voto das mulheres; ele perde seu fôlego após algumas conquistas e tem seus argumentos cooptados pelas forças políticas tradicionais que mantinham o poder. Mais tarde o movimento renasce, criticando essa primeira etapa por não elaborar uma contracultura capaz de desafiar a sociedade a mudar o papel da mulher. A luta, a partir de então, deveria atingir as raízes do que se passou a chamar de cultura patriarcal e nela o lugar da mulher na família, visto como um caminho adequado a este fim (Barsted & Alves, 1987).

Desde então, vários grupos de mulheres foram se organizando para fundar abrigos e cobrar apoio dos governos. No final da década de 70 já existiam cerca de 150 abrigos só na Inglaterra e Gales. Nos Estados Unidos, o movimento em defesa das vítimas de violência conjugal começou um pouco mais tarde, em 1973-4, com um estudo que apontava para a alta freqüência e severidade da violência contra a mulher, o que gera a criação de abrigos (Soares, 1999).

Sustentado pelos esforços do movimento feminista que vinha emergindo naqueles países, o tema ganhou espaço em meio às populações e às administrações públicas: abrigos foram sendo organizados a partir de esquemas de voluntariado e de doações; os governos começaram a financiar projetos; profissionais, muitos não orientados pelos objetivos feministas, passam a discutir a problemática – afinal é uma nova especialidade, novo campo de trabalho – e a produzir outras formas de intervenção. A luta foi se estabelecendo e crescendo em várias partes do mundo.

Segundo Cabral (1999), a estrutura dos maiores e melhores programas de combate à violência conjugal contra a mulher, na atualidade, permite ver a diversidade de formas de intervenção que puderam ser desenvolvidas desde então. Para a autora, eles investem em: abrigos provisórios; assistência jurídica e psicológica para as vítimas e agressores; mediação de conflitos; programas educativos fundados em modelos relacionais com base no respeito aos direitos humanos e nas relações igualitárias entre homens e mulheres; redes telefônicas para emergências e elucidação de organismos de assistência; treinamento de profissionais; responsabilização penal dos agressores; aumento das penalidades; obrigação de executar notificações para profissionais e comunidade; SOSs-família; visitas domiciliares; sensibilização da população, da mídia e de governantes; pesquisas.

Mas, se de um lado tamanha diversidade pôde difundir o entendimento da problemática tal como desenvolvido inicialmente pelo movimento feminista, por outro, segundo Soares (1999), tem levado ao fortalecimento de abordagens muito diferentes. A técnica de mediação de conflito entre os cônjuges é a que mostra mais claramente um distanciamento com as idéias feministas iniciais. E se, por vezes, este distanciamento é realizado sem a intenção dos profissionais que produzem novas formas de intervenção como estas, por outras vezes tem sido claramente defendido por outros. Mendez (1995), psicoterapeuta familiar do Chile, por exemplo, assegura que a utilização das explicações feministas no contexto de terapia de casal "destroem a relação daqueles casais que estão presos/atrapalhados em interações violentas e que querem manter a sua relação" (p. 26). Enfim, como assinala Soares (1999), várias formas de intervenção têm conduzido à relativização do papel de vítima para a mulher e de algoz para o homem, como sói acontecer nos Estados Unidos. Para esta autora, a proposta de atendimento psicológico ao parceiro foi um dos caminhos para esta mudança de perspectiva, muitas vezes promovido pelas próprias feministas, em uma tentativa de avançar no que diz respeito às políticas de intervenção, fazendo com que as explicações não mais se baseassem exclusivamente no "sexismo", gerando assim contradições diante do discurso inicial do movimento.

Nos anos 90, a presença de diferentes abordagens e entendimentos sobre a problemática já é clara, sobretudo nos Estados Unidos. Soares (1999) diz que a partir deste período surgem vozes que se dispõem a confrontar com argumentos orientados pela lógica científica a concepção que havia até então alcançado hegemonia. Instaura-se um grande debate cujo ponto alto é o questionamento sobre a supremacia numérica da violência (física) de homens contra as mulheres em comparação com o inverso. O embate se trava na apresentação de levantamentos estatísticos dos dois pólos, que criticam um ao outro quanto à forma de coleta de dados. Neste borbulhar de novas inquietações, nascem movimentos coordenados por homens, definidos provisoriamente pela autora como "masculinistas", que reclamam dos efeitos da "onda" feminista, dizendo-se vítimas de acusações falsas e do pouco crédito que conseguem dos policiais, da comunidade e dos tribunais para suas versões.

Grandes controvérsias também começam a surgir no interior do próprio movimento feminista, representados por desdobramentos teóricos dentro dele. É preciso salientar que o feminismo, mais do que uma ideologia, é um movimento político (Barsted & Alves, 1987); deste modo, sob a influência dos contextos em que se articula, ele vai se constituindo segundo valores/ênfases e pressupostos diferentes, perdendo sua homogeneidade. Esta constatação leva os autores a procurarem reconhecer nele os blocos de argumentação importantes[4]. A classificação da francesa Julia Kristeva ajuda a entender claramente como o tema da violência conjugal torna-se polêmica à luz do processo histórico do movimento. Ela é desenvolvida no Brasil por Machado (1992). Ambas as autoras vêem o feminismo como composto por "três gerações": a que luta pela igualdade de direitos entre homens e mulheres, a que dá ênfase ao que há de diferente na mulher em relação ao homem, e aquela que reclama pela análise também das diferenças entre os homens e entre as mulheres. Essas gerações teriam surgido de forma gradual, mas sobrevivem hoje paralelas e misturadamente, cada qual se constituindo em torno de argumentações específicas e compondo, ainda, com a articulação militância-academia, "diferentes formações de um campo de saber sobre sexo/gênero". A terceira fase/geração marca o que Machado chama de a "virada epistemológica", quando as feministas da academia começam a cunhar o conceito de gênero, que fez com que o "estudo das mulheres" fosse sobreposto e ampliado pelos "estudos de gênero", e que ainda permitiu um novo olhar sobre a violência conjugal.

Tem-se, então, pelo menos quatro aspectos históricos surgidos após as ações feministas que permitem, mais do que um entendimento único, uma grande polêmica sobre o tema: a) o desenvolvimento de discussões aprofundadas por profissionais não comprometidos com os objetivos políticos do movimento feminista, embora este seja referência; b) a implantação bem-sucedida de formas alternativas de intervenção não ancoradas na lógica feminista dos anos 70 e 80; c) o protesto organizado (como movimento político) sobre as conseqüências negativas do alcance hegemônico das teorias iniciais

---

[4] Uma das classificações mais conhecidas é a de Scott (1990) que agrupa os estudos como conjuntos teóricos que têm como referencial: 1) o conceito de patriarcado, 2) a teoria marxista, 3) a psicanálise e derivados. Grossi (1998a, b), no Brasil, utiliza outro recorte, vendo a influência de quatro escolas teóricas: neo-evolucionismo, culturalismo, estruturalismo e pós-estruturalismo, sem descartar a possibilidade da presença de outras influências.

feministas; d) a apropriação e desenvolvimento por um grupo de feministas (a terceira geração) de teorias "relativizadoras".

No Brasil, a polêmica em torno do tema também se instala, mas suas especificidades lhe conferem outra forma de absorção e por conseguinte um outro caminho para a formatação do debate.

O ressurgimento do movimento feminista aqui (tivemos o sufragista na década de 30), diferentemente da Europa e Estados Unidos, aconteceu no final da década de 70, acompanhando o processo de redemocratização do país após o regime militar. Primeiro aparece o Movimento Feminino pela Anistia, em que mulheres lutavam pelos seus parentes desaparecidos na ditadura militar, enfrentando portanto o governo a partir do lugar sacralizado de mãe (cultura patriarcal) marcante nos países do terceiro mundo. Mais tarde, surgem dois outros grandes grupos liderados por mulheres: o Movimento contra a Carestia, envolvendo-as nos sindicados e favorecendo sua conscientização política, e o Movimento de Luta pelas Creches, que discutia mais diretamente o lugar da mulher na família. Outras temáticas também vão aos poucos permitindo a formação de agrupamentos a partir de temas como a sexualidade, o corpo, a dupla jornada de trabalho, saúde e violência, sobretudo conjugal. Mas, como o momento no país era delicado por estar vivendo uma fase de transição, foi difícil a união entre os grupos. Alguns defendiam ser necessário conseguir a força política através de temas menos polêmicos, enquanto outros acreditavam que ela só poderia ser lograda através de argumentos baseados em uma crítica à cultura patriarcal. Até que o tema da violência contra a mulher no espaço doméstico ganha força, sai do nicho feminista, promovendo a união entre os grupos em torno da questão (Barsted & Alves, 1987; Heilborn, 1996).

Conforme observa Grossi (1994, 1998a) a "violência contra a mulher" foi aqui no Brasil traduzida como violência (física) conjugal; mesmo no senso comum, tinha-se como pressuposto que a violência no espaço doméstico era uma das principais pelas quais as mulheres eram vítimas no país, contrapondo-se, por exemplo, com o acontecido na França, onde a discussões priorizavam a legalização do aborto, o uso do corpo da mulher e o estupro. Esses temas só viriam a ser considerados no Brasil nos anos 90 e aí incluídos o abuso sexual, a prostituição infantil, o assédio sexual e a violência contra minorias étnicas.

As primeiras mobilizações contra a violência conjugal no Brasil se deram a partir do julgamento do *playboy* Doka Street, em outubro de 1979, que assassinou sua companheira, a milionária Ângela Diniz; este fato impulsiona uma grande discussão dentro da classe média sobre os critérios que permitiram ser-lhe imputada a pena mínima de dois anos, pois a defesa ancorava-se na idéia de "legítima defesa da honra". As mulheres vão então às ruas protestar contra estes critérios. A mídia também ajuda a dar visibilidade a uma série de outros assassinatos realizados por homens de suas companheiras e cria o lema: "quem ama não mata". Em julho de 1980, na reunião da SBPC, 23 grupos de feministas decidem criar o "Dia Nacional de Luta Contra a Violência contra a Mulher"; a partir daí, proliferam-se grupos de voluntárias feministas como os SOS-Mulher em vários lugares do país, buscando, mediante conversas em grupo, conscientizar as mulheres sobre a posição de oprimida e dar apoio jurídico (Grossi, 1994 e Heilborn, 1996).

O movimento feminista consegue ainda que o governo no Estado de São Paulo em 1983 estabelecesse o Conselho Estadual da Condição Feminina (CECF), para em 1985, como forma de coibir a violência contra a mulher, a primeira Delegacia de Polícia de Defesa da Mulher (DDM). Com o tempo disseminam-se, da mesma maneira como ocorrera com o CECF, as DDMs nos três níveis de governo – município, estado e união. Em princípio de 1993 já existiam 152 DDMs (Saffiotti, 1994). E é a partir do trabalho nelas desenvolvido, bem como do fracasso da maioria dos SOS, que a polêmica sobre a violência conjugal no Brasil se instala.

Se as Delegacias não se extinguiram, como os SOS, a prática cotidiana delas, segundo Muniz (1996, *apud* Soares, 1999), tem se dado muito mais como mediação de conflitos do que estabelecendo punições. De um lado critica-se que, na maioria das vezes, a intervenção reproduz e reforça a cultura "machista" (Saffiotti, 1994 e Soares 1999), por outro avalia-se que esta disfunção é fruto de tentativas criativas de adaptação dos funcionários à demanda recebida

(Soares, *id.*), na medida em que as mulheres desistem de, ou resistem em, promover punições a seus companheiros[5]. Grossi (1994) e Heilborn (1996), analisando essas "disfunções", apontam para o impasse das propostas feministas frente à população, que existe, de fato, desde os SOSs-Mulher: as feministas imaginavam que as mulheres tomariam a iniciativa de abandonar seus companheiros violentos, entretanto estas procuram em tais instituições uma forma de ajuda que imponha a seus companheiros o cessar da violência contra elas.

A constatação deste impasse tem levado a diferentes encaminhamentos e propostas. Autores como Saffiotti (1994) e Heilborn (1996) defendem que as Delegacias precisam e devem assumir uma função pedagógica, abrindo de fato a discussão sobre os valores culturais que oprimem a mulher. Outros, como Gregori (1993) e Grossi (1994), questionam a forma de as idéias feministas serem defendidas no Brasil, que ajudaria a perpetuar as relações violentas, ao invés de transformá-las. Gregori faz uma crítica contundente à construção discursiva da dualidade vítima e algoz associada à idéia de passividade para a mulher e atividade para o homem. Este discurso privilegiaria a via punitiva como proposta principal de intervenção, tão claramente associada à função principal das Delegacias especializadas.

As análises de Heilborn (1996) ajudam ainda a entender a diferença entre o contexto cultural brasileiro e o dos países de vanguarda na luta em questão. A autora esclarece que as propostas feministas estão articuladas à concepção de violência dentro de "um quadro que estipula direitos como atributos inalienáveis da pessoa, representação esta muito restrita na sociedade brasileira" (p. 94). O problema então é porque ainda não se promoveu no Brasil uma estratégia que dê sentido a esta concepção, principalmente para a camada popular atendida nas Delegacias.

Já nos anos 90, são implantadas no nosso país as casas-abrigo, que segundo Grossi (1994) aproximam-se mais dos SOSs-Mulher na medida em que profissionais feministas têm trabalhado nelas, e também por não serem apenas um órgão do Estado, como é o caso das delegacias.

---

[5] Assinale-se o alto índice de retirada de queixas tendo como conseqüência o arquivamento dos processos. Saffiotti (1999) fala em 70% de mulheres que denunciam seus companheiros abandonando os processos.

De diferente assumem a não "cobrança" para que as mulheres se separem dos seus companheiros, o que se constitui em mais um grande avanço.

Nos últimos anos, surgiram outras alternativas de intervenção, além do aprimoramento dos atendimentos nas delegacias e abrigos. O Boletim informativo de 1999 da ONG Rede Nacional Feminista de Saúde e Direitos Reprodutivos[6], dedicado ao tema da "violência de gênero", já aponta para investimentos mais voltados à construção de programas dentro de Órgãos de Saúde Pública, hospitais, ambulatórios, projetos de medicina de família etc. E, baseado em projetos do exterior, busca-se detectar casos de violência contra a mulher sem que ela compareça ao sistema público de saúde apresentando-se como vítima.

Já a revista "Perspectivas em Saúde e Direitos Reprodutivos"[7] de setembro de 2000, patrocinada pela Fundação McArthur, dedica esse número aos primeiros trabalhos com homens e revela que na Grande São Paulo, Rio de Janeiro e Recife começam a aparecer trabalhos que objetivam compor grupos de homens, em geral da classe popular, que discutem a violência doméstica, e outros temas relacionados às questões de gênero. O mais antigo é de 1994 e os outros de 1998. Nos anos subseqüentes, o tema masculinidade ganha tamanha visibilidade que sob a liderança de três ONGs – Programa PAPAI (de Recife), Instituto Promundo e Instituto NOOS (Instituto de Pesquisas Sistêmicas e Desenvolvimento de Redes Sociais) do Rio de Janeiro – realiza-se 3 encontros científicos sobre o tema, 1 em 2002 e outros 2 em 2003, o último especificamente sobre homens e a violência contra a mulher (um seminário internacional). O Instituto NOOS merece destaque porque realiza pesquisas e intervenções relacionadas à problemática da violência doméstica. Cabe lembrar em especial da experiência de 4 anos de "grupos reflexivos" com "homens autores de violências intrafamiliar e de gênero", executado em convênio com o Poder Judiciário do Estado do Rio de Janeiro, usando a

---

[6] Jornal da Rede Saúde, nº 19, novembro/1999. Rede Nacional Feminista de Saúde e Direitos Reprodutivos.

[7] Perspectivas em Saúde e Direitos Reprodutivos. Set/2000, nº 3/ano 2 . Fundação McArthur.

idéia de pena alternativa; e ainda do programa de "Capacitação de Agentes Multiplicadores de Grupos Reflexivos de Gênero com Abordagem Responsabilizante", realizado em 2002. Esses trabalhos e congressos/seminários são extremamente significativos, alicerçando mais do que uma outra estratégia, uma nova abordagem de intervenção. Margareth Arilha (2000), a mais antiga referência para que este grupo que pesquisa e trabalha com homens sob a perspectiva de gênero, defende programas (não específicos a homens que cometem atos violentos) que ao mesmo tempo falem da opressão dos homens sobre as mulheres, mas ouça a eles, numa proposta bem diferente daquela das feministas dos anos 80 no Brasil, pois se trata de ajudá-los a se tornarem sujeitos políticos e defensores de seus direitos.

Por fim, cabe trazer as apreciações de Soares em 1999. Ela reconhece os avanços do Brasil no que diz respeito à visibilidade e combate ao problema, mas comparando-nos aos Estados Unidos, marca o nosso atraso no que se refere à mobilização social, à constituição dos abrigos quer do ponto de vista numérico (1500 por volta contra 80[8]), quer no que tange à sua administração (lá eles são majoritariamente criados e desenvolvidos pela sociedade civil num esquema de voluntariado e aqui são sustentados e administrados principalmente pelo Poder Público. Concluindo: nos EUA o tema já ganhou o espaço público há algum tempo, sendo objeto de regulamentação legal, tendo ampla discussão através dos meios de comunicação e até da população, enquanto aqui:

> "a violência doméstica é invisível, não apenas porque é pouco divulgada, mas porque não provoca comoções nacionais (salvo em situações excepcionais), ou porque não é objeto privilegiado de políticas públicas. Ela é invisível, também, por não ter um nome, não se constituir como um problema político, não gerar polêmica, não ser objeto de disputas e estar confinada basicamente ao domínio das ações e dos debates feministas (sob a fórmula, paradoxalmente tão ignorada quanto desgastada, da violência contra a mulher)" (Soares, 1999: 48, 49).

---

[8] Em 1999, quando Soares escreveu esta crítica os abrigos no Brasil, não passavam de 15.

Em 2003 o quadro foi melhor, com a estruturação no âmbito nacional de uma Secretaria da Mulher, com a Rede Globo de Televisão, trazendo o tema para dentro de uma novela em horário nobre (Mulheres Apaixonadas), com a formação de mais grupos de pesquisadores e mais projetos de intervenção na área etc. Neste primeiro semestre de 2004 a esperança por mais conscientização da população e ampliação de políticas públicas diante do tema gira em torno das Conferências Municipais, Estaduais e Nacional de Políticas Públicas para as Mulheres, instigada pela agora chamada Secretaria Especial de Políticas Públicas para as Mulheres, ligada a Presidência da República.

O movimento contra a violência doméstica contra a mulher no Brasil parece, então, não ter ainda rompido a distância entre a militância e "a experiência, a percepção e a linguagem da população" (Soares, 1999, p. 78) e a polêmica em torno do tema acontece, quase que só no interior do movimento feminista, a partir de dois aspectos históricos: 1) a mobilização das mulheres à procura de ajuda, não exatamente apoiando ou se colocando contra o entendimento feminista sobre a questão, mas apropriando-se muitas vezes da imagem de mulher vítima; 2) o desenvolvimento dos "estudos de gênero" sobrepondo-se aos "estudos das mulheres". É a "terceira geração de feministas" tentando distinguir-se das outras formas de argumentação feminista.

2. O QUADRO ATUAL DAS REFLEXÕES TEÓRICAS SOBRE A VIOLÊNCIA CONJUGAL

A polêmica em torno do entendimento sobre a violência conjugal é apresentada aqui tomando por base o estudo de Soares (1999) sobre os Estados Unidos, mas visando chegar à discussão do que se passa no Brasil.

Soares (1999) define que o debate nos EUA acontece no confronto entre dois pólos distintos[9]. De um lado está o modelo que define o problema como uma das formas de "violência contra a mulher", mais

---

[9] Mas é preciso esclarecer que se os pólos são claros para os autores de cada lado e grupos radicais como os "masculinistas", para a população em geral lá e profissionais que atendem vítimas e agressores de violência doméstica, o debate é referência longínqua. O que há é o uso de pressupostos de ambos os modelos.

recentemente chamada de "violência de gênero", e se articula em torno da idéia de violência como um mecanismo de poder e controle construído a partir de condicionantes da cultura. As outras formas de violência na família são também admitidas mas são vistas como conseqüência da "violência contra a mulher". Esta teria uma dimensão mais ampla, sendo perpetrada em outros espaços e aí então de forma mais difusa porque não atinge rotineiramente o mesmo alvo[10]. Soares o define como o "modelo feminista", na medida em que são as "feministas radicais" as principais autoras deste. Já, do outro lado do debate nos Estados Unidos, há uma definição da problemática como "violência doméstica", onde é pensada basicamente enquanto um comportamento que surge em meio a situações de conflito entre os membros da família, e que, portanto, pode ser perpetrada por todos os membros desta. A influência da cultura patriarcal que legitima a violência contra a mulher é vista como um dos fatores, mas não o determinante. Com tal entendimento este pólo se apresenta então menos consistente enquanto um modelo, ele "é mais fragmentado (talvez por isso mais flexível), e menos comprometido com princípios ideológicos" (Soares, *id.*: 124). A autora o chama "o modelo da violência doméstica", redefinindo o nome auto-intitulado pelos próprios autores deste, qual seja: o "modelo sociológico", na medida em que quer sair do embate a partir da dicotomia ciência-política.

Apoiando-nos também em Grossi (1998a) – que entende a polêmica sobre o tema, sobretudo a brasileira, composto por dois pólos próximos a estes – é pertinente especificá-los a partir da argumentação central em cada um, lembrando que aqui a discussão acontece quase só dentro do movimento feminista, numa articulação movimento político e academia.

a) O modelo centrado na argumentação da opressão das mulheres pelos homens

Este modelo é bem-representado pelas teorias da norte-americana Walker (1979, *apud* Soares, 1999). Pode-se começar por sua clássica descrição do "ciclo da violência", desenvolvida através da análise de entrevistas com mulheres vítimas de agressão de seus companheiros, que visava identificar características básicas das situações por elas vivenciadas e assim respaldar a luta feminista. Segundo Walker, a

---

[10] Conforme Almeida (1998) no Brasil esclarece.

violência contra a mulher não se faz por episódios isolados e discretos, mas numa vitimação contínua, com várias formas de abuso que aumentam em freqüência e intensidade, compondo momentos diferentes, definidos em três fases. A primeira é a da construção da tensão em que ocorrem pequenos incidentes, como agressões verbais, ameaça, quebras de objetos; a mulher tenta acalmar seu marido mostrando-se dócil e antecipando seus caprichos ou simplesmente saindo do caminho, ao mesmo tempo em que nega a própria raiva, racionaliza pensando que talvez ele tenha razão, que ela mereça, ou talvez que ele esteja muito cansado, nervoso. A segunda fase já é marcada por agressões agudas com a tensão chegando ao seu ponto máximo, havendo descontrole; a mulher algumas vezes acaba até provocando a tensão máxima na medida em que, pela experiência, sabe que logo chegará a fase da "lua de mel", a terceira fase. Nesta última o agressor mostra remorso, promete não mais agredir, iniciando um período calmo, em que ele acredita de fato que não vai mais agredi-la, ou melhor, que ele vai agir de forma a não ser tentado a agredi-la. Mas o ciclo volta a se repetir.

Essa teoria tem sido pronunciada (e usada) como provisória e ainda pouco consistente. Ela ganha novos detalhes se aplicada para entender porque e quando a mulher resolve buscar ajuda, qual seja: no momento em que a primeira e a última fase, da construção da tensão e da "lua de mel", tornam-se cada vez mais curtas, enquanto a fase de agressões intensas é ampliada a cada repetição do ciclo.

Nesta direção surge a pressuposição de que a violência é perpetrada em forma de uma escalada que termina em morte, caso a mulher não consiga se desvencilhar da relação, razão porque, segundo Soares (1999), muitos manuais para treinamento em abrigos nos Estados Unidos delimitam o problema desta forma. Vejamos um exemplo desta linha de argumento no Brasil:

> "(...) o insulto e agressão verbal é a (agressão) mais comum e, de tal maneira generalizada, tornou-se para o senso comum coisa corriqueira, face à qual a justiça se entedia, a polícia não registra, os próprios interessados se desinteressam. 'Um homem insultar uma mulher não é tão grave, assim como pancada de amor não dói.' Mas o homicídio de amor mata e esse é o ponto de chegada de um

caminho que começa com berros, palavrões e pontapés" (Oliveira, Barsted & Paiva,1984:17).

A definição de violência enquanto um instrumento de dominação/ opressão do homem sobre a mulher fica então clara. A denominação se faz nítida quando a morte é premente ou já aconteceu.

Saffiotti, a liderança deste modelo nos últimos anos, no Brasil, resume como é feita a articulação entre este significado dado à violência e a constatação de que existem distintos momentos pelos quais passam os casais.

"A violência não tem caráter absoluto, pois é insustentável sem base legitimadora para o seu exercício. Se este raciocínio é correto, no que tange à relação de gênero, a violência apresenta as seguintes características: 1) visa à preservação da organização social de gênero, fundada na hierarquia e desigualdade de lugares sociais sexuados que subalternam o gênero feminino; 2) amplia-se e reatualiza-se na proporção direta em que o poder masculino é ameaçado; 3) é mesclada com paixões de caráter positivo, como jogos de sedução, afeto, desejo, esperança que, em última instância, não visam abolir a violência, mas a alimentá-la, como forma de mediatização de relações de exploração-dominação; 4) denuncia a fragilizada auto-estima de ambos os cônjuges, que tendem a se negar reciprocamente o direto à autonomia nas mínimas ações" (Saffiotti & Almeida, 1995: 159).

A força explicativa do modelo recai, pois, sobre a "organização social de gênero[11] fundada na hierarquia e desigualdade de *lugares sociais sexuados* que subalternam o gênero feminino"; ou no jargão de outras feministas, da cultura patriarcal[12]. É ela então a

---

[11] Gênero é um conceito que tem sido desenvolvido por cientistas sociais feministas há aproximadamente 2 décadas, e refere-se à construção social do sexo, que fica restrito ao plano biológico, enquanto gênero diz respeito a como as culturas caracterizam o masculino e o feminino. "A idéia básica então é a de que há machos e fêmeas na espécie humana, mas a qualidade de ser homem e ser mulher é condição realizada na cultura" (Heilborn, 1996:96).

[12] Este termo recebe muitas críticas a partir de outros blocos de argumentação dentro do feminismo. Scott (1995) afirma que não existe um patriarcado mas diversas formas de opressão dos homens sobre as mulheres.

"base legitimadora para o exercício da violência", que se em algum momento pode levar ao prazer e à tranqüilidade (a "fase de lua de mel"), em outros conduz à agressão do homem contra a mulher.

Para construir este argumento entendo que o modelo parte basicamente de 3 linhas de discussão: identidade de gênero, desvalorização/hierarquia e baixa auto-estima.

A primeira se refere a explicações, desenvolvidas também por feministas, sobre o processo de influência da cultura patriarcal no comportamento e percepção das pessoas. Fala-se da aquisição de uma identidade genérica masculina e feminina, ou seja, de uma diferença "universal" (dentro do patriarcado) entre homens e mulheres. Apresento a seguir três dos grandes estudos nessa linha:

Bellotti (1975, *apud* Saffiotti & Almeida, 1995) analisa a produção social das diferenças entre homens e mulheres ao observar mães alimentando seus bebês; ela verifica que meninos e meninas recebem um tratamento diferente, sendo que as mães permitem a eles se saciarem quando se mostram glutões, enquanto que às meninas, diante da mesma atitude, reagem tirando-lhes o seio ou a mamadeira e demarcando horários mais rígidos de alimentação. Esse comportamento, segundo a autora, estaria associado a valores como força, garra e volúpia em relação aos homens e à idéia de que as meninas devem controlar seus desejos.

A psicanalista Chodorow (1990) explica a modelagem da cultura patriarcal através de um processo psicológico inconsciente desenvolvido desde os primeiros anos de vida, face à maneira como homens e mulheres vivenciam a dependência frente à mãe. A relação mãe-filha envolveria continuidade e dupla identidade: a mulher revive a relação que teve com sua mãe e se identifica com o bebê, que por sua vez se identifica também com ela ao construir a sua própria identidade de mãe. Já a construção da identidade de gênero masculina é descontínua, porque o menino precisa substituir sua identificação primária com a mãe por uma com o pai; como este não costuma participar ativamente da vida dos filhos, eles acabam se identificando com a "posição masculina": um pai idealizado a partir de valores, traços de personalidade e comportamentos atribuídos a ele. Este processo, que produz ainda repúdio às características femininas a partir da negação e repressão, proporciona a formação do superego: o menino torna-se, então, menos afetuoso, mais racional, diferenciando-se da menina que não precisa rejeitar totalmente a identificação primária com a mãe, sendo por isso mais afetuosa e estabelecendo vínculos com maior facilidade. Nos termos de Chodorow, o realizar-se como homem e adquirir autoconfiança é possível com a separação e apego aos estereótipos genéricos, à razão; enquanto a autoconfiança feminina é estabelecida no fortalecimento de vínculos afetivos.

Gilligan (1991), que investiga as diferentes concepções de moralidade em homens e mulheres, notou que o menino, considerando o dilema moral como um problema matemático com humanos, arma-o como uma equação e parte para a solução, enquanto a menina vê o dilema como uma narrativa de relacionamentos que se expande pelo tempo e procura manter a sua conexão ao invés de rompê-los. Portanto, a resolução do problema é feita de forma impessoal pelo homem, através de sistemas de lógica e lei e de modo pessoal pela mulher, através de comunicação e relacionamento.

A autora defende então que o julgamento moral das mulheres reflete suas diferenças desenvolvimentais em relação aos homens. Por exemplo: o brinquedo das meninas tende a ocorrer em grupos restritos, lugares privados, reproduzindo o padrão dos relacionamentos primários, centrando-se na elaboração do conhecimento sobre a intimidade e os relacionamentos (o que é igualado à capacidade de ajudar e agradar os outros), enquanto o brinquedo dos meninos ocorre em espaços públicos, desenvolvendo assim a racionalidade e a desenvoltura no que se refere a lidar com os desconhecidos. Assim, os homens aprenderiam mais a assumir o "papel do outro generalizado" (abstrato) e elas o papel do "determinado outro" (concreto).

A partir de estudos como estes então o modelo começa a explicar a violência masculina como uma relação entre desiguais, portanto complementar, em que o homem assume a posição de mando, por sua tendência a ser racional, a buscar a independência e ainda a assegurar a diferença genérica, e a mulher a de submissão, porque aceita as argumentações dele em prol da manutenção da relação.

Mas ainda é preciso falar de desvalorização e baixa auto-estima para chegar às relações violentas. O primeiro ponto é claramente desenvolvido por Chauí (1984) em sua definição de violência:

"Em primeiro lugar, como conversão de uma diferença e de uma assimetria numa relação hierárquica de desigualdade, com fins de dominação, de exploração e de opressão. Isto é, a conversão dos diferentes em desiguais e a desigualdade em relação entre superior e inferior . Em segundo lugar, como a ação que trata um ser humano não como sujeito, mas como coisa. Esta se caracteriza pela inércia, pela passividade e pelo silêncio, de modo que, quando a atividade e a fala de outrem são impedidas ou anuladas, há violência" (p. 35, grifos meus).

Mais então do que simplesmente falar em identidades femininas e masculinas diferentes de modo genérico, há em nossa cultura a desvalorização da mulher, que se converte na construção de uma relação hierárquica e de novo uma complementar, só que agora organizada a partir do viés do poder. Gilligan (1991), também se refere a desvalorização da mulher pela mesma cultura que a forjou. Analisando estudos anteriores ao seu sobre desenvolvimento humano (Freud, Kolberg, entre outros) ela aponta que a apreensão sobre as diferenças entre homens e mulheres colocava as mulheres como deficientes, na medida em que tinham nas características masculinas o modelo. Em contraposição a autora defende que existe uma discrepância entre o aprendizado da qualidade de ser mulher e a fase adulta: se, por um lado, a mulher é "incentivada" a ser companheira, cuidadora, construtora de relacionamentos, por outro lado, quando chega a fase adulta essas características são desvalorizadas, são definidas como fagilidade, como falta de capacidade para julgar de forma racional. Nestes termos começa a ter sua voz calada e anulada em situações em que o poder (a lógica racional) do homem é ameaçado, embora mantida e exaltada em outras situações em função da mesma finalidade.

Passemos, por fim, às explicações sobre a baixa auto-estima de homens e mulheres que vivem relações conjugais violentas. Essas mostram como este modelo define a função e papel de cada cônjuge na composição dessas relações, ou, mais precisamente, a responsabilidade de cada um diante da produção e manutenção da violência.

A baixa auto-estima das mulheres estaria embutida no conceito da americana Walker (1979, *apud* Soares, 1999) de "síndrome da mulher agredida", uma patologia desenvolvida como efeito das situações traumáticas, resultado da "pedagogia da violência", que é uma conjugação de baixa auto-estima, medo, depressão, culpa e passividade. Assim, mais do que causa da violência, a baixa auto-estima é conseqüência desta. Mais do que causa, a passividade é conseqüência também.

Já a baixa auto-estima do homem, dada a diferença entre as personalidades masculina e feminina, não segue o mesmo percurso de produção da auto-estima da mulher. Ela é explicada mais precisamente por Saffioti (1989, *apud* Saffioti & Almeida, 1995), no Brasil, a partir do seu conceito de "síndrome do pequeno poder", como que desenvolvendo a teoria do ciclo da violência de Walker (*id.*), trabalhando em uma análise que articula a repressão de gênero com outras formas de repressão. Os homens, segundo a autora, sentem necessidade de se afirmar, fazendo-o com exagero em relações interpessoais, de preferência em uniões de caráter estável, para compensar o massacre de que são alvo nos outros tipos de ordenamento das relações sociais; os brancos pobres e negros/mestiços sentem-se impotentes no eixo de classe social e de raça/etnia, no entanto, no de gênero colocam-se superiores às mulheres; e é através desse pequeno poder que se extravasa o "resultado da cólera reprimida por causa da impotência", o "fruto do medo permanente cultivado na impotência" (Saffioti & Almeida, *id.*: 44). Esta lógica parece dar conta apenas das camadas populares, mas a autora defende que mesmo nas médias e altas o homem se sente impotente na relação conjugal quando seu poder é questionado, e acaba por repetir suas relações do mundo público baseadas em hierarquia/desigualdade que subalterna aquele colocado em posição inferior.

Assim, como aponta Soares (1999), existem duas perguntas claramente formuladas e respondidas dentro deste modelo: **por que as mulheres permanecem na relação?** e **por que os homens batem?** Para a pergunta sobre as mulheres existem duas respostas: uma se remete a questões de ordem social que diz respeito a comportamentos-padrão das vítimas e as atitudes da comunidade em não se envolver ou culpar a mulher, e outra se refere a patologia, a "síndrome da mulher agredida", desenvolvida como efeito das situações traumáticas. Para a pergunta sobre os homens a resposta define que eles são apegados à visões estereotipadas sobre os papéis de gênero. Diante de situações de insegurança, baixa auto-estima e estresses, eles, repetindo a forma de relação hierarquizada produzida ainda por outros recortes da organização social como classe social e etnia, usariam de força e violência contra as mulheres para introduzir e/ou reforçar o recorte de gênero.

Vale ainda trazer a lista de motivos encontrados pelo modelo para a permanência das mulheres na relação violenta. Ela tem respaldado a resposta acima citada até certo ponto, mas ao mesmo tempo acaba por mostrar o quanto a problemática é mais complexa. Primeiro apresento resultados de um estudo brasileiro que confirma os norte-americanos, são de Cardoso (1997): medo gerado pelas constantes ameaças a si própria e a membros de sua família, sentimento de pena do marido, isolamento social imposto pelo marido que impede de buscar assistência, esperança de que o marido mude o comportamento, falta de recursos econômicos e de um local para se refugiar. E mais um, que se separa aqui porque refuta – mesmo sem a pretensão da autora – o argumento da mulher preocupada com os outros (para manter o vínculo com eles) "apego aos bens adquiridos". Acrescenta-se ainda a essa lista, com base em dados de cartilhas feministas dos Estados Unidos trazidos por Soares (1999): crença no tratamento de controle da violência feito pelo homem, barreiras relacionadas ao fato do homem requisitar a custódia dos filhos ou interferir no trabalho dela ou retirar a pensão ou ainda tentar se matar, e por fim um motivo que está relacionado à própria forma como um processo de separação pode se dar, qual seja, gradualmente, porque ela tem que se preparar afetivamente, preparar as condições de segurança e ainda o terreno para a auto-suficiência material.

O que se promove neste modelo então é a visualização dos valores que oprimem a mulher, na pretensão de atacar (na tentativa de extinguir) os sentimentos de culpa das mulheres que sofrem agressões de seus maridos, e condenar as teorias sobre masoquismo feminino que culpabilizam a mulher. Assim, o modelo é veementemente contra a idéia de que os cônjuges, tanto o homem como a mulher, são psicopatológicos de forma particular. Em outras palavras, o modelo vê a violência contra a mulher não como um comportamento patológico no plano das relações ou patologias individuais, mas ao contrário, como uma norma social, uma regra da cultura (Chauí, 1984; e Saffiotti & Almeida, 1995). Nestes termos, agressores-homens e vítimas-mulheres não pertencem a um grupo específico da população. Podem ter qualquer idade, escolaridade, pertencer a qualquer classe ou etnia.

E mais, qualquer mulher é vítima em potencial, sempre vítima. Enquanto os homens, na mesma medida, só podem ser percebidos como os agressores. Isso não quer dizer que o modelo nega a violência da mulher, mas ela a perpetraria repetindo a relação hierárquica imposta a ela sobre as crianças e os idosos, embora com menos intensidade que o homem, além de que fora de sua consciência normal devido a "síndrome da mulher agredida".

***

O modelo avança, com os estudos de Saffiotti e Almeida (1995) no Brasil, reconfigurando seus termos para rebater as críticas – que veremos melhor mais adiante – de que ele vê a mulher como passiva, promovendo quase que completamente um esvaziamento de ação da mulher. As autoras constróem um novo argumento, baseado também na concepção de gênero, que, elaborada mais recentemente, é de onde partem as críticas ao modelo que se iniciara nos anos 70. É então a forma como as autoras se apóiam nesta concepção e ao mesmo tempo produzem novos desdobramentos a esta, que gera a reconfiguração do modelo.

Interessa pontuar aqui que gênero é um conceito ancorado em uma abordagem relacional. A idéia de que a qualidade de ser homem e ser mulher é uma construção social é o que impulsiona a construção do conceito, enquanto que uma análise a partir do recorte de "poder" produz mais *nuances* dentro desta abordagem. A definição de Scott (1990) articula essas três idéias: "gênero é um elemento constitutivo de relações sociais fundadas sobre as diferenças percebidas entre os sexos"; e também "é um modo fundamental de dar significado às relações de poder" (p. 86).

Saffiotti (1992) entende o aspecto relacional do conceito de gênero como uma composição de grupos que se constituem na medida em que há comparações e confrontações entre eles, estabelecendo enfim o que há de desigual entre os grupos. Este argumento apoia-se em Lauretis (1994), quando diz: "O gênero é a representação de uma relação, a relação de pertencer a uma classe, a um grupo, a uma categoria. Não representa um indivíduo mas uma relação social" (p. 211). Assim, mantém-se, para Saffiotti (1992), de um lado os homens e de outro as mulheres. A diferença dentro destes grupos, ou seja, entre os homens e entre as mulheres, é estabelecida a partir das organizações sociais em torno dos recortes de raça/etnia, classe social e idade (menos analisado). Usa-se de novo Lauretis (1994) como referência, que afirma: o "sujeito é múltiplo em vez de único" (Lauretis, 1994, p. 208), apresenta então simultaneamente identidade de classe, de gênero e raça/etnia, e ainda "ele é contraditório em vez de dividido" (Lauretis, 1994, p. 208). Como exemplo desta contradição, Saffiotti (*id.*) fala que a lealdade de raça/etnia e de classe social impede/atrapalha a união das mulheres.

Saffiotti (1992) também se refere à contradiçõs presentes na problemática, em sua discussão que analisa gênero pelo recorte de poder. Ela afirma que a desigualdade entre homens e mulheres não deve ser vista em termos de uma relação hierárquica, pois no plano macro os homens detêm o poder, mas no micro as mulheres encontram espaço "através da introdução de cunhas no poder do macho" (1992:185). Percebe-se então diferentes poderes "detidos-sofridos" por homens e mulheres, o que é possível se houver uma concepção de gênero como relação social.

É então a partir da abordagem relacional, indispensável a quem usa o conceito de gênero, que Saffiotti e Almeida (1995) defendem a violência contra a mulher também como uma relação. Isto significa que a mulher não pode ser colocada como passiva, ao contrário, as autoras mostram-na de outra forma: ela estaria ao mesmo tempo "dentro" e "fora da ideologia de gênero". Fora porque da posição de oprimida enxerga para além da ideologia que a oprime, podendo, em algum momento, romper com a relação estabelecida. Argumentam ainda que se a violência do homem se faz tentando exacerbar e confirmar seu poder é porque existe a possibilidade de que o perca e esta ameaça vem através de "pequenos e contínuos movimentos de rebeldia da mulher". Mas esses movimentos não garantem sua liberdade, ela pode acabar mantendo a relação, mesmo porque, muitas vezes estando fora do gênero, não consegue "redimensionar e resignificar o gênero a partir da posição de fora". Nesta nova versão do modelo, então, em vez de passiva, a mulher é contraditória.

As autoras não retomam diretamente as perguntas básicas do modelo, mas seus argumentos levam à conclusão de que os homens bateriam porque as mulheres estão fora da ideologia, e as mulheres permaneceriam porque estão elas mesmas dentro da ideologia[13]. Estas respostas, embora identifiquem diferentes valores e significados usados pelas mulheres na relação conjugal violenta, já permitindo sair daquelas caracterizações que generalizavam gestos e padrões de comportamentos, mostram que há uma análise cindida, de momentos estanques. Ou: 1) O homem primeiro bate, depois a mulher reage, às vezes agredindo também, ou, 2) a mulher não reage e assim o homem se sente no direito de continuar batendo. Não há dialética! Há relação de causa e efeito.

Não deixemos de lado a novidade desta versão: é que a violência perpetrada pela mulher pode fazer parte da relação. Ela explica a agressão contra crianças e idosos ainda através do recorte de idade, que é contraditório ao de gênero, mas vai mais longe ao permitir que apareça a violência da mulher contra o homem. Segundo Saffiotti & Almeida (1995) esta violência seria uma reação que "significa responder com o mesmo teor de agressividade, objetivando promover mudanças comportamentais no outro" (p. 140). A violência da mulher é então uma reação, conseqüência da masculina e portanto defesa.

---

[13] As autoras até fazem alusão aos estudos de Gregori, do modelo oposto, que centra suas análises nas ambigüidades da mulher, que num momento da análise fariam parte da condição de gênero e em outro, o "destino de gênero" é só "ceder" o que lhe impinge a permanência na relação. O texto:
"O treino na função de mãe e seu desempenho quase que permanente infunde na mulher um sentimento muito forte de onipotência. Como ser mãe significa modelar, normatizar os filhos, as mães sentem-se com força e capacidade para transformar outras pessoas. Triste e dolorosa ilusão! (...) É curiosa a conformidade da mulher com a convivência, sobretudo se for mãe, da onipotência e da impotência. Com efeito, considera-se capaz de transformar o carrasco em ser humano afável, mas conforma-se com sua incapacidade de fazê-lo, permanecendo anos a fio na relação violenta e até contribuindo para a sua manifestação (Gregori, 1989). Cada mulher dá um colorido particular ao seu destino de gênero: ceder, ceder, ceder aos caprichos do companheiro. Como ceder é diferente de consentir, um determinado evento pode propiciar a ruptura da relação, numa manifestação, finalmente possível, do não-consentimento sufocado" (grifos meus, p.116).

Enfim, a problemática é definida por Saffiotti e Almeida (1995) como "violência de gênero" (p. 159), baseada em um jogo de poder, que não visaria exatamente atingir o corpo, mas se estabeleceria a partir "de uma contestação feminina do poder masculino".

Mas pergunto: E como se apresentam os diferentes "poderes detidos-sofridos" por homens e mulheres por meio desse "jogo"? Parece que as autoras defendem que a mulher apenas usaria do poder que tem, enquanto o homem abusaria do seu. As autoras ainda afirmam que eles não apresentam contradições, não estão fora da ideologia de gênero, como as mulheres. Ambos explicariam diferentemente as situações violentas: enquanto elas culpam a si mesmas e ao companheiro pelas mazelas da relação, eles culpam somente suas companheiras.

b) O modelo baseado na idéia de conflito: criticando e elaborando novas interpretações

Pode-se definir que as críticas ao modelo anterior têm sido produzidas a partir de 2 diferentes eixos de discussão. Um se refere mais diretamente à distribuição da violência, tema largamente polemizado nos Estados Unidos (Soares, 1999), passível de ser discutido diante de leigos, profissionais e da sociedade como um todo. O outro é teórico, e diz respeito à uma nova forma de olhar a problemática, mais adotado no Brasil.

Quanto à distribuição e forma/tipo da violência entre homens e mulheres

Strauss e Gelles (1995, *apud* Soares, 1999), os mais proeminentes autores deste modelo nos Estados Unidos, confrontam o anterior com dados estatísticos que mostram que a violência física de homens contra mulheres e destas contra aqueles é equivalente numericamente. Ou seja, defendem que há um percentual semelhante no que tange a quem é o agressor e quem é a vítima. Assim, a violência contra a mulher no espaço doméstico não seria quase 3 vezes mais alta do que contra os homens, como defende o movimento feminista. O Levantamento Nacional de Violência Doméstica (dos EUA), realizado por eles, indica que 3,4% dos homens agride as esposas e 4,8% delas a seus maridos. Para dar respaldo a estes dados, os autores criticam a forma de coleta de dados das estatísticas feministas, afirmando que elas não avaliam dois aspectos importantes: que os homens relatam menos à polícia que sofrem violência física da mulher e que eles tendem a causar ferimentos mais graves do que elas, promovendo maior visibilidade da violência perpetrada por ela. Enfim, o primeiro modelo é acusado de reificar a vitimização feminina (Soares, 1999).

Um dos argumentos mais fortes do contra-ataque feminista dos Estados Unidos é de que as pesquisas destes autores não levam em consideração os contextos e as seqüências das violências cometidas, afirmando que se o fizessem veriam que as mulheres são violentas em situações de desespero e fragilidade, diferentemente dos homens. Gelles e Strauss, segundo Soares (1999), recentemente então refizeram suas pesquisas tentando incluir tais aspectos, reconhecendo que existe uma diferença de padrão entre os ataques masculinos e femininos, admitindo que o contínuo de brutalidade, aterrorização e chantagem é característico dos homens (Soares, 1999).

Mas, concordar neste aspecto com o modelo feminista não significa que estes autores aceitem a interpretação de que a violência tem o significado de opressão. Respaldando-se nos dados do Levantamento da Violência Doméstica, que revela a eqüidade da violência masculina e feminina, eles negam que esta seja feita por autodefesa como querem Saffiotti & Almeida (1995). Para substituir esta interpretação Gelles (1993, *apud* Soares, 1999) enuncia uma diferença entre abuso e violência, afirmando que a mulher comete abusos, mas não uma violência de autodefesa.

No Brasil é Grossi (1998a) quem formula críticas a este viés do primeiro modelo e não concorda com a denominação construída por Saffiotti & Almeida (1995) de "violência de gênero", pois, para ela, aceitar essa lógica seria pressupor uma essencialidade dos atributos masculinos e femininos.

A autora leva-nos a enxergar também "homens vitimizados". Um de seus argumentos é a produção de uma diferenciação entre agressão – ao invés de abuso, como Gelles nos Estados Unidos – e violência. Apropriando-se da distinção feita pela filósofa Sônia Felipe

(1993, *apud* Grossi, 1998b), ela defende que a "agressão implica e permite revide, é um ato onde não há uma distinção nítida entre sujeito e vítima da violência, uma vez que a vítima pode responder por sua vez à violência que sofreu. Violência, no entanto, é uma agressão que aniquila o indivíduo que a sofre, paralisando-o e impedindo-o de reagir" (p. 297). A produção de um ato agressivo envolveria dois indivíduos em situação mais ou menos igualitária, que brigam usando força física e ameaças verbais, enquanto o ato violento mostra grande desigualdade de forças, pois um dos elementos é destruído ou aniquilado, seja pela morte, por estupro ou tortura. A autora assume que muitos "atos violentos"[14] presentes na conjugalidade moderna são agressões e não violências, o que permite admitir a cambialidade entre os cônjuges das funções abusador/abusado e a possibilidade de perceber atos violentos do homem-marido também como agressões.

Grossi (1998b) ainda traz como referência os estudos da francesa Irene Pennacioni, e seu livro "A guerra conjugal" de 1996, que pensa estratégias diferenciadas de agressões entre homens e mulheres casados. A tese é de que os homens agrediriam com tapas e socos, e as mulheres através das palavras; ou seja, eles usariam a violência física enquanto elas a emocional.

Mendez (1995), do Chile, usa as mesmas metáforas, fala de "guerra" e "armas" para se contrapor ao primeiro modelo, que define como feminista, e ainda afirma: "me atreveria a dizer que, com não pouca freqüência e talvez em compensação à desigualdade física, a mulher tende a ser mais esperta em seus golpes da violência psicológica" (p. 28). Cada um lançaria mão das melhores armas.

Neste caminho, ao reconhecer que a mulher também agride, começa-se a postular outros fatores que levam à violência além dos padrões culturais de gênero. O modelo parte de análises multifatoriais. Soares (1999), resumindo estudos realizados nos Estados Unidos por autores como Gelles, Strauss, Kurtz, e Smith nos anos 90, dá a seguinte lista de fatores da violência intrafamiliar endêmica:

---

[14] Grossi mantém o termo violência porque já instituído formalmente dentro da discussão. Usa atos violentos para falar tanto de agressões como de violência.

"a) O estresse a que estão submetidas as famílias, no atual contexto econômico e social. Contexto que exacerbou a privacidade familiar, dificulta o controle e escrutínio das famílias; b) a própria estrutura de vida em família (tempo de convivência, múltiplas atividades e interesses comuns, intensidade de envolvimento, intervenção nas atitudes, comportamentos e decisões dos outros membros, diferenças de sexo e idade, atribuição e assunção de papéis, privacidade e isolamento, o pertencimento involuntário, intimidade etc.); c) empréstimo dos padrões sociais que, generalizadamente, endossam a violência como forma de solução de conflitos; e d) a socialização da criança, segundo o padrão amplamente aceito de punição pela força física: a violência seria gerada pela própria família e transmitida de geração em geração" (Soares, 1999, p. 159).[15]

O segundo modelo, então, confronta a visão de que a violência atingiria indiscriminadamente todas as classe sociais, podendo-se defender, por exemplo, que, em virtude das pressões financeiras, as menos favorecidas produzam mais violência dentro de suas famílias. É possível, portanto, neste viés, estabelecer quais grupos estão mais propensos a viver relações violentas e afirmar que a aprendizagem na infância não passa apenas pelo recorte de gênero.

A posição do antropólogo inglês Anthony Giddens (1993) aproxima-se da argumentação dos autores americanos acima, embora influencie, no Brasil, um viés de discussão centrado nas mudanças culturais da modernidade. Ao explicar a violência do homem contra a mulher através da baixa auto-estima do homem, ele se contrapõe

---

[15] Burgess, Garbarino & Gilstrap (1983) estruturam de outra forma a resposta: eles falam de ameaças externas e internas que podem desencadear a violência intrafamiliar. As externas configuram-se como "pobreza crônica", e "valores societários incompatíveis com os melhores interesses dos membros da família." As ameaças internas incluem (a) os "estresses estruturais" (como o excesso de tempo em contato íntimo provocando conflitos de interesse, insatisfação com a conduta do outro quando implica em um estilo coercitivo de interação, a escassa ou deficiente comunicação entre os membros) e (b) o resultado de características individuais dos membros da família tais como "cuidados parentais e habilidades sociais deficientes, prematuridade, retardamento mental, anormalidades físicas, doença grave, dificuldades em lidar com o temperamento do filho...".

diretamente a Saffiotti & Almeida (1995). Ele também usa estudos de Chodorow (1990, *orig.* 1978) sobre a construção da identidade masculina, mas diferentemente produz explicações que não passam pela idéia de poder, de opressão, enfim. Para ele a "invenção da maternidade" dos tempos modernos, tal como apreciada por Chodorow, delimita um novo campo simbólico para o homem e a mulher. Se, por um lado, a masculinidade é mais combativa, enérgica e independente, por outro esconde uma perda fundamental. É que o menino, tendo que se diferenciar da mãe para construir seu senso de auto-identidade masculina, faz uma renúncia do seu amor e carinho muito cedo. O problema é que o centro emocional do lar é a mãe, e o pai acaba não lhe proporcionando a intimidade que lhe é necessário. Além do que é tratado por ela como ser mais distinto, em comparação ao seu tratamento com a menina, que se faz de forma mais simbiótica. Portanto, as origens da auto-identidade masculina ficam marcadas por uma profunda sensação de insegurança. Quando adultos os homens voltam às mulheres procurando nelas o que lhes falta e é "esta carência que pode se manifestar na raiva explícita e na violência" (p. 132) contra a mulher. Giddens (1993) supõe então que, no momento atual, quando os relacionamentos amorosos têm buscado vínculos mais igualitários entre os seus membros, a violência "provêm mais dos desajustamentos e insegurança do que de uma continuação ininterrupta do domínio patriarcal" (p. 138).

Nota-se assim que, neste viés de discussão, na tentativa de responder de outra forma à pergunta **por que os homens batem?** o modelo direciona o foco das análises para o <u>como</u> o fenômeno acontece, ou seja, descreve as suas causas como relações entre pessoas, entre sentimentos, entre contextos etc. As referências à infância centram-se no <u>processo</u> pelo qual se aprende a ser violento. Fala-se de desajustamentos psicológicos, de <u>dinâmicas</u> intrapessoais com conflitos, usa-se o conceito de estresse (termo muito polêmico), que se refere no mínimo a um um esgotamento físico e/ou mental após tentativas de <u>adaptação</u> diante de situações (<u>interpretadas</u> como) difíceis. A diferenciação entre agressão e violência é a nova conceituação que mostra mais claramente esta tendência, é uma proposta de descrever a forma como uma pessoa se <u>coloca diante de</u> outra, ela estaria querendo comunicar algo, razão porque o ato não pode ser analisado fora do contexto. Este modelo é, então, definido como centrado na argumentação da violência enquanto um conflito, um termo que se refere a uma relação entre partes.

Mas, mesmo que mostre a importância de se olhar a dinâmica relacional, o modelo até aqui não responde (completamente) à pergunta **por que os homens batem?**, na medida em que não consegue analisar todas as implicações das suas novas teses, como aponta Soares (1999) em relação a Gelles. Estruturando-se como uma crítica ao primeiro modelo, subestima o que ele trouxe de mais rico: uma proposta de entender a problemática como uma relação entre os contextos macro e micro social. Se o aceitamos percebe-se que falta descrever com clareza o que Saffiotti & Almeida chamam de "a base legitimadora para o exercício da violência" (1995, p. 22), a "organização social de gênero"; ou, nas palavras de Rifiotis (1997), falta reconhecer "a visão de mundo" daqueles que perpetram agressões/violências.

Por outro lado, a contribuição deste novo modelo é que ele amplia a pergunta para **por que homens e mulheres batem?**, ou simplesmente **por que a violência (doméstica) é perpetrada?**

O tópico seguinte caminha no sentido de revelar com mais precisão o "desvio" que o segundo modelo executa, servindo para que se possa retomar as respostas à pergunta agora ampliada.

Quanto à abordagem diante da problemática e ao foco de análise

A discussão proposta por Gregori (1993), a autora que dá os primeiros e definitivos passos para formulação do novo modelo em nosso país, trata de delimitar uma abordagem diferenciada da problemática mantendo em foco a pretensão do primeiro modelo de examiná-la como relação entre o contexto macro e o microssocial.

Gregori, na época de seu estudo, identificando impasses na prática feminista brasileira no combate à violência contra a mulher, percebia que o problema se referia muito mais à forma como os dados eram examinados. Suas críticas se dirigiam aos textos produzidos no Brasil na década de 80, mas ainda se aplicaria mais tarde também ao livro de Saffiotti e Almeida de 1995, líderes atuais do primeiro modelo. Seu texto diz que aqueles autores:

"justapõem, de maneira mecânica, a explicação mais geral do fenômeno à descrição de casos de violência doméstica. Essa justaposição é muitas vezes empregada como forma de evidenciar que há uma <u>relação de determinação entre os dois planos</u>. Ou seja, não existe uma mediação entre o plano de uma explicação que define violência como expressão da relação de desigualdade entre os sexos e o plano dos espancamentos, estupros e homicídios. (...) o que explica a convivência e torna inteligível a perpetuação da dominação é uma idéia de ideologia como falseamento. Os termos de ocultamento e mistificação, assim como a contraposição dual entre ideologia/realidade, muito empregados no textos que estou analisando, são os ponto de engate (...) (p. 135, grifo meu).

Com este pressuposto, da relação de determinação entre os dois planos, atrelado ao posicionamento político de atacar as bases culturais que oprimem a mulher e alertar a população sobre as conseqüências maléficas delas, é que o primeiro modelo criaria uma imagem tipificada dos casos de violência doméstica, em que as mulheres são todas iguais entre si, vítimas, passivas, condescendes, enquanto os homens são sempre os vilões, agressores. Para Gregori, não é que estes casos não possam existir, mas eles são fruto do uso que cada indivíduo faz dos padrões culturais.

Grossi (1999ab), mais tarde, esclareceria que os autores do primeiro modelo usam de forma confusa os termos gênero e identidade de gênero, o primeiro sendo uma categoria que se remete a modelos culturais coletivos. Bernardes (1993), que também defende uma diferenciação clara entre os termos, confere a ele uma maior rigidez quanto a executar mudanças. Enquanto o termo identidade de gênero, para as duas autoras, se refere aos movimentos executados pelo indivíduo. Assim, não se poderia falar em uma identidade de gênero masculina e feminina, mas em múltiplas formas de ser mulher e ser homem. Além do mais, Bernardes defende que apesar de a "rotulação de homem ou mulher estar estabelecida não significa que o processo de identificação feminino/masculino esteja completado (...) A identidade de gênero é entendida não como um dado acabado, mas como um produto em permanente elaboração" (p. 52). Ela se constituiria, então, usando os estudos de Hurtig de 1982, a partir das "atribuições de significado realizadas pelo sujeito... que embora sociais na sua origem, possuem uma dimensão psicológica irredutível, uma vez que cada indivíduo singular reelabora este conjunto de idéias através da mediação de sua subjetividade" (p. 47). Portanto, como a própria Chodorow (1979) pontua em alguns momentos de seu texto, o conceito de mulher e de homem de cada pessoa não carrega apenas traços culturais, mas outros singulares, produzindo diferentes combinações e mesmo deslocamentos do cultural.

Desta perspectiva, Gregori (1993) produz sua crítica e forma de analisar a violência conjugal:

> (...) esses autores perdem algo que considero importante neste tipo de análise: apreender as ambigüidades e tensões nas relações entre os papéis de gênero. A incorporação desses dados permite entender que os padrões distintos de comportamento instituídos para homens e mulheres são atualizados em relações interpessoais que são vividas como únicas. Numa sociedade em que os meios de comunicação de massa tornam pública a existência de condições para que as mulheres não mais fiquem caladas, umas apanham e se revoltam, outras não. Adotando essa perspectiva de análise podemos entender, sem incorrer a fáceis alusões à alienação e personalidades passivas e agressivas, que os padrões mais gerais de conduta entram em uma operação combinatória particular em cada relação de violência considerada. Nesta medida, é importante mostrar como esse movimento de combinação é realizado, o que ajuda a compreender, sob uma ótica mais rica, as diferenças entre os vários significados que assume a violência nos diversos relacionamentos: o sadomasoquismo na sexualidade de alguns casais, a briga lúdica entre crianças, a briga passional entre mulheres na disputa de um homem, o espancamento com caráter punitivo etc. (...) Neste movimento, não há lugar para determinações imediatas e mecânicas do plano dos padrões para o plano das condutas" (p. 130).

Para a autora essa abordagem significou direcionar a análise para o **como** o fenômeno acontece, mais do que apreender o **por que**. Diferentemente, então, de Saffiotti, e outros autores dos anos 80, a força explicativa do estudo de Gregori recai sobre as contradições dentro das relações conjugais violentas, ajudando a responder de outra forma às perguntas: **Porque a mulher mantém a relação?** ou **Por que ela não consegue sair?** Seu trunfo é passar a examinar as falas de suas entrevistadas não como descrições da realidade, mas como um comportamento que objetiva dar sentido à agressão sofrida. Monta seu argumento a partir de duas formas de análise, que nos ajudam aqui a dividir em duas suas contribuições para o debate: primeiro ela se remete à construção das narrativas das mulheres e, depois, à construção das situações de conflito dentro da relação conjugal conforme narradas pelas mesmas mulheres.

Olhando para as narrativas, Gregori defende que o "buraco negro da violência contra a mulher" (p. 184) existe porque ela explica sua relação em termos de uma dualidade vítima e algoz, uma acusação ao homem/companheiro e total falta de apreciação dos seus próprios atos e responsabilidade na construção da relação. Ela culpa o homem pelas mazelas (é "mulherengo", "beberrão", "preguiçoso") para valorizar suas virtudes (boa dona de casa, fiel, boa mãe), mantendo o foco nele e não nos valores morais que legitimam a agressão sofrida. Assim é que ela o condena pela fraqueza diante das "mulheres de rua" e, ao mesmo tempo, exalta a si mesma como uma mulher de família, recatada, deixando intacta a divisão entre "tipos" de mulheres, sem promover um questionamento sobre seu relacionamento conjugal. Esta postura produz vantagens para ela, mesmo sendo baseada em valores que a oprimem, como, por exemplo, sentir-se indispensável, manter a gerência na educação dos filhos. Grossi (1998 b), com o mesmo olhar, fala das vantagens da mulher ao ter o homem dependente de si, o que estaria associado à manutenção e promoção do seu poder, sem exercer a força física. Na discussão com o parceiro, então, importa pouco à mulher o conteúdo das discussões, o que interessa é condenar o outro e não se implicar, para preservar seu posto.

Gregori conclui:

"ela ajuda a criar aquele lugar no qual o prazer, a proteção ou o amparo se realizam desde que se ponha como vítima... são situações em que a mulher se produz – não é apenas produzida – como não sujeito" (1993, p. 184).

A dificuldade da mulher em sair da relação então se dá porque sua narrativa é paradoxal: ao mesmo tempo em que mostra o incômodo e sofrimento com os comportamentos masculinos que lhe infringem a falta de liberdade, agressão, por outro, sustenta seus argumentos nos mesmos valores que impõem a ela tal situação.

Na busca dos paradoxos/ambigüidades Gregori então começa a tecer uma nova resposta também à pergunta **Porque os homens batem?** – o que defende melhor com a outra forma de análise, que veremos mais adiante –, embora focalize, como rege seu objetivo, no **como** o fenômeno acontece. Seu argumento se dirige à apropriação dos sujeitos dos diferentes padrões culturais. A narrativa da mulher seria paradoxal, portanto, porque ela se apropria contraditoriamente de diferentes padrões culturais. Um exemplo: se por vezes ela já pode cobrar de seu marido mais envolvimento com as tarefas da casa para poder trabalhar fora e ter sua independência financeira, por outro, quer manter seu poder de decisão no que se refere à arrumação da casa, ou à educação dos filhos. A violência surgiria então no bojo do processo de confusão e tentativas de negociação dos padrões culturais entre os cônjuges. Nesta medida, então, ao contrário do que o outro modelo prega, as contradições são também a causa da violência.

A autora defende que sua contestação do primeiro modelo passa por análises que não usam o viés do "poder", embora faça referências explícitas à diferenciação socialmente construída de papéis para homens e mulheres. Ela estaria de acordo com Machado (1992) de que olhar as questões de gênero pelo viés do poder é apenas uma forma de recortar a construção social das diferenças entre os sexos. Contudo, Grossi (1998b) mostraria mais tarde que não é este aspecto do trabalho de Gregori que permite se contrapor ao primeiro modelo. Grossi revisita a teoria do ciclo da violência, "construída na intersecção entre as práticas sociais e o ideário feminista dos anos 70 e 80", e defende que seus autores sem o perceber se referem a uma espécie de "gangorra" entre o casal. Há assim "uma *circulação de poder* no interior do casamento e não uma divisão estanque do mesmo" (1998b: 305). A mulher, ao ser agredida, não o detém, mas tenta resgatá-lo através da denúncia do marido na delegacia, para que a "fase da lua de mel" possa se dar, mas logo a seguir o homem o retoma, voltando a agredir. Neste sentido, não há exatamente distribuição de poder mas a luta por ele, aqui no sentido de dominação autoritária.

Nota-se então que, mesmo avançando no que diz respeito a implementar uma visão relacional/processual diante do fenômeno, incluindo a responsabilidade da mulher e a forma como ela se apropria dos padrões culturais distintos, os argumentos elaborados até aqui não permitem produzir uma oposição clara à idéia de que a violência é um mecanismo de opressão como as autoras o desejavam. Não é à toa que Saffiotti & Almeida (1995) absorveram a tendência a apreender ambigüidades/paradoxos, mesmo que a tenham colocado como um objetivo periférico. Dentro da idéia principal do primeiro modelo, pode-se ainda dizer que as vantagens da mulher em manter os valores morais dominantes se referem a não precisar se responsabilizar pelo sustento da casa, não precisar assumir as dificuldades em procurar o próprio prazer sexual, e muito mais.

Mas Gregori dá mais um passo quando separa dois casos dos dez examinados por ela, para explicitar a ação da mulher compondo as cenas de conflito entre o casal. Eles são modelares no sentido de mostrar a violência como um "ato de comunicação". Este argumento tenta de novo responder à pergunta **porque os homens batem** através de uma abordagem relacional. A violência, neste olhar, faz parte do "jogo", e nesta medida pode-se ver que <u>ambos</u>

"*as mulheres e os homens <u>provocam</u> ou <u>mantém</u> essas situações. Inconscientemente (...) ou impensadamente (...) jogando com signos, diálogos, xingamentos ou acusações que as estimulam*" (Gregori, 1993: 183, grifo meu).

Em um dos casos, a autora identifica a produção da violência em meio às tentativas de negociação do casal, quando, tendo a mulher iniciado uma discussão xingando e acusando o companheiro, os dois se põem a trocar réplicas cada vez mais veementes, até que o homem parte para agressão, criando um novo clima e novos comportamentos de um diante do outro. Gregori entende que a mulher provoca a violência contra ela para dar a "última palavra", a fim de mudar o lugar a ela atribuído nos conflitos do casal. O marido a teria acusado de violar o acordo de manterem a calma, ou de não cumprir a tarefa doméstica. Após o ato de violência do marido, ela será a vítima-passiva e portanto não responsável pelos conflitos no casamento, e se a culpa é dele, ele deve mudar, portanto.

"Um jogo perverso de feminilidade e masculinidade, ou melhor, de imagens que desenham papéis de mulher e de homem em relações conjugais. De um certo modo, ser vítima significa aderir a uma imagem de mulher" (Gregori, 1993: 180).

Em outro caso, a autora faz uma ligação entre as situações violentas e as relações sexuais no qual ambos obtêm muito prazer. Não que as primeiras levem às segundas ou vice-versa, mas que ambas refletem a busca de cada um pela sensação de estar colado ao outro, de estar casado. Segundo a autora, apoiando-se em Barthes e Baitaille, a violência é usada neste caso para tocar a "fenda" do agredido, para fundar "a ordem descontínua das individualidades" (p.182), tal qual a sensação de um gozo em um ato sexual, que dá lugar à fruição. Neste sentido, o que Gregori faz é apreender o que há em comum entre os parceiros, e neste caminho sua análise começa a formular conclusões que se distanciam mais plenamente da idéia básica do primeiro modelo. Ela afirma que a construção das 2 situações de conflito analisadas refletem um contrato implícito do casal: "a repartição dos bens da fala", embora isso não signifique acordo entre eles. Gregori usa um dos verbetes, "Fazer uma cena" do livro de Roland Barthes, *Fragmentos do discurso amoroso*. A descrição é primorosa:

"Quando dois sujeitos brigam segundo uma troca ordenada de réplicas e tendo em vista obter a 'última palavra' esses dois sujeitos já estão casados: a cena é para eles o <u>exercício de um direito,</u> a prática de uma linguagem da qual eles são <u>co-proprietários,</u> equivale a dizer nunca você sem mim e vice e versa. Esse é o sentido

do que se chama eufemisticamente de diálogo: não se trata de escutar um ao outro, mas se sujeitar em comum a um princípio de repartição dos bens da fala. *Os par ceiros sabem que o <u>confronto</u> ao qual se entregam e que não os separará é tão inconseqüente quanto um gozo perverso (a cena seria uma maneira de se ter prazer sem o risco de fazer filhos)"* (Barthes, 1985: 36) (Gregori, 1993: 178, grifos meus).

Haveria então uma relação de parceria e não de hierarquia? O que a autora conclui é que a relação conjugal violenta não pode ser analisada da mesma forma, como o primeiro modelo o faz, pois ela tem sua especificidade.

Grossi, reafirmando esta postura, defende que ao analisar os "atos violentos" no âmbito da conjugalidade deve-se privilegiar a categoria "violência doméstica", mais precisamente no que se refere "ao vínculo afetivo-conjugal", ao invés de falar da "violência contra a mulher", "mesmo pondo em suspeição a dicotomia público/privado como universal e a-histórica" (1998b: 297). O processo histórico pelo qual essa dicotomia se deu delimitaria novas configurações para o que se passa nos tempos modernos, em virtude de sua associação com o desenvolvimento do pensamento dicotômico entre as categorias masculino/feminino e também as de razão/emoção. A autora (1998b e 1998c) chega a falar em aumento da violência na relação conjugal no mundo contemporâneo, desafiando um texto da ONU que fala da violência contra a mulher em culturas tradicionais. Esse aumento – ou no mínimo a maior visibilidade desta violência em específico – dar-se-ia a partir de duas mudanças culturais:

1) O confinamento das mulheres no espaço privado, produzido a partir do Século XVII, que legitimaria o controle do homem sobre ela, repassado a ele pelo Estado, após tê-lo recebido do déspota em época anterior (conforme análises de Foucault). Esse processo em que o poder "muda de mãos", conduz a análises sobre as diferenças entre a violência das "sociedades tribais" e das "sociedades de Estado", sendo a hipótese da autora de que

nas primeiras ela é distribuída em todas as direções e nas últimas recai sobre a mulher especificamente, devido ao controle masculino no espaço privado.

2) As novas configurações para o projeto de conjugalidade, pois se antes a aliança era estabelecida a partir de interesses econômicos, na modernidade passa-se a exigir que ela se dê por "amor", "paixão", o encontro afetivo (conforme análises de Giddens). O espaço doméstico ganharia então o *status* especial da emoção, do prazer, do aconchego, da felicidade, aumentando as expectativas e, por conseguinte, as frustrações em relação a ele. Assim, "a violência doméstica é resultado de complexas relações afetivas e emocionais" (Grossi, 1998a: 6).

Ao focalizar o prisma das mudanças culturais, sob a influência de Giddens entre outros, Grossi muda o foco de Gregori mesmo mantendo sua abordagem. Esta busca apreender **como** o fenômeno acontece, enquanto Grossi investe mais no **por que**, embora usando abundantemente análises sobre os processos relacionais; não é à toa que seu eixo de discussão será ainda o das contradições. Gregori trabalha então mais com a combinação dos padrões culturais e Grossi se caminha por identificá-los mais claramente. Nesta medida, em uma abordagem diferenciada do primeiro modelo, mas com o mesmo foco que ele, Grossi consegue propor uma explicação que potencializa uma oposição mais clara àquela da opressão das mulheres pelos homens.

Suas palavras nesta linha já fazem a diferença:

> *"a hipótese central de minha investigação no momento é que existe uma contradição profunda no modelo de conjugalidade ocidental moderna, uma vez que ele está centrado numa categoria considerada universal, o amor"* (1998b: 299).

Em 1994, já dizia, apoiando-se nas análises do psicanalista Calligaris, também de 1994:

> *"uma das principais crises das mulheres mas também dos homens diz respeito à impossibilidade de viver o ideal*

da conjugalidade moderna: misto de amor romântico, simbiose, igualdade de papéis e necessidade imperiosa de construção de um desejo comum que justifique o casamento" (1994: 479).

Ela considera,

> *"portanto, que a presença de violências – física, sexual, emocional ou psicológica – nas relações afetivo/conjugais é inerente às contradições do modelo hegemônico de conjugalidade ocidental na modernidade"* (1998b: 299).

Ela argumenta que pensar na categoria amor permite abarcar mais elementos na análise do que usar a idéia de opressão dos homens sobre as mulheres, porque possibilita uma referência tanto às questões de gênero ligadas a poder e controle (uma referência à associação entre as dicotomias público/privado e masculino/feminino) como às dinâmicas intrapsíquicas[16] (uma referência à associação entre as dicotomias público/privado e razão/emoção), que Gregori tem incitado a investigar.

Grossi ainda defende que a nova categoria, bem como a abordagem relacional, possibilita pensarmos sobre os "homens vitimizados" e sobre a produção de violências dentro de relações conjugais homossexuais.

3. Novas perspectivas

Este novo viés de discussão, que aborda o fenômeno enquanto produto de uma dinâmica relacional entre os cônjuges, incita a retomada da discussão sobre a distribuição da violência entre os homens e as mulheres. Agora deve-se pensar na produção de "violências" e "agressões"/"abusos" (no plural), tamanha a diferença entre eles, a partir de dinâmicas relacionais. Ficam as perguntas: há <u>diferentes padrões de relações</u> violentas? Não é justamente a pluralidade que Gregori defende? Que em uma sociedade em que as mulheres

---

[16] A autora chega a citar as categorias psicanalíticas *desejo* e *falta*, mas não investe na explicação delas.

já podem obter recursos para se defender algumas se submetem e outras não?

É Soares (1999) quem propõe, diante da discussão sobre a distribuição da violência entre homens e mulheres tal como feita nos Estados Unidos, que é possível conjugar os modelos, reconhecendo as virtudes descritivas e os limites de cada um, que, a sua maneira, "refletem" situações diferentes. Não há porque negar que homens também são agredidos, mas pode-se dizer que o são de forma diversa. Existiriam então relações em que ele (o que perpetra "violência"), para manter a companheira sob seu controle, aterroriza e chantageia, e outras que são caracterizadas por "atos violentos" (físicos, psicológicos etc.) da parte de ambos os cônjuges. Assim, cabe ao primeiro modelo deixar sua pretensão de teorias universais e ao segundo procurar delimitar o contexto em que o primeiro modelo produziu suas teorias, para explicitar outro que ele não contempla.

Já com as hipóteses de Grossi não se pode falar em uma conjugação de modelos. Seus estudos já fazem parte de um direcionamento que busca abarcar pontos do primeiro modelo. Como ela mesma diz, quer sair de explicações "totalizantes", quer "complexificar" o entendimento da problemática. Mas sua nova categoria não se articula com a idéia que começa a surgir de Soares (1999) de que existem diferentes padrões de relações violentas.

Tem-se então que desenvolver o caminho trilhado por ela e Gregori, e ainda proposto de outra forma por Soares: um olhar voltado a apreender a violência conjugal enquanto um fenômeno produzido dentro de relações interpessoais. Nas palavras de Soares e de Grossi seria dizer que a violência conjugal é uma construção social, uma abordagem que tem mostrado ser uma "terceira via", de certa forma um "elo" entre o primeiro modelo e seus críticos mais radicais.

Baseado nesta compreensão da literatura até aqui apresentada, os esforços neste presente estudo se direcionam para produzir uma delimitação mais clara deste caminho, buscando desenvolver dois aspectos ainda pouco trabalhados nos estudos feitos até agora:

1) Aproximar-se também dos homens que vivem relações conjugais violentas no intuito de comparar seus pontos de vista com o de suas companheiras. Procedimento incentivado por Gregori e Grossi desde 1994.

2) Focalizar a troca de mensagens entre os parceiros e a atividade de interpretação inerente a ela. Viés iniciado por Gregori (1993) e incentivado por Grossi (1998b) ao apresentar o potencial explicativo da teoria (da comunicação) de "duplo vínculo" de autores ancorados na perspectiva sistêmica.

Nesta direção construí o seguinte objetivo de pesquisa: investigar como homens e mulheres, que vivem uma relação conjugal marcada pelo registro de pelo menos uma queixa da mulher na Delegacia de Defesa da Mulher, formulam descrições e explicações sobre as relações que estabelecem, para através destas apreender o entrelaçamento de condutas e significados entre os parceiros.

Os capítulos seguintes se referem a execução deste objetivo.

APROXIMANDO-ME DAS PESSOAS DE CARNE E OSSO

Para sair das teorias e ir a campo, para investigar sobre violência conjugal, precisei antes de tudo definir meu posicionamento como pesquisadora. Assumia como princípio, sob a influência de Spink e Lima (1999), a existência da mediação do pesquisador, tanto na coleta como na produção dos dados e das conclusões. Isto implica em entender o estudo como um processo relacional, em que pesquisador e pesquisados (e suas redes sociais) integram entre si, produzindo a combinação e criação de valores/significados. Nesta direção, foi redefinido também o conceito de rigor científico que, segundo as mesmas autoras, ao invés de estar associado à cobranças de replicação ou generalização, exige a responsabilidade do pesquisador em descrever e explorar o contexto de pesquisa. É o que nos propormos fazer a partir de agora sob os mais diversos aspectos.

COMO COLHER AS NARRATIVAS

Para atingir o objetivo proposto optei pela entrevista no formato de história de vida, assumindo a definição de Pereira de Queiroz (1987):

> *"História de vida se define como um relato de um narrador sobre sua existência através do tempo, tentando reconstruir os acontecimentos que vivenciou e transmitir a experiência que adquiriu; Narrativa linear e individual dos acontecimentos que ele considera significativos, através dela se delineam as relações com os membros de seu grupo, de sua profissão, de sua camada social, de sua sociedade global..."* (p. 275).

Há argumentos contra o uso da história de vida, sobretudo quanto à veracidade dos acontecimentos, mas neste estudo, importou a produção de significados pelas pessoas entrevistadas. De outro lado, um limite da técnica se refere ao fato de ficar a cargo do entrevistado escolher os temas específicos que quer tratar, cabendo ao entrevistador interferir o mínimo possível, o que poderia prejudicar a obtenção de alguns dados considerados como importantes para o projeto em questão.

Para diminuir esta desvantagem descobri um desdobramento desta técnica que se utiliza uma "pergunta de corte", proposta por Bom Meihy (1996), que permite ao entrevistado compreender a dimensão dos objetivos do estudo, ao mesmo tempo em que se pode seguir a sua lógica no relatar os fatos. A "pergunta de corte" utilizada:

> *"Eu tenho interesse em saber a história de vida, desde a infância, de homens e mulheres que têm problemas conjugais a ponto da mulher ir à Delegacia prestar queixa, por isso entrei em contato com você e com sua esposa (ou seu marido). Pontos como: as situações mais marcantes que passou, os relacionamentos mais marcantes, as conversas mais significativas, os sentimentos que nutria pelas pessoas com quem se relaciona ou se relacionava, quem foram ou são as pessoas que procura quando tem problemas, as situações em que teve que tomar decisões e como as tomou, me parecem importantes. Enfim, o que me proponho mesmo é conhecer você e o seu ponto de vista sobre sua vida."*

Na tentativa de garantir o recorte da história de vida, sobre o tema da violência conjugal, buscou-se finalizar os contatos com os entrevistados, investigando se eles acreditavam que as informações dadas eram suficientes no sentido de atingir os objetivos da pesquisa;

pergunta que muitas vezes fez mesmo com que os entrevistados retomassem alguns pontos com mais detalhes.

Uma outra forma encontrada de amenizar a desvantagem da técnica, ou seja, de trazer à entrevista temas de interesse da pesquisadora, foi estabelecer uma "coleta mais 'estimulada' dos relatos sobre determinados temas", conforme propõe Demartini (1992, p. 49), respeitando ainda a idéia básica de que é o narrador quem detém o fio condutor da entrevista (Pereira de Queiroz, 1987). O que significa permitir que o pesquisador, a partir da sua percepção da relação estabelecida com o entrevistado, abra espaço para o aprofundamento tanto de temas que a literatura traz quanto daqueles suscitados no desenrolar da entrevista. Esse procedimento é justificado pelo argumento de que "as pessoas podem tratar mais detalhadamente alguns temas se o pesquisador naquele momento se mostrar mais interessado em conhecê-los" (Demartine 1992, p. 47). Puderam ser introduzidas então perguntas como: *Quem?, Quando?, Onde?, Como?, Por que?* ao longo da entrevista.

Com estes procedimentos, seguindo ainda os argumentos de Demartine (1992), defende-se que a análise não está excluída do trabalho de campo, ao contrário, a cada momento é possível indagar sobre o que é dito, confrontando os novos dados com perguntas anteriores. O que significa dizer também que as intervenções da pesquisadora a cada entrevista e diante de cada sujeito não seguem o mesmo padrão, mas vão sendo desenvolvidas segundo as mudanças de foco e questionamentos feitos por esta.

Os PROCEDIMENTOS DE COLETA DAS NARRATIVAS E OS CUIDADOS ÉTICOS

Estabeleceram-se os primeiros contatos com os entrevistados através da Delegacia de Defesa da Mulher de Ribeirão Preto e da

Casa da Mulher[17]. Dois casais foram contatados por meio do apoio da assistente social da Delegacia, que forneceu dados para que a pesquisadora os procurasse[18]. Os outros dois casais foram contatados a partir do trabalho da pesquisadora como psicóloga na Casa da Mulher, sendo as participantes do Grupo de Auto-Ajuda consultadas sobre sua disponibilidade e permissão para que se entrasse em contato com seus parceiros.

A ordem com que foram estabelecidos os contatos com cada um dos parceiros diferiu, de acordo com o local de apoio: a partir da Delegacia tanto homens como mulheres foram sendo aleatoriamente consultados; a partir da Casa da Mulher os dois homens compareceram ao local depois de convidados por suas companheiras.

Os primeiros encontros serviram para que as entrevistas fossem marcadas.

As entrevistas foram realizadas na maioria das vezes na Casa da Mulher (3 homens e 2 mulheres), havendo ainda algumas feitas em praça pública (1 homem e 1 mulher), e outra no domicílio (1 mulher). Os locais foram escolhidos a partir de uma negociação entre entrevistados e pesquisadora, havendo o cuidado, da parte da pesquisadora, em estabelecer um lugar tranqüilo, privado e acessível aos

---

[17] Uma ONG, fundada em 1997, localizada na periferia da cidade e que visa resgatar a cidadania das mulheres dos bairros periféricos. Objetiva além de prestar assistência psicológica e jurídica, promover a conscientização sobre questões de gênero e organizar movimentos de mulheres. Os trabalhos desenvolvidos na época das entrevistas incluíam: Grupo de Educação Popular, Grupo de Orientação de pais, Alfabetização de Adultos, Curso de alimentação natural, Grupo de produção de Artesanato. Fazem parte da ONG psicólogas, advogados, 1 enfermeira , 1 jornalista, 1 publicitária, mulheres do movimento feminista da cidade, voluntários da comunidade. Ressalte-se que a pesquisadora atuava como psicóloga, atendendo a um grupo de mulheres que viviam relação violenta com seu parceiro.

[18] Com um dos casais houve comentários prévios da parte desta funcionária sobre a pesquisa, com outro casal não, deixando sob a responsabilidade da pesquisadora informar como pôde chegar até eles. Na época não houve qualquer questionamento quanto à utilização do lugar de profissional para que a pesquisadora pudesse ter acesso e se utilizar dos números dos telefones dos sujeitos sem a autorização destes, forma de contato considerada hoje anti-ética.

entrevistados, e que ao mesmo tempo fosse seguro para a primeira. Este último aspecto, discutido por Etherington (1996), ganhou atenção diante de um homem, na medida em que sentia que limites claros eram necessários, sendo a escolha do local uma forma de qualificar o trabalho como mais formal e institucionalizado.

O aspecto principal do posicionamento da pesquisadora era tentar estabelecer uma relação simétrica, no sentido de não abusar e não se deixar abusar, postura sugerida por Ravazzola (1999b) aos profissionais que atendem homens e mulheres que vivem uma relação conjugal violenta. Isto parece óbvio, mas em se tratando de uma população que convive com a violência cotidianamente, postula-se que relações abusivas podem ser produzidas com mais facilidade.

Para o registro das narrativas todas as entrevistas foram gravadas, de acordo com a manutenção da autorização dos entrevistados a cada momento, e transcritas na íntegra.

Como procedimento acessório para a coleta de dados produziu-se também um "caderno de anotações do campo", onde foram feitos registros de conversas e descrições de situações ocorridas antes e depois das entrevistas, qualificando o contexto a partir das percepções da pesquisadora.

A atenção da pesquisadora no sentido de "não abusar", ou seja, a consciência de que pesquisar seres humanos implica em maior parcela de responsabilidade e compromisso (Amado, 1997), é expressa a partir dos seguintes aspectos, que defino aqui como relacionados à ética de pesquisa:

a) Quanto aos riscos para os participantes, no que concerne a reinvestidas de violência contra o parceiro advindas da situação de entrevista. Construiu-se uma aproximação individualizada, de modo a evitar tanto que as entrevistas se colocassem entre o casal (contando ou levantando indícios dos relatos de ambos), como também que se deixasse margem para o entendimento de que as conclusões da pesquisadora colocavam os homens como vilões e culpados isoladamente pela situação familiar. Neste sentido, o foco foi dado na trajetória de vida, com a explicação clara do critério de escolha dos sujeitos – formar um casal heterossexual em que a mulher já tenha denunciado o marido em uma Delegacia –, sem contudo pronunciar a palavra violência no momento da apresentação.

b)   Quanto à possibilidade das entrevistas criarem o desejo de procurar ajuda. Assegurou-se às mulheres a possibilidade de atendimento através do trabalho na Casa da Mulher e aos homens outros encaminhamentos.

c)   Quanto à viabilizar a transparência em relação aos procedimentos da pesquisa, e a confidencialidade das informações colhidas (Spink *et al*, 1999; e Etherington, 1996). Nos primeiros encontros foram expostos os objetivos da pesquisa, demarcando-se a diferença entre o papel de pesquisadora e de psicóloga, as justificativas para usar o gravador, incluindo a disposição em desligá-lo em determinados momentos se eles assim o quisessem e a forma pretendida de usar a narrativa gravada (transcrever a fita, analisar, recortar algumas falas e usá-las para exemplificar pontos de discussão na análise). Houve ainda o cuidado em afirmar que deveriam contar apenas aquilo que se sentissem à vontade para falar, assumindo ainda o compromisso de manter o sigilo quanto à identidade deles, omitindo todo e qualquer detalhe que pudesse, de alguma forma levar à sua identificação. Para respaldar esse contrato oral, 6 dos 8 sujeitos assinaram o termo de "consentimento informado" (Anexos 1A, 1B e 1C)[19].

---

[19] O termo de consentimento foi solicitado, em muitos dos casos, após a feitura das entrevistas, porque só nesse momento passou a ficar clara a exigência dos Comitês de Ética em Pesquisa de que houvesse um documento comprovando o aceite dos sujeitos; a falta de uma assinatura aconteceu porque o sujeito havia falecido quando se procurou retomar o contato (Homem 1 - Raimundo). A outra falta se deve a um complicador surgido entre a entrevistadora e a entrevistada (Mulher 1 - Marta), também na retomada dos contatos, por volta de 1 ano e meio depois, porque a entrevistada, como condição

CARACTERÍSTICAS GERAIS DOS ENTREVISTADOS E DE SUAS PARCERIAS ENQUANTO CASAIS

Aos diferentes sujeitos deu-se um nome fictício e optou-se ainda por atribuir-lhes um número, enquanto casais, correspondente à ordem em que foram entrevistados. O período das entrevistas foi de setembro de 1997 a julho de 1999.

Fizeram parte do estudo 4 casais, todos com mais de 3 denúncias registradas pela esposa contra o marido em Delegacias de Defesa da Mulher. O quadro a seguir traz os dados gerais de cada um, dos casais e das entrevistas realizadas.

---

para assinar o termo, pedia para ler as entrevistas de seu marido, neste momento já morto, e a pesquisadora, depois de tentar desfazer a exigência indireta, na dúvida quanto às questões éticas, preferiu não entregá-las e renunciar ao uso das transcrições de suas entrevistas.

Cada parceiro/ horas de gravação/número de entrevistas[20]	Tempo união	Filhos	Situação durante as entrevistas	Cor, Idade	Escolaridade	Trabalho	Renda
Casal 1 Homem – 1 Raimundo (casado anteriormente por 17 anos, 5 filhos) 3 horas, 3 entr.	4 anos	1 filho – 2 anos	Ela mora/dorme majoritariamente na casa dos pais, mas o casal mantém contatos freqüentes na casa deles.	Branco, 42 anos	4ª série	Motorista – serviço público	300 reais
Mulher 1 – Marta 2 ½ horas, 3 entr.				Branca, 20 anos	2º grau	Auxiliar de enfermagem	230 reais
Casal 2 Homem 2 – Paulo 5 horas, 3 entr. (com 8 meses de intervalo entre a primeira e as outras)	15 anos	5 filhas – 14 (mora com madrinha), 12, 10, 8, 6 anos + os 2 dela	Em processo de separação com agressões constantes de ambos. Ele dorme na rua e muitas vezes no quintal da casa dela, quando pode comer lá e ter suas roupas lavadas.	Mestiço 35 anos	4ª série	Desempregado – 8 anos, mecânico de automóveis	-----
Mulher 2 – Carla (enviuvou – união de 2 anos, 1 filha -18 a.) + (1 filho – 16 anos) 4 horas, 3 entr.				Branca, 34 anos	7ª série	Diarista, e confecção e venda de artesanato	230 reais

Casal 3	Homem 3 – André (casado anteriormente por 2 meses em função de gravidez, 1 filha) 1 hora, 1 entr. + 1 encontro sem gravação[21]	22 anos	2 filhas – 15, 11 anos e 1 filho – 1ano e 9 meses	Convivência sem violência física, mas com reclamações por parte dela/ primeiras entrevistas; e convivência mais tranqüilas/ últimas entrevistas.	Branco, 42 anos	2° grau	Vendedor autônomo	450 reais
	Mulher 3 – Dora (1 filha – 22 anos) 5 horas, 3 entr.				Branca, 41 anos	7ª série	Desempregada – 5 anos, diarista e secretária. Foi profissional do sexo antes da união com André	-----
Casal 4	Homem 4 – João Pedro 1 ½ hora, 2 entr.	8 anos	2 filhos – 7 e 5 anos	Nova convivência violenta depois de separação judicial/ primeiras entrevistas; e, separação sem contatos/ última entrevista.	Branco, 28 anos	s/ informação. 4ª série?	Bicos – motorista de caminhão, auxiliar de serviços gerais em escolas etc.	280 reais
	Mulher 4 – Sílvia 3 horas, 2 entr.				Branca, 28 anos	2° grau	Balconista de loja, vendedora, diarista	230 reais

[20] Entrevista significa aqui um encontro pré-estabelecido, em que houve gravação em áudio.

[21] Este encontro sem gravação foi considerado como equivalente a uma entrevista na medida em que o sujeito pôs-se tanto a resumir o que falou na anterior como a qualificar o ambiente nela reinante.

FORMATANDO UM OLHAR PARA A ANÁLISE

Os passos para a análise foram sendo construídos a partir de um movimento de ida e volta, dos relatos das entrevistas aos pressupostos da pesquisa, assumindo-se que as escolhas metodológicas determinavam os caminhos a seguir. Na medida em que parecia haver um quadro conceitual coerente ia-se aos dados para discuti-los em função deste quadro. Na medida em que os dados não pareciam se encaixar dentro da estrutura conceitual montada, esta foi sendo reestruturada, através da apropriação de novos conceitos. A análise percorreu dois momentos distintos: a) olhar para as narrativas de cada indivíduo isoladamente; b) comparar as narrativas dos parceiros.

a) O foco em cada parceiro e na relação pesquisador-entrevistados

Na análise com o foco em cada sujeito, apoiando-me em Spink (1996 e 1999), que trabalha a partir da idéia de pesquisa como uma produção de conhecimento através de processos de interação entre as pessoas, a proposta foi entender o sentido geral das entrevistas, o posicionamento do sujeito diante da pesquisadora, as linhas de argumentação trazidas. No próximo tópico ficará claro que este procedimento está atrelado ao uso do conceito de "posicionamento" de Davies e Harré (1991), discutido lá.

Para executar esta tarefa, três técnicas específicas foram usadas:

1) O "fichamento" dos relatos, inspirado na proposta de Demartini (1992) para trabalhar com histórias de vida já transcritas. Consistiu tanto em anotar às margens dos parágrafos os assuntos trazidos pelos sujeitos e indicar outras páginas onde os mesmos apareciam, bem como arrolar separadamente temas e correlações entre eles, de forma a indicar onde se encontravam. Um primeiro critério de divisão desses assuntos foi o da dimensão temporal, identificando: infância, adolescência, fase de namoro, relação conjugal e outras categorias de acordo com a lógica e história do entrevistado. Um segundo critério foi estabelecer categorias baseadas nas relações interpessoais do sujeito: com o pai, com a mãe, primeiras namoradas, relações de trabalho, amigos, parentes do parceiro, relação conjugal. Esta técnica

visava vincular as dimensões temporais com as relações interpessoais desenvolvidas pelos sujeitos, e dar subsídios para o movimento de ir e voltar nos relatos à procura das relações entre as falas.

2) Marcação das associações de idéias, baseada na técnica do "mapa de associação de idéias" de Spink & Lima (1999), que consiste em construir um quadro com um cabeçalho que contém divisões por categorias analíticas e abaixo as falas segundo a ordem em que aparecem. Construiu-se então um rol de categorias que são as seguintes: quem sou eu e o que eu faço, quem é meu parceiro e o que faz, quem é essa pesquisadora e o que faz (todos subdividos em segundo eu mesmo, segundo meu parceiro, segundo outros e investimento afetivo). Mas optou-se por não construir o quadro conforme proposto pelas autoras na media em que não era prático tendo em vista a quantidade de narrativas. Realizou-se, contudo, a marcação das associações feitas no próprio texto, com uma caneta de outra cor, garantindo que as associações fossem consideradas dentro do contexto em que foram produzidas, um dos aspectos enfatizados por Spink & Lima ao proporem a tabela. No exame sobre a seqüência das narrativas que envolvem a produção das associações, tornou-se importante, como defende os mesmos autores, avaliar o papel da própria pesquisadora como co-responsável pela permissão de algum tipo de fala ou argumento. Assim foi observado se a entrevistadora incluía nas entrevistas um novo sentido ou seguia a mesma linha narrativa do sujeito. Citar ou comentar a fala da entrevistadora no texto final foi uma solução encontrada para mostrar essa dimensão da análise.

3) Atenção aos sistemas de termos usados de forma recorrente para caracterizar ações e eventos, e também indicadores lingüísticos como ambigüidade (múltiplos significados), contradição (sentidos antagônicos), inconsistência (significados instáveis) e incoerência (a transgressão das regras lógicas de uma narrativa que sugere a adoção de outra narrativa) de acordo também com uma proposta de Spink & Lima (1999). Essa técnica serve à tarefa de identificar os conjuntos de significados utilizados pelos sujeitos, detectando também a diversidade e permanência destes.

Usando conjuntamente as marcações das associações de idéias, dos termos recorrentes e dos indicadores lingüísticos e o "fichamento" das narrativas foi possível levantar em que momentos e em que relações os significados são utilizados e como o são.

b) Construindo uma forma de comparar os parceiros

Para a análise comparativa entre os parceiros, primeiro, foram construídos quadros de forma a colocar as narrativas dos parceiros lado a lado, a partir de diversos aspectos. Eles permitiram várias observações, cada um deles ajudando a estabelecer aspectos diferentes da vivência dos casais. Mas, fazia-se premente um retorno à teoria de forma a estabelecer um eixo claro de argumentação em torno dos múltiplos sentidos presentes nas narrativas dos sujeitos.

Foram encontrados então, primeiro, o conceito de "duplo vínculo" do Instituto de Pesquisa Mental de Palo Alto[22] (Watzlawick, Beavin & Jackson, 1998 – originalmente de 1967), até porque Grossi (1998b) já nos incitaria a usá-lo a partir de seus estudos; depois, como um desdobramento deste, o conceito de "duplos vínculos recíprocos" de Elkaïm (1990), expresso através de um esquema gráfico, que já mostrava a pertinência de sua aplicação neste estudo; e, por fim, contribuições de outros grupos teóricos que, usadas preliminarmente, permitiram redimensionar o esquema de Elkaïm, de forma a estabelecer melhor a relação entre os contextos micro e macro social.

O conceito de "duplo vínculo" é apresentado no livro "Pragmática da Comunicação Humana", (Watzlawick *et al*, 1998) que se propõe a dar subsídios para a discussão de contextos comunicacionais e interacionais. Mas, antes de apresentá-lo, vale recorrer aos conceitos que serviram de base a este, expostos no mesmo livro, a fim de identificar com mais clareza como um duplo vínculo se dá.

---

[22] É umas das principais instituições que promoveram o que se define hoje como a "perspectiva sistêmica". Suas teorias e desdobramentos práticos se configuram em um dos modelos de "terapia familiar sistêmica".

Conceito 1: "Todo comportamento é comunicação" significa que ao estar diante de outra pessoa até a decisão de não falar ou não responder é um ato de comunicação, é uma forma de definir a relação diante do outro. Neste sentido, não se pode olhar isoladamente para o que o sujeito fala, mas para a função que a comunicação exerce na relação com o ouvinte. Conceito 2: "Toda comunicação tem um conteúdo e uma relação", em outras palavras "uma comunicação não só transmite informação mas, ao mesmo tempo, impõe um comportamento" (p. 47). Isso é feito com duas operações: "relato" e "ordem". O primeiro transmite informação e, portanto, é sinônimo, na comunicação humana, do *conteúdo* da mensagem. O segundo refere-se à espécie de mensagem e como deve ser considerada; portanto, em última instância, refere-se às relações entre os comunicantes. Todas as definições de relações gravitam em torno de uma ou várias das seguintes asserções: "isto é como eu vejo você... isto é como eu me vejo... isto é como eu vejo que você me vê..." etc., numa regressão teoricamente infinita. (p. 48). O aspecto "ordem" só raramente é definido de um modo deliberado e com plena consciência. O conceito 3, a metacomunicação, relaciona-se à operação de "ordem", comunicação sobre a comunicação. Um exemplo verbal dela: "estou só brincando", e um não-verbal: um sorriso, ou até mesmo um contexto de vestimenta ou a arrumação de um local. Metacomunicar então é informar como a comunicação deve ser entendida, é falar da relação que esta pretende instaurar.

O que os autores defendem basicamente então é que a comunicação de uma pessoa não é explicável fora do seu contexto. Defendem uma investigação que olhe para os efeitos (a influência) do comportamento de uma pessoa sobre outra, as reações desta àquela, e o contexto em que tudo isso ocorre. O foco não deve estar na pessoa artificialmente isolada mas nas relações entre as partes.

O duplo vínculo, enfim, é apresentado com 3 características básicas:

1. Duas ou mais pessoas estão envolvidas em uma relação intensa e de importância vital para pelo menos uma delas, a ponto de as mensagens serem ouvidas e avaliadas com atenção para serem respondidas de forma adequada.

2. Um indivíduo emite dois tipos de mensagem em que um contradiz o outro; nas palavras dos autores: "uma mensagem é estruturada de tal modo que (a) afirma algo, (b) afirma algo sobre a sua própria afirmação e (c) essas duas afirmações excluem-se mutuamente" (p. 191)[23].

3. O receptor é incapaz de comentar as mensagens recebidas, a fim de escolher a qual tipo deve responder, em outras palavras, é incapaz de metacomunicar.

Um exemplo clássico é o da mãe que pede ao filho para sentar-se em seu colo, mas em um tom de voz que deixa a entender que preferiria que ele se mantivesse longe, colocando-o numa situação em que não poderia responder de modo apropriado a dois pedidos tão contraditórios. Um modo que atenderia a essas duas demandas é dar uma resposta incongruente: ele deveria aproximar-se qualificando seu comportamento com um comentário que negaria que se aproxima. Por exemplo, pode sentar-se no colo dela e falar: "oh, que botão lindo no seu vestido!"

O modelo de "duplos vínculos recíprocos" de Elkaïm (1990), terapeuta familiar, surge para explicar a construção conjunta dos problemas, servindo também para visualizar o contexto social mais amplo. Ele apresenta seu modelo através de esquemas gráficos, especificando a função, dentro do padrão de relação entre as pessoas, do que denomina de "programa oficial (PO)", que seria a "demanda explícita" de um sujeito ao outro, e do que chama de "mapa do mundo (MM)", que seria a "crença", a "construção do real", construção feita "a partir de experiências anteriores através das quais os membros percebem o presente". O gráfico produzido pelo autor refere-se a um homem e uma mulher casados que buscam ajuda de um psicoterapeuta (no caso o próprio Elkaïm) a fim de resolver seus conflitos:

---

[23] Por exemplo: "se a mensagem é uma intimação, deve ser desobedecida para ser obedecida; se é uma definição do eu ou de outro, a pessoa assim definida só é essa espécie de pessoa se não o for" (Watzlawick, Beavin e Jackson,1998, p. 192)

(Elkaïm, 1990: 25)

"Cada um dos dois membros estava partido pela contradição entre seus dois níveis de expectativa." E qualquer resposta vinda do parceiro não podia ser aceita por causa destas contradições, na medida em que as reações, mesmo que executadas a partir de uma das expectativas, eram repudiadas pelo parceiro em função de uma outra também presente. Mas, seria uma leitura redutora usar desta interpretação para concluir que o conflito do casal dar-se-ia porque cada parceiro tem contradições internas. O que o autor vê é a ação de um sobre o outro: "quando ela se coligava com seu filho e seus amigos contra seu marido, Anna confortava Benedetto em seu *mapa de mundo*, ancorando-o ainda mais fortemente em sua convicção de que ele 'só podia ser rejeitado'. Quando Benedetto espionava Anna e se comportava de tal modo que ela acabava por rejeitá-lo, ele confortava Anna em sua recusa de ficar perto dele, permitindo-lhe evitar o perigo de ser abandonada" (Elkaïm, 1990: 26). Deste modo, o exame do problema é feito a partir da noção de entrelaçamento de condutas, o que nas palavras do autor significa buscar "a função do comportamento de cada um no contexto do sistema do casal".

Outros exemplos do autor permitem perceber que seu modelo pode ajudar a vislumbrar construções do real que mostram melhor a relação do sujeito com o contexto social mais amplo. O exemplo trazido abaixo é produzido através da observação de que enquanto uma educadora de uma escola infantil insistia em fazer uma aluna menina comer, esta se esforçava em recusar, mas no fim do período de refeição o prato estava quase esvaziado. A menina comia essencialmente quando a educadora não prestava a atenção.

A criança faz como se não comesse, quando come. Ela responde assim aos dois níveis do duplo vínculo institucional.

(Elkaïm, 1990: 35)

Esta é a explicação que o autor pode produzir a partir de seu esquema: "A educadora e a criança respondiam aos dois níveis dos duplos vínculos de cada um: a aparente recusa de comer dessa [menina] interna e as queixas de sua educadora comprovavam o fracasso da instituição, mas a menina conseguia enfim alimentar-se apesar da presença da educadora: a honra da instituição estava então salva..." (*idem*, p. 35).

Mas, neste estudo este modelo de Elkaïm pode ser utilizado apenas em parte, porque:1) nem sempre apareceram narrativas sobre o que é designado por ele como *programa oficial,* ou seja a "demanda explícita" para o parceiro; 2) também não se tem garantias de que a explicitação de alguma demanda nas entrevistas estivesse relacionada ao que é designado por ele como *mapa de mundo* do indivíduo. Chama atenção, então, a diferença entre o que o sujeito fala para a pesquisadora e o que diz diante do parceiro, ou, ainda, diante ao mesmo tempo do parceiro e de alguém que se posiciona como terapeuta. Com esta apreensão as atenções se voltam a tentar apreender os sentidos de cada sujeito deste estudo, independente do contexto em que foi produzido. Estabelece-se uma certa equivalência entre "demanda explícita" e "implícita", e mais: em uma aproximação ao conceito de posicionamento de Davies e Harré, usado basicamente por autores da psicologia social, e também às considerações sobre o que é problema dentro de uma perspetiva relacional do Instituto de Terapia Familiar do Chile (Mendez, Coddou & Maturana, 1998), defende-se que o que há são diferentes e talvez contraditórios *mapas de mundo*, cada qual podendo ser apresentado explícita ou implicitamente.

Posicionamento, para Davies e Harré (1991), é uma "produção discursiva do *self*", na medida em que as pessoas se constroem através das suas interações; isto implica em navegar pelas múltiplas narrativas com que entramos em contato ao longo da vida e articulá-las de acordo com uma dinâmica que está em processo com o ouvinte e/ou de acordo com aquela relação que se pretende instaurar. Assim, o conceito de posicionamento focaliza mais precisamente o modo pelo qual as narrativas constituem os falantes e ouvintes, e também como estas são utilizadas como recurso através do qual eles podem negociar novas posições. Suas palavras refletem seu foco diferenciado, qual seja sua proposta em articular o que a equipe de Palo Alto chama de operação de relato e de ordem da comunicação:

> "*e uma vez tendo tomado uma posição particular como própria, uma pessoa inevitavelmente vê o mundo do ponto de vista daquela posição e em termos de imagens, metáforas, linhas de estórias e conceitos particulares que são relevantes na prática discursiva particular na qual eles estão posicionados*" (Davies & Harré, 1991: 7).

Nestes termos, a pergunta *quem somos?* é sempre uma pergunta aberta com respostas mutáveis, que dependem das posições disponíveis dentro da relação que se instaura com outra(s) pessoa(s). Por exemplo, uma apresentação pessoal pode ser feita com certas características em determinados momentos, e, em outros, de maneira diversa. Assim, segundo Davies e Harré (1990, *apud* Spink & Gimenes, 1994:153), "os discursos podem competir entre si ou podem criar versões da realidade que são distintas e incompatíveis", idéia que parece fazer sentido diante da constatação de que os sujeitos da pesquisa trazem vários significados diferentes, que seriam, então, vários *mapas de mundo*, nos termos de Elkaïm. Neste novo enfoque, então, pode-se discutir os problemas das relações violentas a partir de contradições que são construídas na dimensão social mais ampla.

Já as considerações de Mendez, Coddou e Maturana (1998), sobre o que o mundo ocidental moderno chama de doenças psicológicas, ajudam a esclarecer que o problema não está exatamente no fato da dimensão social mais ampla desenvolver contradições. Eles consideram que "a saúde e a doença não são entidades absolutas ou qualidades constitutivas dos indivíduos, senão formas de coexistência socialmente definidas como desejáveis ou indesejáveis, e que como tais não são independentes das condições sociais que as trazem à tona" (p. 155). Deste modo, entendem que "as doenças, as patologias ou disfunções psicológicas são <u>avaliações sociais</u> de situações de contradição emocional, que surgem na tentativa de satisfazer <u>expectativas sociais contraditórias</u> que são aceitas como objetivamente legítimas, ainda que pertençam a <u>domínios diferentes</u>. Como tais, as doenças, as patologias ou disfunções psicológicas constituem <u>dinâmicas sociais (lingüísticas)</u> de <u>estabilização</u> de padrões de interações contraditórios que são vividos como sofrimento da mente e corpo (...)" (p. 156-7). E ressaltam ainda que os comportamentos contraditórios advindos destas interações são "vividos sob a <u>suposição implícita de que não o sejam</u>" (grifos meus).

A idéia de "domínios diferentes" aproxima-se do conceito de duplo vínculo, que se baseia em uma comunicação e uma metacomunicação; já a de "expectativas sociais contraditórias" aproxima-se da idéia de que os discursos competem entre si, de Davies e Harré *(id)*. Respalda-se, assim, de outra forma, a decisão por reformular o esquema de Elkaïm, que também tenta estabelecer subsídios para discussão sobre problemas relacionais. Ao invés, então, de visualizar um *mapa de mundo,* o novo esquema mostra duas diferentes construções do real, acreditando que, deste modo, pode-se melhor reconhecer como o sujeito ancora-se no seu passado, trazendo ainda da dimensão social mais ampla as contradições.

Abandonou-se então as designações *programa oficial* e *mapa de mundo,* passando a enxergar ambos como construções do real. Definiu-se que cada uma seria constituída por uma "linha de estória", por "conceitos particulares" (termos de Davies e Harré), enfim, por uma linha argumentativa, o que foi renomeado aqui apenas como "premissa básica".

Nesse processo de modificar o esquema de Elkaïm ficou a pergunta: como garantir que o que ele chama de *programa oficial* tenha sua representação em um novo esquema visual? Isto foi possível definindo-o como a comunicação que o sujeito produz para o outro, incluindo os diferentes níveis "afirmar algo" e "afirmar sobre a própria afirmação" (comunicação e meta-comunicação). Seria então a comunicação de duplo vínculo.

E mais uma mudança: o que Elkaïm pontua no seu esquema acima e abaixo dos círculos, como as percepções de cada pessoa do comportamento do outro, é subdivido em dois, dado que se assume aqui que o sujeito comunica (explicita ou implicitamente) duas mensagens contraditórias.

Assim, estabelece-se um novo esquema, que é representado a seguir:

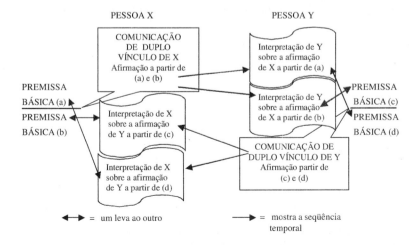

Em referência às características dos dados deste estudo define-se cada um dos pontos deste esquema: as "premissas básicas" estão mais relacionadas a como os sujeitos descrevem e explicam sobre suas vidas, são as linhas argumentativas construídas por eles; a "comunicação de duplo vínculo" relaciona-se ao que descrevem que dizem ou fazem a seus parceiros; enquanto as "interpretações" remetem basicamente às suas explicações sobre o que os seus parceiros dizem e fazem. O estudo tem ainda nas narrativas de cada um dos parceiros elementos que ajudam a estabelecer inferências sobre os comportamentos e falas do outro.

Por fim, considerando-se que o conceito de posicionamento de Davies e Harré (1991) vai muito mais longe do que este novo esquema se presta a mostrar, procurou-se estabelecer um procedimento acessório, mais no sentido de pontuar, como este estudo busca explicações que precisam ser inseridas dentro dos contextos em que foram produzidas. Enquanto o novo esquema mostra a estabilização dos sentidos, ancorado basicamente na socialização primária dos sujeitos, Davies e Harré entendem as relações interpessoais de forma ainda muito mais dinâmica. O "tempo do aqui e agora"[24] para eles tem uma função tão importante quanto o tempo vivido pelas pessoas para a produção discursiva sobre si mesmas ("produção discursiva do *self*"), onde os sentidos podem ser recriados, através da combinação de sentidos e de novas diferenciações. Uma análise

---

[24] E esse é um termo de Spink (1996), dentro de noção de tempos, desenvolvida desde 1993 como um desdobramento do conceito de posicionamento de Daveis & Harré (1991), que permite situar na dimensão temporal as diferentes e múltiplas "vozes" presentes ou presentificadas nos diálogos entre as pessoas. "Vozes" que, segundo a autora, simplificadamente compreendem pontos de vista. A autora define 3 tempos: 1) "O *tempo histórico ou longo* que marca os conteúdos do imaginário social", onde se constituem redes coletivas de significado que fazem parte de um tempo histórico. 2) "O *tempo vivido* que diz respeito à aprendizagem no tempo de vida de cada um de nós, através dos processos de socialização, das inúmeras linguagens sociais próprias a segmentos de classe, a grupos profissionais, a faixas etárias, etc. Considerando este tempo como uma ontogênese, conforme propõem Rossetti-Ferreira, Amorim & Silva (2000) ao renomeá-lo como "tempo ontogenético", acrescenta-se aqui que são aprendidas neste tempo inúmeras linguagens próprias das relações dentro da família de origem ou de relações íntimas importantes do passado. 3) "O *tempo do aqui-e-agora* ou *curto*", que "é o momento concreto da vida social vista como atividade de caráter interativo (...) Neste momento específico as possibilidades de combinação de vozes ativadas pela memória social de tempo longo ou vivido se fazem presentes". (p.5-6).

sobre relações conjugais poderia ainda então detectar trocas comunicativas que permitem cambiar e combinar significados no tempo do aqui-e-agora. Nesta direção, o que se fez aqui foi atrelar a discussão dos dados às relações pesquisadora-entrevistados, na medida em que o tempo do aqui-e-agora das narrativas deste estudo se constituiu dentro das relações pesquisadora-entrevistados. O que significou neste estudo abrir a possibilidade de que os sujeitos poderiam estabelecer ou ter estabelecido outros significados em outras relações. Não é exatamente como Ravazzolla (1999a) nos convoca a nos posicionarmos diante de nossos próprios achados, quando diz que talvez as mulheres vejam aspectos de seus maridos que nós não podemos ver? O próprio Elkaïm também propõe que seu esquema seja visto como um ponto de vista, que deve ser usado como uma forma de manter o debate. Portanto, procedimento acessório tenta relativizar os esquemas produzidos diante dos dados, procurando indícios sobre a possibilidade de que os sujeitos produzam outras linhas de argumentação que não aquelas levantadas diante da pesquisadora.

O CASAL SÍLVIA E JOÃO PEDRO –
O CONFLITO CONSTANTE DEPOIS DE 6 ANOS "FELIZES"

Sílvia (mulher 4) e João Pedro (homem 4) logo que se conheceram começaram a namorar; ela engravidou e resolveram se casar em um prazo de 5 meses. Mantiveram-se casados durante seis anos, tiveram dois filhos homens (4 e 8 anos). Há 2 anos (a contar da época da entrevista) Sílvia saiu de casa com as crianças, mantendo encontros periódicos com o marido, e depois de 1 ano separaram-se legalmente, tendo a guarda dos filhos ficado com João Pedro a partir de uma negociação na Justiça. No momento da primeira entrevista com João eles estavam morando juntos novamente há cerca de um mês e na última de Sílvia, 4 meses depois, eles estavam separados de novo, sem contatos pessoais face-a-face, quando ela havia conquistado a guarda dos filhos através de processo judicial e alugara outra casa, que João não sabia onde se localizava.

Sílvia, 28 anos, segundo grau, trabalha como diarista, vendedora e balconista de loja. João Pedro, 28 anos, trabalha fazendo bicos, como auxiliar de serviços gerais de uma escola municipal, motorista ou vendedor; não informou até que série cursou. A renda familiar é flutuante, devido a mudanças de emprego ou desemprego, variando entre 2 a 4 salários mínimos.

João Pedro conta que veio de uma família *"pobre demais"*, *"morava em dois cômodos"* com seu pai, sua mãe e 7 irmãos. Quando criança, estudava em um período e em outro *"catava papelão"*, e à noite *"trabaiava como catador de bolinha de tênis"*. Brincava muito no campinho, no barro, e apanhava muito de seu pai por *"qualquer baguncinha"*, *"pra não aprender coisas ruins"*. *"Foi uma boa infância"*, *"era bão, era gostoso"*. Desde os 17/18 anos começou a beber, hábito que mais tarde trouxe problemas ao casamento, mas *"nunca fumou"*, *"nunca pôs droga na boca"*. Antes de casar tinha *"um monte"* de namoradas. Ele conheceu

Sílvia com 19 anos e resolveu casar-se com ela após saber que estava grávida; foram morar nos fundos da casa do pai, porque ainda não conseguira boas condições para prover o sustento dos três.

Sílvia relata que foi gerada entre o primeiro e o segundo casamento de sua mãe, em uma pequena cidade no norte do estado de Minas Gerais. Tinha por volta de dois anos quando sua mãe casou-se de novo e o padrasto começou a molestá-la sexualmente, como também fez com sua irmã. A mãe tinha 5 filhos e com o padrasto de Sílvia gera mais 6. Durante a infância e adolescência Sílvia morou com várias pessoas além da mãe e padrasto (ex-patroas da mãe, amigas, tias, vós, e mais tarde irmãos). Sentia-se muito maltratada pela maioria delas, a não ser por uma que foi *"a melhor pessoa que conheceu na vida"*. Esta tratava-a como *"filha"*; descobriu os abusos de seu padrasto, através do seu comportamento diante dele ou de resíduos em sua calcinha, e a protegia dele. O padrasto, ela conta, *"fazia isso escondido da minha mãe e ele dizia que se eu contasse pra minha mãe, ele ia me bater, e ele, ele ameaçava, ele me batia", (...) eu já tinha uns sete anos, sete pra oito anos, e ele continuou também, né?, e minha mãe viu ele, né?, fazendo isso comigo e minha mãe..., minha mãe não foi contra ele* (chora), *minha mãe foi contra mim.* (chora) *(...) ela me bateu, ela me pôs pra dormir no mato* (chora), *então eu não quis mais morar com ela* (chora), *(...) ela me xingou como se eu fosse culpada por ele fazer aquilo comigo"*. E a mãe falava *"pra não contar nada pra ninguém"*, porque iria prejudicar a todos. No momento atual Sílvia *"entende"* sua mãe, acha que *"ela era obrigada a ficar com ele"* porque *"não tinha como se sustentar"*. Mas ela cresceu com *"raiva"* da mãe e *"com muito ódio"* do padrasto a ponto de ter vontade de matá-lo. Com 12 anos começou *"a reagir também"*, começou a *"brigar com ele de pau e de tudo que tinha dentro de casa (...) parecia dois bicho dentro de casa"*. Com 14 anos veio para Ribeirão Preto morar com uma irmã, *"para estudar e cuidar do sobrinho"* e depois mudou-se para São Paulo na casa de um irmão, onde morou 1 ano, mas *"também não deu muito certo"*. Voltou para Ribeirão Preto e com 18 anos conheceu João Pedro.

Os contatos com o casal duraram por volta de 5 meses. João Pedro concedeu duas entrevistas consecutivas (intervalo de uma semana), de mais ou menos 1 hora cada, sendo gravadas 1 hora e meia. Sílvia deu duas entrevistas, com uma separação de três meses entre elas, havendo 3 horas de gravação ao todo. O primeiro encontro durou 3 horas e o segundo 1 hora e meia. A segunda entrevista foi proposta pela entrevistadora, pois, depois de transcrever a fita, julgou interessante esclarecer ainda algumas questões.

a) JOÃO PEDRO: APAIXONADO E RAIVOSO
Seu ponto de vista sobre sua relação com Sílvia

João mostrou-se ávido para contar seus problemas, sua versão sobre a história conjugal. No meio do primeiro encontro falou de seu interesse na intervenção da pesquisadora diante de seus conflitos com sua esposa, ao dizer que já havia sugerido a sua esposa *"procurar uma psicóloga pra ajudá-los"*.[25]

Seu relato tem por referência seus sentimentos em relação à separação entre eles promovida por Sílvia: *"O que marcou mais eu foi a separação minha, entendeu?, que eu não aceitei."* Assim a história está dividida entre antes e depois da separação, em como esta separação se deu e as conseqüências desta na relação atual (a época da entrevista) quando o casal voltava a conviver sob o mesmo teto.

Para ele, o período anterior à separação, era um casamento *"feliz"*, com muito carinho, bens materiais básicos, emprego e a alegria dos filhos. Até que um dia, após uma discussão, em que ele reclama por ela ter chegado tarde em casa, ela lhe diz que não gostava mais dele, provocando nele sentimentos que lhes são de difícil definição; ele diz: *"eu fiquei meio..."*.

Atendendo ao interesse da pesquisadora para que esclarecesse o motivo pelo qual Sílvia pensara na separação, ele lembra que ela

---

[25] Essa linha de interpretação de João é confirmada na medida em que ele procura a pesquisadora pedindo que adiantasse a segunda entrevista pois não estava bem com Sílvia e queria conversar. Em um contato com ela pelo telefone, ele sugeriu que contasse o problema à pesquisadora, dizendo *"fale sobre aquilo com ela"*.

reclamava do fato de ele beber e jogar bola até tarde, deixando-a sozinha em casa; contudo, argumenta que enquanto manteve o hábito de beber não era agressivo e que ademais cessou com o hábito afim de atender ao pedido dela. Lembra ainda de duas situações vistas como exceção e que não atrapalhavam a idéia de felicidade da união. Uma foi *"uma briga feia"* antes do casamento, mas eles *"brigou só"*, tendo ela dito que *"não ia casar"*, *"aí"*, ele continua: *"no outro dia nós foi lá, casou. Eu cheguei atrasado ainda, e ela pensou que eu não ia chegar..."* Outra foi no começo do casamento, quando ele *"bateu nela"*, porque *"ela gastou todo o dinheiro em porcariada, só"*.

A partir do dia em que Sílvia lhe disse que não gostava mais dele, as discussões entre eles foram se tornando mais acirradas, atingindo a esfera sexual, porque, segundo ele, *"ela fazia que não tinha amor, dava uma de dura"*, deixando-o *"nervoso"*. Ele se perguntava: *"uai!, trabalho, ponho de tudo dentro de casa, tem de tudo! E pra quê isso?"* A situação entre eles vai se complicando ainda mais, *"foi indo, foi indo, foi dando polícia"*, havendo ainda saídas temporárias de Sílvia de casa, até que por fim ela processa a separação definitiva.

No período em que viveram separados é que João teria cometido, segundo ele, a primeira agressão contra Sílvia. Ele estava desempregado porque, muito perturbado com a separação, havia batido o caminhão com o qual trabalhava, ocupando-se com o cuidado das crianças e da casa, enquanto ela trabalhava o dia todo, inclusive à noite. O problema é que ela, se no início ia na casa nos finais de semana, começou a aparecer de dois em dois dias *"pra dormir na cama"* com ele. Ele foi ficando *"alterado"* e perguntava a ela porque então eles estavam separados. A resposta dela era chorar e a dele foi esperar um certo dia ela chegar e *"soltar o primeiro murro na boca dela"*.

Após mais conversas e outras brigas, Sílvia passou um longo período distante dele, morando em outra cidade, mas com a promessa de voltar. Enquanto isso ele, pela falta de comunicação com ela, busca outra mulher, decidido a esquecê-la. Disse que sentia um misto de *"raiva"*, e às vezes arrependimento por tê-la agredido, entendendo que *"quem errou mais"* no casamento foi ele, chorando noites e noites *"sem saber o que fazer"*. Num certo dia, quando ela telefonou querendo ver as crianças, ele lhe propôs um encontro, para pedir perdão e prometer mudar suas atitudes. No local do encontro, uma casa que foram ver para alugar (parece que para Sílvia), o casal se entrega a uma relação sexual com muita excitação de ambas as partes. A *"raiva"* de João desaparecia ali.

O casal voltou a morar junto, mas ele explica que depois da separação a convivência não era como antes, porque eles não confiavam mais um no outro, tinham crises de ciúme:

"(...) Não sei o que tava acontecendo comigo, tan-tanta (gaguejou) *opbsção* (difícil de entender, parece que quer dizer obsessão) *que eu tinha pra ter ela de volta...*

(Entr.: Tanta o quê?)

Obsessão (som misturado com opção). *Aquele..., aquela coisa... que-se-traz* (som confuso outra vez) *só pra ter ela outra vez. Eu só... Meu pensamento era o dia inteiro nela, não pensava noutra coisa. Até quando eu tava deitado com outra mulher, eu pensava nela. Tinha vez que eu sonhava, eu via ela na minha frente, assim, de noite. Daí só quando que eu comecei ter ela de volta, eu não sabia o que eu fazia.*

(Entr.: Por quê?)

Porquê na hora que começou aparecer aquele ódio dentro de mim. Que eu sentia aquele ódio, vortei ter aquele ódio. (...) porquê ela tava tranqüila, feliz, sabe? E eu queria ver ela chorando, sabe? Eu tinha aquela... eu tinha esse ódio, eu falei pra ela, que eu tinha essa mágoa dentro de mim! (...) E ia fazer INFERNO na vida dela só por causa que ela não vortô comigo..."

João ficou sabendo que Sílvia recebeu propostas de casamento de outro homem durante o período em que estavam separados; ele recebia dela acusações de que a teria traído ao se envolver com outra mulher. O casal desenvolvia discussões que desembocaram algumas vezes em *"ameaças com faca"* de João contra Sílvia, que acabava ouvindo mais tarde pedidos de desculpas e promessas de mudança.

Mas, em outros momentos, João conseguia sentir aquela *"paz tão boa"* que *"parece que Deus tirou aquela coisa tão rúim de dentro de mim"*. Quando fala de suas relações sexuais seu discurso parece significar que esta *"paz"* está relacionada a uma proposta implícita dele diante dela, de terem relações sexuais diárias. Sua fala e resposta à pesquisadora revelam:

> *"(...) Nós... todo dia nós tem. Todo dia, todo dia, ou de manhã, ou de noite nós... Nós tem relação, nós tem, que eu gosto dela.*
>
> *(...)*
>
> *(Entr: Hum, hum. O legal pra você é ter relação todo dia?)*
>
> *Não, também não ... Se teve, teve, se não teve...., tem hora que desgasta também, né?... Ingual onte à noite, onte à noite nós num, não teve, nós foi ter no de manhã hoje. Agora, se por acaso ter hoje à noite teve, se não ter...*
>
> *(Entr.: Não tem problema pra você?)*
>
> *Não, que eu gosto de ficar muito perto dela. Eu gosto de ficar, brincar muito co'ela. Gosto de jogar ela muito no colo, gosto de beijar ela, gosto de abraçar ela, é só desse jeito.(...) porquê é assim que se faz um casamento ser feliz."*

E é nos momentos de paz (a entrevista é um deles) que o arrependimento de tê-la *"ameaçado com faca"*, de *"bater nela"*, de *"querer matá-la"*, não faz mais sentido:

> *"E... se eu arrependisse de ter batido nela também? Eu falo que eu não arrependi não. Eu tava com uma coisa tão grande dentro de mim. (...) Se hoje nós tamo juntos hoje, porquê que eu vou se arrepender do que eu fiz? Quem tinha que ter se arrependido, eu acho, era ela de ter saído de casa."*

Ao final do último encontro com a pesquisadora ele faz uma pergunta e resume a forma pelo qual compõe seu ponto de vista:

"Cê acha que mulhé aprende muita coisa na vida?

(Entr.: Acho.)

Eu acho que não. Por mim não aprende não. É tudo a mema coisa.(...) Eu acho que eu não aprendi nada.(...) Tem hora que a pessoa fala que aprende, que aprendeu muita coisa na vida (...) eu fico olhando a pessoa, mas tá sempre na mesma coisa. Eu olho desse jeito."

B) SÍLVIA: VÍTIMA E AMANTE
SEU PONTO DE VISTA SOBRE SUA RELAÇÃO COM JOÃO PEDRO

Na primeira entrevista Sílvia apresenta-se como a relatora de sua triste história, seu *"sofrimento todo"*, adquirindo, no final, um tom mais reflexivo após perguntas da pesquisadora. Na segunda entrevista, ampliando sua tendência do final da primeira, têm a clara expectativa de obter de alguma forma a ajuda da pesquisadora. Ela conta: *"Aí foi quando cê ligou, eu falei 'ah, eu preciso falar com a psicóloga, eu acho que eu não tô bem' (...) falei: 'será que isso* (seu medo excessivo e perplexidade atuais) *foi um choque?' "*

A história conjugal de Sílvia é contada por ela de duas formas diferentes, basicamente acompanhando essas duas atitudes diferentes diante de sua própria vida, bem como, conforme ela mesma indica, a possibilidade de produzi-las em função do momento em que se encontrava: na primeira entrevista estava tentando uma reaproximação com João após a separação, quando moravam novamente juntos, na segunda já estava em um novo processo de separação, quando já tinha por volta de 15 dias que não via João Pedro.

Na primeira versão, sua história conjugal é uma continuação de sua infância, sua vida é então uma escalada de sofrimento e falta de opção. Ela conta que eles se conheceram e se casaram em seis meses, *"numa rapidez incrível"*. Desde o início, ela rejeitava certas coisas nele porque eram muito diferentes: ela queria *"sempre trabalhar*", não era ambiciosa mas queria *"adquirir as coisas"*, *"ter um certo conforto"*, enquanto ele não, *"era só diversão...* *sair, beber"*, *"não pensava em nada, não tinha um pensamento pro futuro, num, num queria estudar"* e ela *"falava pra ele que ele tinha que estudar"*; ela gostava *"muito de ir no cinema, de ler livro, ele não"*. Ela explica que começou a namorá-lo para provocar ciúme em outro e ainda que o namoro continuou por causa de duas atitudes de João. A primeira era a *"marcação cerrada"*, que persistiu durante toda a vida em comum do casal, que se dava através de insistência dele em buscá-la da escola e no trabalho, em querer saber onde ela andava, com quem e a que horas, ou mandando flores e escrevendo bilhetes, mesmo que ela pedisse para parar um pouco. Ela conta se que sentia *"sufocada"*. A segunda se refere ao tom *"romântico"* das flores e bilhetes mandadas por ele, e principalmente pelo fato de travarem muitas conversas, quando *"ele contava os problemas dele"*, mas sobre este aspecto sobre este aspecto ela comenta: *"Se conversa resolvesse a nossa situação, nós era o casal mais certo."*

A decisão de casar surgiu quando descobriu que estava grávida. Ela relata que antes de ter relações sexuais procurou um médico, para evitar a gravidez, mas tendo ele dito que não poderia engravidar por ter *"problemas nos ovários"*, não tomou os cuidados devidos. Ao saber dela, João a pede em casamento, e a irmã com quem morava ameaça-a de pô-la no *"olho da rua"*. Estabelecia-se para ela um dilema, que se referia, por um lado, à desconfiança quanto à possibilidade de alguém ser feliz dentro do formato de casamento atual e ainda à rejeição que sentia por João, aumentada após discussões entre eles e *"uma agressão"* dele quando já estava grávida; e por outro à responsabilidade por agora ser mãe, o que muito lhe promovia orgulho como também um alívio no que se refere ao *"problema nos ovários"*, e ainda à cobrança da família por casar-se em função do sustento da criança e dela. Então resolve: *"se for por na balança, vou ter que..., se por um lado o bicho pega, por outro o bicho come, então eu me caso"*.

O início do casamento foi marcado pela insuficiência renal do filho que precisou ser internado na UTI e se submeter a várias cirurgias até por volta dos 4 anos, além de cuidados especiais por ter que manter a *"barriga aberta"* com um *"buraco para ele fazer xixi"* durante quase dois anos. Sua principal queixa era que *"só ela cuidava"* do filho, dia e noite, João podia apoiá-la mas nunca a dispensava para que descansasse. Havia ainda a falta de compreensão da sogra por ela estar envolvida com o menino e não assumir os cuidados da casa.

No relacionamento com João, enfrentou várias brigas que acabaram em violência por parte dele (ela ficava com marcas roxas e até precisou dar pontos na testa). Elas aconteciam pelo fato de ter comprado objetos que não o agradavam ou querer voltar a estudar, ou trabalhar, ou por *"ciúme besta"*, ou ainda quando ela falava irritada que queria se separar dele. A princípio sua reação à violência, após cessada a tensão, era *"deixar passar"* e evitar levar o caso à delegacia sob a argumentação, influenciada pelos parentes, de proteção do emprego dele e de toda a família.

Em uma briga relacionada à sua decisão de *"continuar sua meta"*, para não *"viver só em função dele (do filho)"*, que era *"voltar pra escola"* e *"continuar trabalhando"*, *"deu até polícia"*, mas ao final ele *"deixou"* ela estudar. Mas foi mais tarde, quando já tinha retomado os estudos e o trabalho que começou a *"tomar coragem"* e ir à Delegacia dar queixa. Seu objetivo *"(...) era intimidar ele, né?, pensava: 'então ele vai parar de me agredir', né?"*

Em uma das vezes em que foram à Delegacia, decidiram com a intermediação da Delegada, que ela devia só estudar para não deixar *"tudo bagunçado"* em casa. Mas depois ela percebeu que João tentava sabotá-la na continuação de seus estudos, o que fez com que ela desse um jeito de burlar e não dar espaço às suas reclamações: ele chegava atrasado em casa para que ela não tivesse tempo de ir à escola e ela pedia ajuda a sua irmã para cuidar dos filhos enquanto ele não chegava. Quanto às agressões ele *"pára por um bom tempo"*.

Mas a situação piora depois que nasce o segundo filho. Sílvia entra em uma depressão, para ela, *"sem fundamento"*, além do retorno da necessidade de cuidados especiais com o primeiro filho em função dos mesmos problemas renais. Os conflitos entre o casal continuavam, relacionando-se ainda ao fato dele beber, e não mostrar disposição em parar mediante seu pedido. A vontade e decisão de Sílvia por ter um trabalho remunerado seria ainda tema de discussão várias vezes. João não queria que ela trabalhasse *"a não ser de doméstica"*, e mesmo que ao final deixasse ela trabalhar sempre fazia questão de ir buscá-la, sempre muito bêbado e agressivo. A agressão dele surgia para ela sempre *"sem motivo, sem razão"*, até que ela começou a *"não suportar que ele encostasse a mão"* nela, *"dele vir querer ter relação sexual"* com ela, *"e ele então começou a ficar pior"*. João teria impingido violências sexuais forçadas, o que promoveu a decisão dela de se separar. Ela conta: *"Eu falava pra ele: 'não, num encosta em mim', e 'você gosta, você qué sim.', e ele pegou e fez, sabe? teve relação comigo ali À FORÇA. (...), falei: 'agora chegou nos extremo (...)'. Foi por... esse foi um dos motivo mais forte que eu peguei e fui embora."*

Sílvia então alugou outra casa e pediu ajuda à mãe para cuidar dos filhos enquanto estivesse trabalhando. Enquanto isso João, demitido do trabalho, começa a lhe pedir para ficar com as crianças alegando saudade delas. Ela resolve atender ao pedido dele, colocando como condição que as crianças ficassem longe das brigas entre eles; decisão que levou sua mãe a condená-la e a afastar-se dela. Na negociação no Judiciário, Sílvia cede provisoriamente o direito de guarda dos filhos a João, em função da *"confiança"* depositada nele de não continuidade das discussões e agressões.

Mas as dificuldades entre eles não foram dissipadas, ela diz: *"continuou igual: me agredia, me espancava, me esperava no meio da rua, fazia aquele escarcel todo; e eu ficava sem poder ver os meninos"*. Em um dos encontros neste período ela o ameaça com suicídio engolindo tranqüilizantes na frente dele a fim de provocar o cessar dos constrangimentos. Durante um tempo esse comportamento fez efeito, mas as ameaças voltaram.

Mas o pior ainda estava por vir. Duas atitudes de João a deixaram com *"muita raiva, muita mágoa"*; ele foi *"morar com outra"* e deixou as crianças na casa de sua mãe, onde acabaram adoecendo (aparecendo-lhes *"machucados"* e *"furungo"* que precisaram ser tratados com *"oito penicilina!"*). Ela entendeu como traição e explica: *"porque eu falei pra ele que eu ia pra minha mãe, ia dar um tempo, ia ver se eu conseguia um emprego lá ou aqui, que a gente ia voltá, eu tava disposta"* e conclui: *"quer dizer, como que uma pessoa pode gostar de outra desse jeito? Não tem condição".* Sílvia acha que isso *"superô... todo sentimento, tudo"* da parte dela. Mais tarde, ela questionaria: *"eu pensei: 'será que essa... que essa briga, que eu fiquei assim, será que foi ciúme?' "* Sua decisão de voltar para ele aconteceu então, nesta primeira versão, porque *"preferia se sujeitar, pra num deixar ele levá, pra num deixar jogada* (as crianças)".

Mas a nova convivência – época da primeira entrevista – é marcada pelo aumento dos atritos. O período é um *"tormento"*, um *"inferno"*, porque ela se sente coagida de várias formas.

Na educação dos filhos Sílvia relata que seu companheiro diz que *"mulher é feita pra apanhar"*, ou ainda incentiva e apoia os meninos quando dizem: *" 'eu sô homem, né pai? quando eu crescer eu vô tê uma namorada pra batê?' (...) 'pai, você é mais forte que minha mãe, né? porque você é homem' ".* Para ela, isto tem a função de agredi-la. Ele ainda quer dar castigos físicos para educar os filhos, cobrando o mesmo dela. O pior é que ela sente que não tem conseguido promover mudanças em João e influenciar os filhos com suas idéias, ao contrário, eles começam a falar da mesma forma que o pai.

Há ainda situações em que João tenta agredi-la nas mínimas coisas *"às vezes eu tô ali na cozinha fazendo alguma coisa, ele chega perto de mim pra me abraçá, qualquer coisa, ele me pega pra machucá"*, em outras, ele ameaça matar a todos com faca. Neste contexto, muitas vezes ela *"perde as força pra falar, pra discutir, pra reagir"*, e em outras começa a *"reagir mais"*; explica que se ele *"parte para a agressão"* ela também *"ameaça"*, se ele *"faz escândalo"* e *"baixaria"* ela também *"vai ter que gostar"*.

Respondendo ao interesse da pesquisadora sobre a vida sexual deles neste período, Sílvia afirma que seu *"prazer"* tornou-se cada dia mais raro, à medida que foram aumentando as divergências, que só crescem porque *"nem por obrigação"* ela tem estado *"querendo tê relação com ele"*.

Por fim, define a conseqüência mais grave do convívio com João: *"cê concorda com coisas que você não quer concordar, ele... ele faz eu falá coisa que eu num quero falá"*.

A segunda versão sobre sua história conjugal, construída na entrevista seguinte, não nega a primeira, mas permite emergir o *"lado bom"* de sua relação com João.

Um outro motivo para manter o namoro é que ela também falava de seus problemas para ele *"ouvi um ao outro, acho que isso é que às vezes uni as pessoas, né?... que uniu mais a gente"*.

A maior diferença entre as versões é quanto ao início do casamento, pois nesta existiram *"seis anos de casamento feliz"* e não uma escalada contínua de sofrimentos. Ela agora relata que ele era *"um bom marido"*, ajudava nas tarefas domésticas e no cuidado com os filhos, que ajudou muito quando o mais velho esteve internado no hospital. Brigava, sim, por ela querer trabalhar e estudar *"mas acabava deixando"*. Mas, o mais importante é que eram *"amigos"*, *"num tinha problema que eu escondia dele e nem ele, eu acho, né?"* Em suma, ela sentia-se como *"igual"* e *"não submissa"*. Como prova ela diz que resolveu ter o segundo filho, porque achava que *"aquele casamento num ia acabar nunca (...) de tão bem que tava"*.

Nesta linha de argumento, as agressões de João ganham novo sentido: elas são fruto de seu *"ciúme doente"*, *"ciúme infeliz"* dela, que surgiu depois de ele ter parado de beber. Ela descobriu, no período da segunda separação, que sua sogra dizia a ele que enquanto jogava bola era traído por ela com seu amigo. Esta forma de ver o comportamento de João ainda é respaldada por conversas com uma psicóloga que queria ajudar o casal a se unir outra vez, onde ouvia explicações no sentido de que João *"passava para a violência"* contra ela por causa da *"falta de bebida"* e do seu *"afantasiar"* sobre uma *"traição"* de Sílvia.

Há, então, um motivo positivo para voltar com João. Ela relata um *"reencontro"*: *"ele foi tratando bem, conversando normal, sabe? (...) me tratô como uma pessoa normal, sem ficá me agarrando, sem ficá pedindo pra voltá, sem nada"*, quando ela percebe que nela *"começou a voltá aquele sentimento, né?"* que a impeliu a *"não conseguir guardar mágoa, as coisa ruim"* e a perdoá-lo.

Sobre a nova união depois da separação, a nova versão continua a história de *"tormento"*, apresentando como que uma continuação daquele último período: a separação litigiosa, em substituição à morte dela. Acreditando que a separação deveria se dar com a saída de João da casa, tanto por questões financeiras, quanto legais, para garantir a guarda dos filhos, ela usou de estratégias: primeiro pediu à sua mãe que viesse morar com eles, afim de ajudar no cuidado das crianças deixando-a mais livre para trabalhar fora, mas principalmente para inibir a violência de João com a sua presença; depois provocou situações que sensibilizaram e criaram medo em João como *"botar fogo na casa"*, precisamente em alguns móveis; e por fim denunciou João mais uma vez na Delegacia, logo que ele a agrediu na rua. Conseguiu exatamente o que queria: que João fizesse as malas e saísse de casa voluntariamente, embora contrariado, e ganhar a causa da guarda dos filhos. Após estar empregada, alugou casa, escondendo dele a localização para se proteger, mas permitindo seus encontros com os filhos através dos parentes, sob o argumento: *"eu falei assim: 'cê vai ter o direito de visita, eu nunca proibi, o direito que eu num quero é você tá perto de mim mais."*

Ela ainda sofreu *"recaídas"* ao encontrar com João e conversar com a psicóloga. Mas, suas sensações de estar com *"paranóia"*, *"medo"*, *"tremedeira"*, *"cabeça confusa"* e *"ficando louca"*, após novas ameaças de *"morte"* da parte dele no seu local de trabalho, foram se configurando em *"um dos motivos"* para *"acordar"*, *"enxergar a realidade... da situação"*. Neste contexto, tenta construir sentidos únicos para a sua história: *"E eu cheguei à conclusão que ele num gosta de mim, quem gosta, que gostava dele era eu, ele não"*, isso porque, ela explica: *"quando eu penso alguma coisa boa que a gente teve... já junta as coisa rúim"*, o que lhe permite estabelecer novas atitudes para com ele:

> *"Mas eu gosto tanto de... eu gosto tanto dele que eu num quero nem tá com ele e nem desejo mal pra ele, se eu... se eu ver ele com outra pessoa eu... eu sinto que eu sou capaz de... de fa... de ser indiferente (...) ele vai acabar esquecendo, tá ganhando bem, tá estruturando a vida (...) quero mais que ele seja feliz (...) ele vai... vai concordar comigo que num é bem isso que ele quer da vida, ter eu e os filho."*

E, por fim, até decidir: *"Eu tenho que aprender que não tem jeito ("por na cabeça") mesmo que eu goste dele."*

A resposta de Sílvia à pontuação da pesquisadora sobre a diferença entre as suas versões resume seus dois pontos de vista e contexto em que são produzidos:

"Quando você, naquele dia que você veio conversar comigo, eu tava tão ruim, porque ele tava dentro de casa, a gente discutia tanto, como se diz? você tá ali na... eu tava na... no nervoso ali, só com ele, num via as coisa melhorar. Então eu só via o lado ruim e quando eu tô longe dele eu num vejo o lado ruim, eu penso no lado bom (...)."

c) QUEM AMA E QUEM NÃO AMA?

A convergência

Para a comparação entre as narrativas de Sílvia e João Pedro parece pertinente construir uma discussão que tenha como recorte compreender o que significa uma relação de amor para cada parceiro, na medida em que isto parece central para ambos. João explica os conflitos assim: *"aí na onde que ela falou que não gostava mais de mim (...) aí começou.... (os problemas conjugais) (...) foi ali que na hora que eu fiquei meio..."* Em outros trechos fala de seu próprio amor para com ela: *"eu tinha que amar ela"*. E Sílvia, por sua vez, usa o tema para avaliar a relação: *"eu cheguei a conclusão que ele num gosta de mim, quem gosta, que gostava dele era eu.*

Pode ser defendido então que existe uma mútua acusação implícita de falta de amor do outro, e isto constitui o núcleo do conflito entre esse casal.

As diferenças e os desencontros

Para começar a discutir como a partir do mesmo tema os desencontros do casal podem se dar remete-se à uma situação de conflito, que se dá no período da nova convivência após a separação. Para apresentá-la usa-se um quadro que coloca pareadamente a narrativa de cada um, construído de forma a separar, dentro do possível, as ações e reações de cada parceiro diante do outro:

E o relato de João delimita que a discussão gira em torno das provas de amor de um pelo outro. Enquanto o incômodo dele se refere ao envolvimento de Sílvia com outro homem, ela postula a falta de amor porque ele a agride. Para ela, então, debater a relação dele com a outra mulher está relacionado às suas reclamações, o que fez estabelecer sua tendência a tomar a *"traição"* como agressão a ela. Seu relato sobre sua reação quando soube do fato esclarece:

> *"Cheguei aqui* (Ribeirão Preto) *desesperada indo atrás da irmã dele pra saber dos meus filho. Aí ela falou assim: 'ah, ele tá morando com outra e os menino está lá com a mãe dele'.* (aumenta o tom de voz→) *Aquilo me deu uma coisa tão grande em mim, uma raiva! (...) Igual eu falei pra ele na hora, eu dei um tapa nele, falei pra ele assim: 'cê me traiu, sabe? Você me traiu!' Porque eu falei pra ele que (...) ia voltá, eu tava disposta. (...) Saindo, se divertindo à noite! E os menino..., e tem outra, ele brigou tanto, disse que num deixava as criança comigo, porque num consegue viver sem as criança, como que ele deixou as criança largada lá? (...) com as criança lá na mãe dele jogada! (...)*

Mas para João debater o tema com sua companheira significa buscar resolver questões de outra ordem. Primeiro, ele define que *"há ciúme dos dois lado"*, no que se conclui que interpreta as reações de Sílvia diante de seu caso com outra mulher segundo o que ele sente. Mas é sua explicação sobre o *"ódio"* que voltou a ter quando retomaram a convivência que mostra sua tendência a não explicar a ela o que aconteceu:

> *"quando que eu comecei ter ela de volta,(...) vortei ter aquele ódio. (...) ia fazer INFERNO na vida dela só por causa que ela não vortô comigo (...) eu quis deixar ela sempre lá em baixo de mim."*

NARRATIVA DE JOÃO PEDRO (poucos dias depois)	NARRATIVAS DE SÍLVIA (4 meses depois, 2ª entr.)	(dias depois, 1ª entr.)
"(...) Aí nós vortou. Nós vortô num tem nem um mês ainda. E começou a briga em casa.	"Aí uma vez (...)	"(...) Que quando nós voltou pra cá,
Ela começô jogando as coisa dessa mulé em cima de mim.		
		ele veio de brigar,
Como ela conheceu um outro homem também, ela falou que não transou, nada com ele. Falou que o homem quis dar apartamento, quis dar casa pra ela, quis pegar os filhos meu, pegar um bom, pegar um bom advogado pra ver se tirava os filhos de mim, a guarda.		
Mas não sei o que aconteceu, nós... Daí ela ficou jogando as coisas na minha cara, foi jogando, e eu não tava agüentando cada dia. Nós brigava, brigava.	"(...) Que a gente discutiu, eu tava chorando tanto!	
Aquilo, aquilo lá, aquela raiva que tava dentro de mim voltou, de eu querer matar ela. Aí fiquei num sábado, numa sexta, numa sexta feira a noite		
Ela ficou falando dessa mulher, ficou falando dessa mulher,		
e eu deitei, fechei o olho,		
Daí ela foi tomar banho, e meu sangue esquentou; falei : 'caramba!!!'	e eu achei que ele tava dormindo, aí eu falei assim: 'agora eu vou tomar um banho.'	
	E aí ele... eu pensando que ele tava dormindo, ele levantou e começou bater na porta pra mim abrir, eu falei que num ia abrir, ele pegou e falou que ia me matar.	

Daí eu entrei no banheiro para escovar o dente.	Aí ele abriu... conseguiu abrir a porta... esmurrou e abriu a porta e...	
Ela, (eu não sei o que eu falei pra ela) começou, ela ficou jogando na minha cara.	e falou, né?, veio discutir comigo e eu num respondia nada e ele discutindo. Eu tinha chorado tanto que eu tava sem reação... eu tava sem ação, nem pra discutir, nem pra falar nem nada, só... fiquei ali debaixo do chuveiro,	
Eu fui na cozinha e peguei a faca, que a ira que eu tava dentro de mim, óia!, ninguém tirava.		
Eu saí correndo,	e aí ele veio com a faca mesmo,	pegou a faca duas vezes pra mim,
Parece que foi Deus, eu escorreguei na hora.	na hora que ele veio com a faca, ele tropeçou com as próprias perna, que eu também não ia reagir naquela hora, se ele viesse mesmo me... me esfaquear, eu não ia reagir. Eu já tava... eu acho que o estress era tanto, tanto, que quando ele começa falar tanto na minha cabeça, chega fica passada, cê passa, parece que cê... cê perde as força pra falar, pra discutir, pra reagir, chega uma hora que você num 'güenta mais.	
	depois ele levantou, veio de novo,	
Ela pegou a faca da minha mão.	aí eu reagi.	eu segurei na mão, cortou, depois cortou aqui também, um corte feio, quis tomar a faca dele."
Aí nós conversou que, num sábado, que não ia fazer mais isso."		
	e aconteceu isso. Aí outro... passou outros dia, ele veio, pegou a faca de novo"	

Mas, como está no quadro, a reação dela não se constitui em torno do reconhecimento de seu amor para com ele e, da fragilidade dela, conforme ele almeja e conquistou em outros momentos; ao contrário, assume uma atitude de confronto que acaba expondo seu próprio ciúme, sua fraqueza. Este resultado traz a sensação de estar ele mesmo *"por baixo"*, e conseqüentemente seu ódio, dirigindo a atenção para os sentimentos que ela lhe provoca. O quadro mostra que ele, nesta direção, menospreza tanto sua participação na incitação da discussão como as conseqüências de seus atos em Sílvia.

Por sua vez Sílvia, <u>se</u> alguma vez tentou separar a sua lógica da usada pelo marido, está, cada vez mais, envolvida em mostrar seu sofrimento para João, quando ele a agride, que não percebe (ou, pelo menos, não leva em conta) como seus comportamentos estão sendo apreendidos por ele. Sua falta de percepção é pontuada ao contar que enquanto achava que sofria solitariamente dentro de um banheiro porque que ele estaria dormindo, na verdade, João procurava dar uma direção à raiva que crescia *"por causa dela"*. Tal postura não lhe permitiu se desvencilhar de sua própria tendência a retomar a discussão e muito menos do impulso de João de agredi-la, como queria. Sua situação é claramente, então, de perplexidade paralizante *"ficar passada"*. Quer continuar a reagir, mas sabe que a reação que consegue produzir promove a violência contra ela.

Discutir o conceito de amor de cada um ajuda a identificar como as acusações (ou incômodos) foram construídas. Isso é feito a partir da idéia de felicidade no casamento referida por ambos, face ao período inicial da união, e, depois, recorrendo ao relato sobre suas infâncias.

Para João havia felicidade entre eles na medida em que eram carinhosos um com o outro: *"nós demonstrava que gostava um do outro, todo mundo (...) via, (...) nós parecia dois namorado em casa";* para Sílvia a marca principal desta felicidade é manter uma relação de igualdade: *"porque tem casamento que tem aquela dificuldade, o marido bebe, o marido num ajuda em casa, a mulher é submissa, num era!, eu era IGUAL".*

Essas definições parecem fazer eco com o relato sobre a infância, através do qual se busca entender o conceito de relação de amor de cada um. Para Sílvia há uma tentativa de se contrapor à forma como viveu a relação com seus pais, percebida como autoritária e violenta, desenvolvendo na vida adulta relações em que o *"direito"* de cada um ganha importância central na resolução dos impasses, considerando interesses/necessidades de João, dela e também dos filhos. Uma relação de amor para Sílvia, então, baseia-se na idéia de respeito aos interesses, necessidades e escolhas pessoais de cada um. Para João, que define sua infância como *"boa"*, *"gostosa"*, não existe contraposição desta face com a posterior, o que faz é apoiar-se nos valores apreendidos para construir sua vida adulta. Ele lembra que *"apanhava para não aprender coisas ruins"*, desenvolvendo a noção de que uma *"boa"* e *"gostosa"* relação baseia-se em uma concordância entre pontos de vista sobre o que é bom e o que é mau. Deste modo, uma relação de amor para João está ligada ao cuidado mútuo, e ao bom desempenho dos papéis socialmente dados a cada um. Na infância eles são demarcados pelo recorte de idade/geração, existem aqueles que mandam e educam e os que obedecem e aprendem. No casamento acrescenta o recorte de gênero, conferindo para o homem o de provedor e para a mulher a responsabilidade de dar prazer sexual, com carinho e gratidão. Sua indignação diante da companheira mostra essa divisão de papéis no casamento: *"a gente ia tentar ter uma relação, ela fazia que não tinha amor, sabe? fazia, dava uma de dura. (...)'uai... tem de tudo! E pra quê isso?' Daí onde foi a briga. Peguei um espeto..."*

Dadas estas diferenças, João acha que a peça chave é o carinho, que ganha sentido predominantemente através do contato físico. Sílvia considera que a conversa é o que importa e deve ainda ser desenvolvida de *"igual"* para *"igual"*.

Uma discussão sobre essas visões de mundo articuladas aos estudos sobre a identidade de gênero ajuda a subsidiar a análise feita sobre as contradições presentes, em especial em Sílvia.

Nos diferentes conceitos sobre o que é uma relação de amor, a tendência que se observa em Sílvia é claramente alicerçada em uma identidade de gênero tradicional, tal qual aquela evidenciada por Gilligan (1991) e Chodorow (1990), em que a mulher avalia as situações problemáticas com um olhar voltado a cada pessoa, buscando construir uma solução satisfatória para ambas, enquanto o homem avalia segundo estereótipos genéricos e valores morais rígidos. Mas, através das diferenças entre eles quanto à maneira que se propõem a educar os filhos e na avaliação da violência nas relações que vivenciaram, Sílvia se afasta desta tendência, enquanto João Pedro não.

Ele valoriza a agressão física, enfatizando mudanças comportamentais positivas de seu filho após tê-lo açoitado. Traz como prova ele mesmo na sua infância, quando ao apanhar aprendia lições. Sílvia acusa-o de bater exageradamente nos filhos, aproveitando para condenar as atitudes dele para com ela também. Mas, para ele, na medida em que a agressão física é um meio para *"não aprender coisas ruins"*, não há qualquer problema. Isso, desde que, é claro, a agressão física tenha objetivos bons (contraposição a *"ruins"*). Tanto é que a violência perpetrada por ele contra Sílvia ganha um sentido prático, ou seja; lhe parece justificada, ele diz: *"se hoje nós tamo juntos hoje, porquê que eu vou se arrepender do que eu fiz?"* Só perde o sentido se o objetivo proposto através dela não é atingido, passando a significá-la como uma *"maldade"*; ele assim a entende quando sofria por estar longe dela, ele pensava: *"oh, meu Deus, porque estou fazendo esta maldade?"* Confirma-se, pois, o quanto ele segue a identidade de gênero tradicional, cuja resolução de conflitos está baseada na lógica formal.

Sílvia propõe uma forma diferente de educação da de sua mãe e seu companheiro. Ela dá valor à *"conversa"* e às *"explicações"* e usa a agressão física como um último recurso, caso não consiga convencer seus filhos de algo. Interessante, no entanto, perceber que suas atitudes levam-na também a buscar entender quem a agrediu/violentou, sendo sua relação atual com a mãe um bom exemplo, uma vez que ela a desculpa por não tê-la defendido da violência do marido, *"entendendo"* a intenção dela na época. Sílvia, então, por um lado, mantém-se obediente àquela identidade de gênero que a mãe lhe ensinou, ao incentivá-la a pensar na família, no prejuízo que a denúncia sobre a violência sexual recebida traria a todos. Por outro, Sílvia ultrapassa esta tendência, o que é feito mediante outras relações da infância, como a ex-patroa de sua mãe, aquela que identificou os indícios da violência sexual do seu padrasto, como também por outras relações sociais mais atuais, por exemplo, através de longas e freqüentes conversas com a irmã mais nova que lhe sugere não confiar em João, ou através de conversas na Delegacia de Defesa da Mulher e provavelmente ainda através dos livros que gosta de ler. Sílvia desenvolve um combate direto ao que entende como agressão/violência, entendimento este que já se configura como confronto à ordem social tradicional, usando de duas estratégias distintas: a negativa em continuar mantendo a relação com o agressor e a tentativa de devolver uma agressão/violência equivalente à impingida a ela por seu algoz. A formulação da primeira começou frente à mãe que, quando soube do abuso sexual: *"foi contra mim.* (chora) *(...) ela me bateu, ela me pôs pra dormir no mato* (chora), *então eu não quis mais morar com ela"*. A segunda se constitui frente à violência e autoritarismo do padrasto: *"comecei reagir também, aí eu já começava brigar com ele de pau, de, de tudo que tinha dentro de casa"*.

Esta segunda tendência promoveu ainda questionamentos sobre os valores tradicionais, o que ela aponta de três formas: 1) nas suas dúvidas durante a adolescência sobre a possibilidade de haver casamentos felizes; 2) ao se propor a ser independente financeiramente e estudar, para "não *viver só para os filhos"* e o marido; e, 3) ao deixar claro que entende a "submissão da mulher" como algo negativo. Estas três atitudes são tipicamente "fora do gênero", (expressão de Saffiotti & Almeida, 1995), e próximas de propostas feministas.

Como as mudanças de tendência em Sílvia acontecem devido à relações conquistadas e vivenciadas na infância e vida adulta que não as familiares, vale ainda perguntar: como João Pedro estabelece o vínculo entre outras relações e sua vida familiar (conjugal, em especial)? É preciso primeiro dizer que ele comenta não desenvolver amizades, por não acreditar que existam, e ainda que *"o certo é não falar pra ninguém"* sobre problemas pessoais. Porém, quando resolve *"desabafar"* superficialmente (ele diz: *"mas nunca falei mal dela pra ninguém"*) encontra valores próximos aos seus. Ele conta duas situações: uma com seus amigos de bola e aí ouve acusações contra Sílvia, *"meus colegas falava isso, que ela não valia nada (...) porque mãe que é mãe não abandona o filho"*; e outra quando recebe *"aulas"* (visitas em casa) de membros de uma *"igreja cristã"* que freqüentava, em busca de solução para seus conflitos com ela, ouvindo conselhos que o convocam à paz: *"gente de igreja fala outra coisa, fala que tem que ter calma que ela vai vortá, que... que ela vai enjoar disso, de ser sorteira, de ficar sozinha na vida, que ela vai vortá, que vai ficar indo (que ninguém deixa os filho)"*, e ouve ainda: *"(...) o que Deus, sabe? planejou pra nós, nós tem que seguir"*. É, possível, então, verificar que suas relações fora da família, na medida em que mantém os papéis tradicionais de gênero intactos, embora incrementem ingredientes diferentes à sua identidade de gênero, não o ajudam a parar com as atitudes violentas contra a esposa.

Estratégias e atribuições de sentido de Sílvia

Um relato de João sobre o início dos conflitos entre eles pontua claramente as estratégias de Sílvia para resolver o que considera um problema entre o casal:

> *"(...) começou assim: ela começou a sair com a irmã dela, (saiu um dia só), mas daí eu fiquei com ciúme só porque ela foi com a irmã dela, né? Daí ela chegou três horas da manhã, daí eu falei pra ela: 'é hora de mulher chegar? tá parecendo mulher de biscate de rua chegando!' Aí na onde que ela falou que não gostava mais de mim e a irmã dela tava perto. Aí começou..."*

Sílvia lembra uma situação, no início do casamento, em que toma uma atitude parecida:

> *"Eu comprei uma máquina fotográfica, que assim que o Joãozinho saiu do hospital, (...) era pra tirar foto dele, né? toda empolgada. E ele pegou, começou brigar por causa disso (...), e na raiva eu peguei, tirei a minha aliança e falei pra ele assim: 'ó, também acabô, chega!, eu vou embora, eu não estou mais casada c'ocê.' Peguei a aliança e coloquei*

assim, no vitrô, e falei pra ele que eu tinha jogado fora. Ele levantou da cama e olhou no meu dedo e não viu aliança. E ele veio com TUDO, me encheu de porrada!, me arrebentando."

Quando Sílvia se sente agredida usa a estratégia que aprendeu na infância de dizer que não quer mais manter a relação. Mas, se sua fala expressa uma negação da relação, sua confissão de que mentira à João sobre o lugar em que havia colocado a aliança revela que existe, mais do que uma decisão de abandoná-lo, uma tentativa de instaurar novos limites. Existe um "se" não explícito, é como se dissesse: se você continuar deste jeito, não me creditando a liberdade de escolha, eu vou desfazer o casamento. Suas explicações sobre os motivos de suas denúncias contra ele na Delegacia têm essa intenção: *"eu falei assim: 'quem sabe intimida ele?' E, realmente... aconteceu ... aí depois nunca ele mais me agrediu, nem discutiu"*. Suas reclamações sobre a reação de João frente a sua estratégia também revelam que a apresentação do tema da separação era uma tentativa de criar uma possibilidade condicionada aos comportamentos dele: *"'ah, cê num tá contente vai embora! (...) larga' (...) ele não acreditava que eu poderia ir realmente embora"* (grifo meu).

Quando Sílvia sente então *"raiva"/"ódio"* por ser agredida, ela resgata sentidos mais voltados para a idéia de separação ou de responder com a mesma violência/agressão, tal como exercitado ao longo de sua vida anterior ao casamento. Assim, ódio se aproxima da idéia de falta de amor, ela diz: *"ele num gosta de mim (...) no fundo o que ele tinha era raiva, era ódio"* ou sobre seus próprios sentimentos: *"eu acho que tem muita mágoa, muita raiva, muita coisa que eu passei, é muita... (pausa), que eu acho que tudo isso superô... todo sentimento, tudo"*.

Mas, em oposição a todas as vezes que veemente e verdadeiramente sentiu e verbalizou não amar mais a João, ela reconhece *"(...) falei muita das vez: eu num tenho esse ódio de você, apesar de tudo o que você fez, eu num tenho! (...) você num gosta de mim, eu é que gosto de você (...)"*. Esta fala, bem como seus questionamentos ao se dizer com muita raiva, parece mostrar que nos momentos de ódio, em que constrói estratégias de negação, há uma primeira opção, não verbalizada: a tentativa de lutar por uma relação de amor, em que ambos são respeitados em suas escolhas e individualidades.

A contradição na comunicação de Sílvia acontece de forma marcante, e por isso é melhor identificada, em momentos de desespero, quando diz: *"passei de mim"*. Percebe-se que ela traz à tona, descontroladamente, sem escolhas qualificadas como racionais, os diferentes sentidos/posicionamentos criados por ela de uma vez só. Duas situações enquadram-se nesta classificação: uma na época em que estavam separados e outra no período em que tenta nova convivência; nelas Sílvia usa uma estratégia diferente das da infância, na medida em que não agride o outro, o que talvez esteja mais condizente com seu conceito de relação de amor ou sua identidade de gênero marcada pela capacidade de buscar a resolução de conflitos através da conversa.

"Ele me esperou no ponto de ônibus, e falou que eu tinha que ir pra casa dele (...) que eu tinha que voltar, eu falei que eu num ia voltar. Eu falei: 'eu prefiro que você me mate, mas eu num volto'; ele falou: 'então cê vai morrer'; eu falei: 'então cê mata'; 'então cê vai morrer'; 'então mata que eu não volto'. Aí ele ficou naquela ameaça, eu estava na beira do rio, né?, naquele corregozinho, aí e ficava: 'jogo ou não jogo, jogo ou não jogo'. Falei, aí eu falei pra ele: 'ó, ou você joga, ou você desiste'. Ainda falei pra ele: 'é mais fácil jogar debaixo de um carro, que mata mais fácil que jogar nesse riozinho, que não vai matar não, só machucar'; aí ele falou: 'ah, é pra isso mesmo!' E ele ficava, sabe? fazia de empurrar e não empurrava. Aí eu falei, falei pra ele assim: 'ó, então, faz favor, vamos até ali na farmácia, que eu tô morrendo de dor de cabeça.' Aí fomo na farmácia. Aí eu pedi um, um ante depressivo que eu tinha tomado quando eu tava com depressão, (...) Aí eu comprei, falei: 'bom, agora eu tomo esse calmante todo, que aí eu crio coragem de eu memo, vou lá e me mato!, pronto, acaba com o inferno, porque eu não agüento ficar (...) sofrendo desse

jeito (...)' Aí eu comecei engolir tudo os comprimido, engoli tudo. E ele vendo. Aí eu comecei a passar mal na rua mesmo. Aí ele me, o... não sei quem me levou pro Pronto-Socorro.(...) Nem assim ele, NEM ASSIM ele deixou eu vê (as crianças)."

"(...) ele voltou falando que ele ia acabar comigo, que eu tinha acabado com a vida dele, que... que até... ele também ia acabar com a minha e ele ficava naquela ameaça. Ele pega as coisa pra me bater e fica naquela tortura, que vai fazer... que vai fazer, que acontecer. Aí fica fazendo as proposta dele, se eu num aceitar ele começa a... sabe, é... dar tapa e... agredir de mão e pega as coisa dizendo que vai matar e isso... naquele dia eu peguei, nossa! passei de mim, eu falei pra ele: 'ó, se for pra acabar então acaba logo de uma vez.' Aí eu tranquei tudo a casa, aí eu comecei sabe?, coloquei fogo assim... no forro da mesa, queria tirar o bujão, num conseguia. (...) Aí fui lá, coloquei no sofá onde que ele tava, eu lavei (corta o fluxo narrativo), *no sofá. Aí comecei colocar fogo numas roupa que tava por dentro de casa, queria abrir o bujão, eu falei... eu queria... queria mesmo, aquela hora lá eu num tava importando não, falei: 'aí nós morre nós dois, pronto, acaba com esse inferno, que eu também num agüento.' Aí ele ficou com medo, né?, foi embora, saiu de dentro de casa.(..) saiu e me deixou lá dentro, aí eu fiquei lá dentro, né? a casa pegando fogo. Aí, nisso tava passando umas mulher crente lá, aí ele pegou e falou pras mulher que eu tava louca, que era pra chamar alguém pra me ajudar lá (...) aí ele veio, me tirou de dentro lá à força, me trouxe pra fora, aí foi lá apagou o fogo da casa. Nem assim ele saiu de casa."*

Suas conclusões, o *"nem assim ele deixou vê"* e o *"nem assim ele saiu de casa"*, mostram sua intenção de conseguir uma atitude democrática por parte de João, quer a aceitação pacífica de sua proposta de separação. Mas, ao mesmo tempo, ela parece comunicar implicitamente que precisa de ajuda e, não por acaso, é ele quem está ali para ajudá-la. Assim, em um nível convoca João para que confirme a separação, em outro pede amor e compreensão. Nesta ambigüidade, ela consegue promover nele o *"medo"*, a perplexidade, mas também, com a participação de outros, o apoio que precisava, recebendo assim de novo o uso da *"força"* contra ela, só que agora a seu favor. Ela ajuda a recriar, lutando contra, seu lugar de frágil na relação.

Já em outros momentos a contradição de Sílvia apresenta-se em mudanças de comportamento. O mais preciso exemplo está em sua procura para manter relações sexuais com João após ter proposto e realizado a separação legal e estar morando em outro local, fato contado por João.

Mas só é possível entender a construção de suas contradições ao olhar também para como João desenvolve suas atitudes para com ela, para mais tarde, ver de novo algumas situações, reavaliando a criação e recriação conjunta que fazem.

Estratégias e atribuições de sentido de João

Comecemos por seu relato sobre o processo que o levou a perpetrar a *"primeira"* agressão:

> *"Daí, quando que nós separô, ficou as crianças comigo, a guarda das criança tava comigo, mas eu estava cozinhando, passando e lavando, e ela só trabaiava de noite e de dia. Mas ela ia lá só no final de semana e ia de dois em dois dias pra dormir comigo na cama, chegava meia-noite. Daí eu fui ficando alterado, daí eu falei assim: 'então pra que isso nós separou então?' pra quem chorava que não queria separar! Daí ela chorava também e eu chorava por causa dela. Foi nonde qu'eu fiquei agressivo. Esperei um dia com meu moleque em casa, eu sortei o primeiro murro na boca dela, bati nela.*

> *(Entr.: Por que?)*

> *Por causa disso: eu tava cozinhando, passando, lavando, sabe? E ela, sabe? não tava nem aí, eu pedia pra ela me ajudar, ela não tava nem aí, e eu com as duas criança... Então eu falei assim: 'então porque nós dois separou? pra que cê ia dormir de dois em dois dia em casa?'*

Então foi... desde esse dia começou a briga nossa, na onde foi a agressão. Agressão, ameaça, porrada aqui, porrada lá. (...) eu... eu não aceitei essa separação nossa."

Eis uma tentativa de recompor o processo lógico de João construído até este episódio: 1) Primeiro, ainda vivendo com Sílvia, ele se sente rejeitado *"com ciúmes"* quando ela sai com a irmã e alimenta esta sensação ao ouvir que ela não gosta mais dele. 2) Ele desconfia da fala de Sílvia (e/ou não quer acreditar nela) e investe na realização de um ato sexual para tirar a prova de que ela gosta dele sim. 3) Chega à conclusão de que ela *"fazia que não tinha amor, dava uma de dura"*, ou seja, que o amava sim, mas fingia que não. 4) Mas, ao ser abandonado, fica confuso e deprimido, chegando à conclusão de que ela não o amava mais. 5) Sílvia volta a procurá-lo para ter relações sexuais, o que levanta a possibilidade de que antes o comportamento dela era mesmo fingimento. 6) Além da dedução de falsidade, soma-se o fato de ela não estar ajudando nas tarefas da casa e cuidado com os filhos, o que significa para ele que *"ela não tava nem aí"*[26], ou seja, ele coloca em dúvida o caráter de Sílvia, qualificando-o negativamente, o que se traduz num argumento que corrobora a idéia de punição. 7) Por fim, Sílvia apresenta-se *"chorando"*, o que é percebido por ele como uma fragilidade e entendido como a não concretização da separação em nível emocional, o que lhe permite ver que ainda exercia influência sobre ela e existia a possibilidade de resgatar a relação nos moldes anteriores. Há também seu choro *"por causa dela"*, o que pode ter sido visto por ele como sensibilidade para com o outro, ou mais provavelmente como um reflexo de sua sensação de estar na posição inferior. De qualquer forma, o choro de ambos sugere que cabe a ele a responsabilidade por tomar uma nova atitude. 8) O caráter de Sílvia que precisa de correção e sua posição de quem é capaz de julgar[27] e/ou se sensibilizar dão permissão para

---

[26] Esta argumentação relaciona-se à como entende em alguns momentos, embora questione em outros, o papel da mulher na família, ponto de vista também dos colegas de bola de João: *"eles falava que ela não valia nada"*

[27] O julgamento se processa pelo recorte de gênero hierarquizado: *"cê acha que mulhé aprende muita coisa na vida? Eu acho que não"*

uma medida educativa punitiva, a prática da violência, para *"não aprender coisas ruins"*.

Seus relatos sobre o período de convivência após a separação revelam mais sobre a produção de seus comportamentos violentos: *"qu-qu-qu-quando* (gagueja) *que eu vortei com ela o que eu mais quis. Mas, mas eu tinha que amar ela, tão dentro de mim aquela raiva, por cau...' dessa separação que eu não aceitei. Igual quis... eu só via ela com ódio só. Só no ódio (...)"* (grifos meus). Ao apropriar-se de sentimentos de *"raiva"/"ódio"* João vincula-se aos conceitos de violência como um meio para atingir uma finalidade boa, ou seja, conseguir o amor, ou reeducar, melhorar o caráter dela; assim, quando João sente ódio, traz como que de forma colada seus sentimentos de amor.

Mas é um relato de Sílvia que apresenta uma faceta importante sobre o posicionamento de João, que mostra claramente como ele aplica esta conjugação entre amor e ódio: *"ele fala pra mim, ó, é... você não gosta mais de mim, né? (...) fala, é ou num é?"*. A pergunta busca uma resposta espontânea e legítima, intenção apontada por Sílvia: *"ele quer que eu fale a verdade"*. Ele conta com a sinceridade dela, uma das características que mais admira, que o fez apaixonar-se por ela: *"o jeito dela, é sincera, até hoje, sincera, o que ela tem que falar ela fala; se ela falar assim: 'eu vou fazer isso', ela faz e não esconde"*. Mas, por outro lado, a forma como a pergunta é feita mostra a necessidade de impor seu próprio ponto de vista, de fazer valer seu ódio e assim ela comunica dois sentidos contraditórios: seja sincera, desde que confirme o que eu acredito.

O encaixe estabilizado

Esta cena que inclui a pergunta de João é de grande utilidade para a discussão sobre o encaixe, num esquema construído a partir do relato de Sílvia:

> *"(...) ele fala na cabeça, ele põe uma coisa na cabeça, ele te fala tanto que te cansa!, te estressa!, cê... cê concorda com coisas que você não quer concordar, ele... ele faz eu falá coisa que eu num quero falá.*
>
> *(Entr.: Que coisas, por exemplo?)*

> *Por exemplo, ele fala pra mim, ó, é... você não gosta mais de mim, né? por exemplo, ele fala: 'você tá assim por causa das criança'; eu falo: 'é por causa das criança'. Ele vira um bicho! Porque ele qué que eu falo a verdade, e quando eu falo ele não aceita. Entendeu?*
>
> *(Entr.: Aí o que que cê faz?)*
>
> *Ham? Aí eu tenho que pegar e ficar entre o meio termo, eu nem digo a verdade e nem digo a mentira.*
>
> *(Entr.: Qual verdade, Sílvia?)*
>
> *Assim, por exemplo, ele fala: 'cê tá comigo por causa das criança, né?' Que nem ontem, na discussão. 'Fala, é ou num é?'; eu falo: 'mais ou menos'. Mas no fundo ele sabe que é por causa das criança, num é, num voltei pra ele porque, porque eu gosto dele, porque eu quero ficá com ele.*
>
> *(Entr.: Você não gosta dele?)*
>
> *Não. (pausa) Então..., aí ficou um (...)"*

O esquema ilustra possibilidades de seqüências cíclicas do diálogo entre eles:

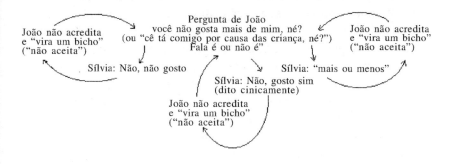

SEQÜÊNCIA 1   SEQÜÊNCIA 2   SEQÜÊNCIA 3

Além da pergunta de João passar mensagens contraditórias, ela impõe uma lógica baseada em oposições: *"sim ou não"*. Assim, a forma que esta resposta deve ter, para ele, se aproxima das características de uma comunicação não-verbal, ou "comunicação analógica", como diria Watslawick *et al* (1967/1998), tipo de comunicação que estabelece o "sim" e o "não" separadamente, nunca "talvez" ou "se... então". Isso porque foi mais precisamente através da comunicação não verbal que ele desenvolveu suas percepções (e/ou tentativas) em acreditar que Sílvia o amava, contrariando as falas verbais (comunicação digital, segundo Watslawick *et al*. (1998) dela sobre sua falta de amor. Ele diz: *"E ela até hoje, ela falava pra mim que eu obrigava ela fazer relação comigo, mas como que eu posso obrigar uma pessoa se a pessoa sentia tudo na cama? sentia prazer, sabe? ficava... doida."*

João então quer e cobra que Sílvia, tal como ele, relacione amor e ódio. Que ela admita, tal como ele, que ao afirmar seu ódio por ele (nas palavras dela, ao afirmar sua vontade de separar-se), traz nas entrelinhas a afirmação também de seu amor. Quer e impõe que ela assuma, verbalmente, sem meias palavras o amor por ele, tal como ele acredita fazer diante dela.

Como a pergunta é impositiva, resta à Sílvia abandonar a possibilidade de construir a seqüência 1, respondendo "não, não gosto", pois teme a violência dele. Mas, por ser contraditória, leva-a a usar duas formas – suas respostas nas seqüências 2 e 3 do esquema. Uma dizendo que gosta sim, mas, feita de forma a mostrar que cumpre apenas a imposição dele, numa tentativa de diminuir a tensão do momento; mas a incongruência nesta resposta seria percebida até por João, *"mas no fundo ele sabe que é por causa das criança, num é, num voltei pra ele porque, porque eu gosto dele, porque eu quero ficá com ele"*. Aqui a comunicação de gestos e entonação não combina com a verbal, tornando a resposta não convincente e sem o sentido para que possa promover o fim da pergunta de João. A outra que é *"mais ou menos"* e reivindica o não abandono dos sentimentos e percepções de Sílvia e uma solução da tensão presente na relação, mas que é tão problemática para ambos como a primeira. De um lado, porque Sílvia significa essa resposta com uma meia *"verdade"* e uma meia *"mentira"*, e de outro porque a pergunta de João requer uma resposta dentro de sua lógica.

O encaixe estabilizado que os aprisiona em uma relação conjugal que os desagrada se faz então na forma como cada um entende o que é amor. As narrativas dela mostram que a sua verdade se desdobra em duas versões, trazidas em momentos diferentes, exceto quando consegue manter a separação: ela ama e ela não ama João. Ela gosta dele quando ele a trata com dignidade, respeito e carinho e, ao contrário, quando ele impõe comportamentos a ela ou é agressivo. Vemos então que sua prisão não é por se apropriar da idéia de que a mulher deve se submeter ao marido, mas porque traz à tona neste momento a própria concepção de que amor é o oposto do ódio. O que parece estar relacionado à idéia de que <u>ou</u> há amor incondicional, que ama apesar de tudo, conforme a promessa popular de fidelidade ao cônjuge tanto na saúde como na doença, na riqueza, na pobreza...; <u>ou</u> não há amor, não há qualquer sentimento de saudade, falta etc. Já sobre João também não podemos falar que está aprisionado em função da idéia de que a mulher deve se submeter ao marido, porque se por um lado quer impor sua lógica, por outro que a liberdade dela, quer sua franqueza. O seu conceito de amor está tão próximo ao de ódio que não pode identificar em sua companheira a composição de comportamentos distintos em função do que para ela é bem diferente, amor de um lado e ódio do outro.

Caminhemos com a tentativa de sistematizar como se processa o encaixe de um com o outro, que leva à reificação das estratégias para construção da relação de amor e as atribuições de significado de cada um. O quadro a seguir é apresentado para esse fim:

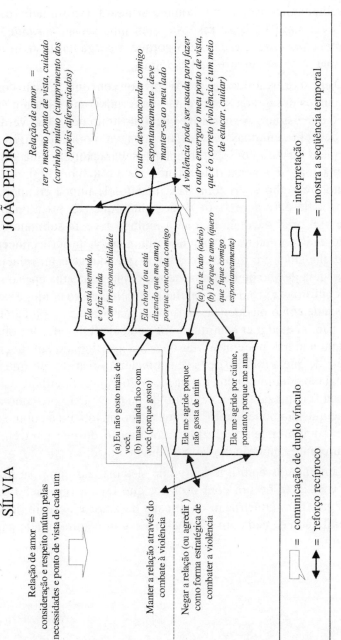

A partir de suas respectivas concepções sobre uma relação de amor Sílvia e João Pedro constroem, cada um, duas premissas que são contraditórias entre si. Ela: (A) **Manter a relação através do combate à violência/agressão**[28] e (B) **negar a relação (ou agredir**[29]**, segunda opção) como forma estratégica de combater a violência/agressão.** Ele: (A) **O outro deve concordar comigo espontaneamente, mantendo-se ao meu lado**, já que uma relação só pode dar certo se ambos os parceiros tiverem o mesmo ponto de vista, e (B) **a violência pode ser usada para fazer o outro enxergar o meu ponto de vista, que é o correto.**

A primeira premissa de cada um se refere a uma demanda implícita por uma relação de amor. A cobrança, a acusação, o pedido sustentam-se nestas demandas. Amar para ela é dar-se ao outro, é preocupar-se, é compreender. Ela acredita dar a João esse amor e é o que pede em troca. Amar para ele é sentir a falta do outro, é ter "*obsessão*" pelo companheiro sempre perto e fazendo o que ele quer ou necessita, é fazer qualquer coisa para que isto aconteça, é não estar bem consigo mesmo quando o outro o rejeita. É esse amor que João busca em Sílvia.

E não se sabe mais sobre qual amor cada um se refere quando um defende que ama o outro, ou quando um acusa o outro de não estar amando. Quem é que ama? Quem não ama? Há uma mutualidade de defesas e acusações, promessas e pedidos de desculpas ou choros de arrependimentos.

A confusão mantém-se com comunicações contraditórias desenvolvidas por ambos, na conjugação das primeiras premissas de cada um com as segundas. Sílvia expressa: **eu não gosto mais de você**, para combater as atitudes agressivas/violentas de João, mas mantém-se ao lado dele, ou mantém relações sexuais com ele, ou pede indiretamente ajuda e cuidado mostrando-se frágil ou chorando, ou seja, diz: **mas ainda fico com você (porque gosto)**. Na

---

[28] Talvez esta idéia seja melhor delimitada para Sílvia através de outra ordem lógica, em que sua estratégia tenha prioridade diante da intenção: **Combater a violência para manter a relação**

[29] dar o troco "com a mesma moeda"

medida em que João percebe a contradição reivindica para si, mais especialmente, os comportamentos que indicam a ele o amor dela, entendendo que na medida em que **ela o ama é porque concorda com ele** sobre o que é certo e é errado, interpretação esta que se deu a partir da, e ao mesmo tempo confirmando, sua primeira premissa: **o outro deve concordar comigo e manter-se ao meu lado espontaneamente**. Com esse movimento é fácil passar para a segunda premissa e interpretar a outra mensagem de Sílvia (**eu não gosto mais de você**) como uma **mentira irresponsável**, dando a partir da segunda premissa (**a violência pode ser usada para fazer o outro enxergar o meu ponto de vista, que é o correto**) uma direção aos seus comportamentos em função do comportamento dela: agressões físicas como uma forma de educar[30] e ainda reverberações contraditórias sobre os mesmos: **eu te bato (odeio) porque te amo (quero que fique comigo espontaneamente)**. Na medida em que Sílvia percebe a contradição dele alimenta sua segunda premissa (**negar a relação...**) entendendo que ao agredi-la João mostra o quanto não sabe amar, assim ela age em decorrência afirmando não amá-lo. O problema se instaura porque, em outros momentos, a afirmação de amor feita por ele acaba por alimentar também sua primeira premissa, sua demanda por amor (**manter a relação...**), na medida que a impele a interpretar a agressão de João como um reflexo de seu *"ciúme doente"*. O que significa, portanto, admitir o amor de João e realimentar por ela mesma sua demanda de amor. Com esse movimento muda então seu comportamento, ao invés de negar a relação, busca perdoá-lo e amá-lo da mesma forma como quer ser amada por ele, acreditando assim poder mudar João.

O gráfico a seguir tenta ilustrar como, a partir desta explicação, pode-se apreender a constituição dos posicionamentos de cada parceiro diante do outro. Ele não tem como objetivo mostrar as contradições, mas ajudar a visualizar que existem momentos distintos na vida do casal, produzidos de forma intercambiante em função dos posicionamentos diferentes de Sílvia.

---

[30] A narrativa dele define como os comportamentos de Sílvia reforçam suas premissas e atitudes: *"Foi pegando no começo, que eu falo, é... costume no casamento, né? (como é que a gente fala?) é..., foi se acomodando, né? Casa - separa, você falava que não ia embora, sabe?, falava que ia embora - e não ia. Nós brigava, mas nós estava sempre ali. E as coisas foi levando, até nesse dia. Mas as coisa minha é tudo assim. E eu se fosse..., se eu arrependisse de ter batido nela também? Eu falo que eu não arrependi não."* (grifo meu)

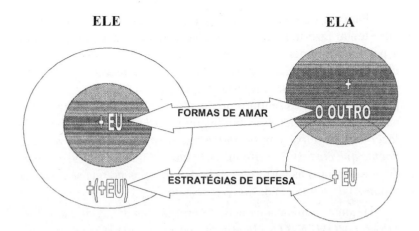

1) Formas de amar[31]: posicionamentos complementares

São aqueles momentos em que o encaixe baseia-se em uma clara distinção de papéis para cada parceiro, produzido no encontro das diferentes concepções sobre o que é amar.

Para ele, é uma forma de se sentir feliz consigo mesmo. Ele a ama em busca prioritariamente de satisfação pessoal e valorização de si mesmo, usando de valores pré-estabelecidos sobre direitos e deveres de cada um. Assim, em troca do amor dela, reconhecido por ele quando ela cumpre voluntariamente aqueles deveres que acredita serem dela, ele se propõe a exercer os que julga serem seus, desenvolvendo, portanto, um "amor passivo", conforme denominação dada por Costa (1999) com base em Spinoza, um amor que espera uma atitude do outro, que deve se conformar a seu próprio ponto de vista. Neste sentido, o gráfico resume o posicionamento dele diante dela como "**mais eu**", porque a narrativa dele é centrada em si mesmo, nos seus conceitos e valores.

---

[31] No discurso deles:
Ela se posiciona como mulher-que-acredita-confia-no-outro, que-"escolhe-ver-só-as-coisas-boas-do-outro", "que-sabe-gostar-de-outra-pessoa", e o posiciona como "romântico"-amigo"-"bom marido" + "doente" (que-precisa-da-ajuda-de-um-psicólogo ou de alguém compreensivo)
Ele se posiciona como "eu-que-não-sabia-o-que-fazia-por-causa-dela" + "que-tinha-que-amar-ela"-"controlar-meu-ódio-pra-encontrar-a-paz-de-dentro-de-mim" e a posiciona como "a-que-não-esconde-nada" + "que-tem-amor-bastante"

Para ela, como já dito, amar é ser sensível ao outro, compreender e tentar fazê-lo feliz. Ela, portanto, luta por amar e receber amor a partir da negociação sobre direitos e deveres, respeitadas as idiossincrasias de cada um. Uma das formas de reação dela à postura dele é adaptar sua proposta, o que significa assumir sozinha o papel de resolver os sentidos produzidos em meio aos conflitos. Sua narrativa exemplifica esse movimento: *"eu falei: 'quem sabe, se eu fazer ele me enxergar de outra maneira, não com esse ciúme doente que ele tem'"* (grifo meu). O que é ainda melhor visto quando comparamos as narrativas de cada um deles no que se refere ao processo da retomada da convivência conjugal após a separação:

Há uma seqüência de ações e atribuições de significado. *PRIMEIRO MOMENTO* – ele afirma que via maldade nela, mas que, em virtude de seu amor, está a caminho de (ou quer) mudar de idéia afim de parar de agredi-la. *SEGUNDO MOMENTO* – ela, então, tenta mostrar-se sem a tal maldade, assumindo ter *"amor"*, *"fé"*, *"confiança"*, e usa, ainda, o sujeito da frase na primeira pessoa do plural (*"a gente"*) ao propor novos posicionamentos para ambos, abandonando sua lógica anterior de que ele precisaria se arrepender. O gráfico resume o posicionamento dela como **"mais o outro"**, na medida em que renuncia a sua lógica em favor da manutenção e construção da relação de amor que deseja. *TERCEIRO MOMENTO* – Assim ele já não tem mais raiva, portanto, os papéis de cada um acabam reificados, o dele é estar sem algo – sem raiva, o dela é estar com algo – com amor.

Este momento pode ser analisado através do primeiro modelo explicativo da violência conjugal, de complementaridade entre papéis de gênero estereotipados. A reação dela só faz sentido em função da forma como percebe o mundo, alicerçada no padrão de desenvolvimento feminino tradicional. Mas este momento é apenas uma parte das características do padrão de relação entre Sílvia e João Pedro. Ela irá apresentar a tendência de questionar os papéis tradicionais, em busca de sua independência, utilizando-se de outros valores que lhe garantem a frustração frente a esse momento, produzindo outro posicionamento, que irá formatar novo momento entre o casal. Ir de um lado a outro é o que, portanto, demarca mais comumente as contradições de Sílvia, embora como vimos, às vezes usa os dois posicionamentos concomitantemente.

	NARRATIVA DE JOÃO PEDRO	NARRATIVA DE SÍLVIA
UM PRIMEIRO MOMENTO	"(...) Foi onde que eu criei coragem, falei (...) que eu ia parar (...) falei pra ela. Que eu vou agir porque ... 'que eu só fiz isso, só via só assim, só maldade só, só via n'ocê'. (...)"	
UM SEGUNDO MOMENTO		"(...) eu acreditava lá nas coisas boa que a gente fez, do que nas coisas má (...) eu dava voto de confiança (...) eu tinha aquela esperança, né? (...) eu falei: '(...) a gente vai ter muitas dificuldades (...) mas se a gente tiver fé e persistência a gente vai conseguir!'"
UM TERCEIRO MOMENTO	"(...) daqui a pouco(...) já tá um excitado já com o outro, né? (...) ela choró que amava eu (...) e eu não tinha essa raiva dentro de mim".	

2) Estratégias de defesa: posicionamentos simétricos que pretendem sobreposição ao outro[32]

Existem momentos em que eles confrontam um ao outro, como estratégia de defesa, mas de forma a tentar sobrepor-se. É um encaixe em que ambos assumem posicionamentos muito semelhantes, não complementares, criando um estado de guerra, que da parte dele desemboca em agressões contra ela, e da parte dela às vezes em agressões físicas, mas majoritariamente em confrontos verbais que falam de separação.

Nesses momentos as atitudes dele são interpretadas por ela como falta de amor, nascendo-lhe o ódio, contraposto ao amor. Assim, Sílvia produz estratégias de defesa, que atacam de frente a possibilidade de manter o casamento e sua possibilidade de ouvir a lógica de João. Neste sentido o gráfico marca o posicionamento dela como "+EU".

Ele reage a ela fazendo atuar também seu ódio, mas entendendo ser um reflexo de seu amor, continuando com seu posicionamento anterior, só que produzindo estratégias de defesa, que atacam os sentidos produzidos por ela. O gráfico marca a ele como "+EU".

Se ela mantivesse esse posicionamento produziria a separação, mas o problema é que muitas vezes passa ao posicionamento anterior, e outras vezes ainda já produz este posicionamento de forma contraditória – com a conjugação de ambos os posicionamentos – (neste sentido o gráfico interpenetra os dois posicionamentos dela), usando de negativas por manter o casamento, no lugar de construir frases que estabeleçam novos limites na relação. O primeiro posicionamento dela, enquanto durar, ajuda a reprimir as agressões dele, e a conjugação entre os posicionamentos, ajuda a alimentá-las. Isso porque entram em concordância com as interpretações dele sobre ela, que ancoram-se na fusão entre as idéias de amor e ódio.

---

[32] No discurso deles:
Ela se posiciona como "eu-com-o-sofrimento-todo-e-sem-poder" + "eu-reagindo-mais-e-que-não-se-submete" e o posiciona como-"besta"-"com-marcação serrada" + "que-não-pode-gostar-de-outra-pessoa"
Ele se posiciona como "eu-que-ponho-tudo-dentro-de-casa" + "que-preciso-(emocionalmente)-deixar-ela-lá-embaixo-de-mim" e a posiciona como "a-que-erra"-"fazendo-que-não-tem-amor" + "que-não-aprende-nada"

Lembra-se que Sílvia, ao integrar os sentidos de cada um dos posicionamentos opostos (posicionamento que poderia ser incluído no gráfico como um círculo separado denominado de "**NÓS**"), conseguiu manter a separação, não porque tal movimento levasse exatamente à separação, mas leva-a a sair do círculo encarcerante. A integração dos sentidos pode levá-la tanto a propor a separação definitiva ou, em assumindo a relação, a enfrentar João de outra forma: atacando/recriminando um comportamento dele que não lhe agrada, mas não negando seu amor por ele, que se refere a outros comportamentos dele.

Tem-se então esboçada nesta discussão uma caracterização de um João distante de uma proposta por construir uma relação democrática. Se usarmos da classificação em termos de patologia, podemos dizer que ele é mais (se isso é possível) patológico emocionalmente, na medida em que constantemente produz mensagens contraditórias em um único comportamento. Sílvia estaria confusa sim, portanto, patológica também, porém, menos, a partir das imposições vividas tanto na infância como na vida atual por seu companheiro, ou como defende Walker (1979, *apud* Soares, 1999) e Sluski (1996), mais como conseqüência da violência contra ela. Sua resistência ao enlouquecimento dar-se-ia justamente porque está em busca de uma relação democrática, de um modo de entender o mundo articulado em torno do coletivo, do "nós". Neste caminho, é que ela vai de um posicionamento a outro.

Mas esta discussão ainda não termina na medida em que se tenta relativizar esta visão de João como alguém sem qualquer movimento em favor de uma relação democrática, entendendo que ela foi desenvolvida na entrevista/ou ainda em função do momento que João vivia na época. Não se trata de negar as características aqui discutidas de João, mas de colocá-las como uma dentre outras não apreendidas. É ainda uma forma de levar em consideração a falha por não ter uma entrevista de João Pedro no período em que o casal estava novamente separado. Nesta direção, discute-se a seguir indícios, dentro das narrativas de João ou de sua companheira, que parecem não fazer parte da linha argumentativa produzida por ele na entrevista.

Indícios de outras atribuições de sentido de João e possibilidades de posicionamentos

Uma narrativa de João, referente a um momento em que sofria por Sílvia tê-lo abandonado, difere das outras apresentadas:

> *"Eu não dormia, eu não dormia, sabe? Eu fiquei pensando, quebrando a cabeça: 'porque que eu tô fazendo isso? se eu sempre quis ter ela na minha vida? pra que isso? Pra que que eu tô fazendo essa maldade!? pra quê?'. Eu falei: 'eu vou parar, eu vou parar com isso'. Foi onde que eu criei coragem, falei pra ela assim: 'ó', que eu ia parar, que eu ia mudar, 'não vou fazer mais maldade nenhuma' – falei pra ela. Que eu vou agir porque (...)"*

A idéia de praticidade, imbutida na pergunta do *"pra quê?"* em outros momentos, como já pontuado, leva à convicção de que o arrependimento não tem sentido. Mas neste momento, há uma outra amarração entre os sentidos. Se em outros momentos a *"maldade"* está nela, neste momento a *"maldade"* está nele, assim o ódio que sente por ela se relaciona à *"maldade"*, à falta de amor, o que o induz a pedir perdão e fazer promessas de mudanças, atitude que assumiu várias vezes na história conjugal, como relatada por ambos.

Sílvia fala sobre uma situação em que, em meio a momentos conflituosos, houve esperança de uma convivência prazerosa, revelando outra forma de agir dele:

> *"Então nessa época, na, no fim do ano, que a gente se encontrô, eu achei que eu, eu falei assim: 'ele melhorou então.' Achei que aí começou a voltá aquele sentimento, né? (Entr.: Hum?) Falei: 'nossa! olha, se o João ficá desse jeito, dá pr'a gente voltá, dá pr'a gente vivê junto, né?' E quando eu tive aquele reencontro com ele, ele tava desse jeito, tratando bem, conversando normal, sabe?, não ficou me pegando nem nada, me tratô como uma pessoa normal, sem ficá me agarrando, sem ficá pedindo pra voltá, sem nada."*

A possibilidade de João construir outros posicionamentos passa também por questionamentos, pelo menos desconfianças, dos valores sociais tradicionais, em certos momentos, desfazendo sua lógica de ter o direto de punir Sílvia. Isto fica claro quando ele responde a uma pergunta da pesquisadora, que o conduz à crítica da situação:

(Entr.: Hum... O que você acha do que seus amigos falam?)

Não, tem hora que é certo, porque mãe que é mãe não abandona o filho, né? E nem dá filha pro pai. Tem hora que eu acho certo, tem hora que eu acho ruim, né? Mas tem hora que eu não falo nada, né? Eu fico quieto, só ouço só, né?

Uma discussão sobre outro casal mostra diferenças contrastantes entre os parceiros de mesmo sexo e traz elementos novos para a análise.

O CASAL DORA E ANDRÉ –
TENTATIVAS DE GARANTIR UMA CONVIVÊNCIA MAIS TRANQÜILA

André (homem 3) e Dora (mulher 3) se conheceram e tornaram-se amigos em uma cidade no interior de Minas Gerais, quando ela tinha, entre outras atividades profissionais, o emprego de *"garota de programa"* e uma filha de 2 anos. O namoro se desenvolveu a partir de uma amizade e de apoio financeiro de André, que gerou mais tarde a proposta para que ela abandonasse a vida de garota de programa e que fossem juntos, os três, morar na fazenda de sua família. Ela aceita, ancorada no argumento dele de que precisava de ajuda. Mas lá, segundo ela, André começa a manifestar atitudes autoritárias e a agredi-la fisicamente. Dora sai de casa por duas vezes no início da união, voltando após insistências dele, e o denuncia em Delegacias várias vezes ao longo da relação. Após anos na fazenda, eles se mudam para a cidade onde se conheceram e mais tarde para Ribeirão Preto. O casal concebeu 2 filhas nos primeiros anos de casamento e 1 filho, depois de 20 anos, o que gerou muita alegria ao pai por ser o homem que ainda não tinha gerado, e reclamações iniciais da mãe por precisar de novo gastar seu tempo nos cuidados especiais que um bebê requer. Dora, tal como André, trabalhou na maior parte do tempo do casamento, assumindo ainda o encargo de cuidar dos filhos pequenos. Os dois afirmam que nos últimos anos (por volta de 5) ele não usa mais de violência física grave contra ela. Ambos falam, sim, de muitos conflitos, mas também da busca por promover a paz, embora levantando a possibilidade de separação em outros momentos.

Dora, 41 anos, está sem emprego há alguns anos; já trabalhou como *"garota de programa"* (antes da união com André ou quando esteve afastada dele), secretária em escritórios, faxineira em empresas ou em casa de família. Estudou até a sétima série (incompleta). André, 43 anos, 2º grau completo, afirma não ter profissão.

Trabalha como autônomo, ultimamente é *"representante de sapatos"*. A renda familiar atual gira em torno de 450 reais, sendo flutuante devido às características do trabalho dele.

André passou a infância na cidade onde mais tarde conheceu Dora. Era o irmão mais velho de quatro. Ele foi *"criado"* pelos avós, porque a mãe havia falecido quando era muito pequeno (suicidou-se, segundo conta Dora) e seu *"pai não assumiu os filhos"* e era *"muito violento em casa"*. Com os avós André viveu *"um conflito muito grande"*, porque eles tinham dificuldade em *"compreendê-lo"*, face a diferenças grandes entre o *"sistema rígido"* em que eles se baseavam e a vontade de André em ter mais *"liberdade"*. *"Mas"* ele enfatiza que recebeu uma *"boa criação"*, uma *"boa formação"*. Quando tinha 16 dezesseis, *"sufocado"* pela rigidez, entendeu que o caminho era se *"afastar"* e foi *"pro mundo trabalhar"*. Mas, aos 17 anos engravidou uma moça e foi *"obrigado"* pelos avós a casar-se com ela. A união durou um mês, pois logo ele *"viu"* a moça se *"encontrando com um ex-namorado"*, provocando-lhe a sensação de ser *"usado"* e sentir-se *"ali em baixo"*. Constatado o fato, usou-o como "pretexto" para a separação, e retornou à casa dos avós. Não muito tempo depois voltaria a Campinas, onde viveu como casado, para morar em uma república com amigos estudantes, a fim de cumprir sua proposta de se distanciar dos avós e *"aprender a se virar"*. Completou o segundo grau, trabalhou como auxiliar de escritório, e – relata orgulhoso – *"até tinha passado em um concurso de banco"*, quando a família resolve *"buscá-lo"* para que *"tomasse conta de um sítio"*; ele vê esta mudança como um *"atraso na vida"* por ter ficado *"alienado"* a eles novamente. Neste ínterim, ele conta: *"eu sentia uma necessidade de ter um..., a própria casa, ter a liberdade, pôxa!, onde eu conheci a Dora, né?"*

Dora, por sua vez, nasceu em Santo André, em uma família com 4 filhos, pai alcoólatra, ambiente de muitas brigas e de agressões mútuas. Ela mostra uma marca no braço produzida por uma faca que sua mãe jogou em seu pai e a acertou. A vida muda radicalmente depois de um dia em que seu pai bateu muito em sua mãe, a ponto de ela desmaiar e ser preciso levá-la para o hospital, enquanto ele fugia, só retornando mais tarde. Ao voltar do hospital sua mãe *"parecia desequilibrada"*, *"ria, chorava, falava"* ao mesmo tempo e "*não ligava mais*" para os filhos, até que "*saiu de casa*" sem rumo. Dora, que tinha por volta de 4/5 anos, acompanhou-a "*só de calcinha*". As duas passaram a "*dormir dentro de construção, em praça pública*" e andando por vários dias chegaram no "*centro da capital!*", São Paulo. Lá a polícia "*pegou*" as duas, encaminhou a mãe "*para tratamento num hospital psiquiátrico*", e ela para uma casa de atendimento a menores órfãos. Nunca mais Dora teve notícias de seus parentes, embora tentasse encontrá-los. Dos 5 anos até aos dezessete viveu em internatos ou em casas de famílias que diziam querer investigar a possibilidade de adoção, ou a propunham um trabalho como doméstica, quando era adolescente. Dora descreve o tratamento dispensado a ela nos internatos, assim como nas famílias, como "*muito hostil, duro*", sendo cuidada por freiras que usavam de uma educação rígida, com "*maus tratos*", agressão e nenhuma ou pouca afetividade. Nas famílias "*era aquela enganação*", porque queriam de fato uma menina que servisse como "*escrava*" e não uma filha para a adoção. Em muitas casas foi "*bulinada*" e ao reagir "*hostilizada*", tendo fugido em várias ocasiões e devolvida ao orfanato pela polícia. Relata que ao tentar se explicar ouvia sempre: "*cala a boca (...) quem é você? (...) você é uma marginal! (...) num se entrosa em casa nenhuma!*" Já adolescente, recusou-se muitas vezes a trabalhar em casa de família para não ser explorada, conseguindo enfim seu primeiro emprego como secretária de uma psicóloga e passando os estudos para o horário noturno. Mas logo, "*mesmo indo bem*", por questões judicias, foi obrigada a mudar de cidade para morar em "*um pensionato do governo*", o que lhe permitiu também estudar e trabalhar. Com 16 anos foi "*devagarinho se desligando*" da instituição e tornando-se independente. Para marcar a nova fase foi viver em uma pensão, começou a se entrosar com moças da escola e trabalhava. Mas, seis meses depois, engravidou de um rapaz que não quis assumir a criança, ficando "*completamente perdida*" e "*muito assustada*". Começou a "*ficar andando igual*" sua mãe, deixou o trabalho e não tinha mais lugar fixo para morar; também não quis procurar a assistente social da instituição onde viveu anteriormente por "*vergonha (...) de de repente se enfiar numa dessas*". Viveu de casa em casa das amigas, ou na rua. Aos 7 meses de gravidez, uma mulher a acolheu dando-lhe apoio e vendo que *"não era nenhuma bandidinha* (voz cínica)", que a encaminha para uma pensão. Sua filha nasce e para aumentar a renda começa a *"sair com homens"*, como um *"bico"*, após o novo trabalho diurno em uma gráfica. Aprendia com as amigas da pensão os *"macete"* da vida de *"meninas de programa"*. Mudou depois para uma cidade pequena e sossegada no interior de Minas (onde André nasceu), morando, de início, em uma chácara de prostituição; e a seguir em uma casa, alugada por Lea e uma *"amiga"*, também *"garota de programa"*, mantendo durante o dia o emprego em um escritório, e à noite o trabalho na chácara. Ela diz que *"não encarava fazer disso uma profissão"*, porque *"não aceitava muito"* e tinha *"medo"* de ser descoberta na cidade. Por volta dos 18 anos, conheceu um rapaz, de uma *"família tradicional"* e rica na cidade e começa a namorá-lo. Ela conta: *"ele queria cuidar de mim* (riso) *de todo jeito, sabe?, mas aí num deu certo, porque aí eu comecei aprontar (...)"* Desde essa época Dora já conhecia e conversava com André até sobre seus problemas com esse rapaz e ainda recebia apoio quanto às 1) suas dificuldades financeiras para cuidar da filha e a doença dela *"que nenhum médico descobria"* o que era; 2) um acidente sério de trânsito quando viajava com amigas de carro; 3) a denúncia falsa de que em sua casa *"rolava drogas"* e *"sexo explícito"*; 4) uma acusação de ter cometido roubo em uma loja; 5) um aborto que teve que fazer; 6) uma briga em outra cidade com outra *"garota de programa"* em que saiu muito machucada; 7) a ordem da polícia de que se desfizesse de sua casa em *"um prazo de 24 horas"*, em função das denúncias de drogas.

André concedeu apenas uma entrevista de uma hora e apesar de aceitar marcar mais uma entrevista com a pesquisadora, não compareceu. Após a finalização dos contatos com Dora, a pesquisadora resolve procurar André e tentar uma reaproximação. Neste contato há explicações de ambas as partes sobre o que houve na relação pesquisador-pesquisado e a negativa indireta[33] por parte dele em

---

[33] Ele dizia que a pesquisadora deveria procurá-lo em outros dias, quando poderia ser que estivesse mais disposto a falar dele.

continuar a conceder entrevistas. Pela elucidação de algumas questões através deste contato o relato da pesquisadora sobre este encontro (feito logo após o ocorrido) é incluído no montante de narrativas de André[34]. As 3 entrevistas com Dora foram realizadas em um período de aproximadamente 3 meses, com intervalo grande da segunda para a terceira, por causa de desencontros e férias. Há um total de 5 horas de gravação.

A) ANDRÉ: O BOM MARIDO ARREPENDIDO
SEU PONTO DE VISTA SOBRE SUA RELAÇÃO COM DORA

O objetivo de André na entrevista parece ser o de expor seu ponto de vista sobre a relação conjugal e tentar intervir no contato entre a pesquisadora e sua esposa, chegando a aconselhar: "(...) *você precisa, se ela voltar aqui pra conversar mesmo com você, entrar nesse assunto com ela, porque ela não aceita muito esse último neném, entendeu? (...); e tem uma coisa, ela me culpa por coisas que, que não deu tempo de mim..., às vez até da situação; mas no resto eu não tenho mais o que dizer.*" Entretanto, mesmo assumindo este papel de interventor, e definindo-se como uma pessoa auto-suficiente, forte e ponderada o bastante para resolver seus próprios problemas (*"e nada pode me interferir", "eu tenho um certo controle"*), André mantém-se sob tensão na entrevista, sinalizada pela gagueira, acentuadamente no início da entrevista, e no susto que leva ao pensar haver *"uma cobra dentro da sacola"* de plástico da entrevistadora que estava embaixo da mesa.

Sua narrativa sobre a relação conjugal fala de *"uns conflitozinhos"* que surgiram *"agora"*, no período após o nascimento do *"caçulinha"* (na época da entrevista com 1 ano e meio).

Ele conheceu Dora na cidade onde morava e acabou *"dando certo"*, porque, *"depois ela pegou um marido que não tinha jeito mais de separar,* (riso) *não tinha como"*. Ele via nela, e vê até hoje, qualidades especiais: é *"muito leal"*, *"bonita, até mesmo fisicamente"*, e *"é uma companheira"*.

---

[34] As narrativas dele recolhidas através da memória da pesquisadora são devidamente marcados como tais ao longo deste texto.

Sobre o período de convivência conjugal antes do *"caçulinha"* pode contar que avaliava a si mesmo como alguém que não *"teve a capacidade"* de gerenciar como devia os negócios herdados do avô, relacionados à fazenda onde morava. O que custou a ele, e a sua nova família constituída com Dora, muito sofrimento. Sentia que era *"muita coisa em cima"* dele, mas ao *"perder até o que tinha"* pôde sentir o quanto *"não fez nada"*.

É possível, ainda, a partir do questionamento direto da pesquisadora[35], admitir que já agrediu sua mulher nesse primeiro período do casamento, desenvolvendo ao mesmo tempo várias argumentações sobre a situação: questionando o grau de veracidade da narrativa de Dora, definindo-se como não violento através do relato de outros comportamentos, definindo sua agressão como uma retribuição à violência de Dora, usando parcialmente a bebida como desculpa, e, por fim, mostrando arrependimento.

Mas é no período atual, quando *"ela está me atravessando nuns ponto aqui, que eu tô atravessando uma fase meia difícil"*, que se estabelece o *"conflitozinho"*.

Dora, para ele, encontra-se com problemas *"psicológicos"* por dois motivos: porque não consegue emprego como deseja, e pelo aparecimento inesperado do novo filho. No seu entender: *"Ela lamenta demais e.... não reage"*, ao contrário, *"quer descontar"* e então briga por razões bobas e que às vezes nem existem, *"culpando-o"* de tudo.

Ele, às vezes tenta ajudá-la, *"contornando as coisas"*, mas, por outras, sentindo-se *"meio acuado"* e com *"preocupações"* por garantir o sustento da família, fica *"bravo"*. Mas defende: *"Eu não sou aquela barata..., aquela barata morta, certo?, mas eu de briga, pô!, violento, não, não sou não, (pausa) eu não sou."* Como *"válvula de escape"* para conseguir relaxar ele usa drogas, álcool e o bate-papo até altas horas da madrugada com pessoas desconhecidas

---

[35] A pesquisadora lembra/enfatiza que seu interesse por entrevistá-lo relaciona-se ao fato de Dora ter denunciado a violência dele contra ela. Ao início da entrevista a característica incomum dos sujeitos foi delimitada de forma mais ampla, falou-se de casais que tinham problemas de relacionamento, embora no primeiro contato tenha havido referência à denúncias na Delegacia.

nos bares, com a conivência de Dora, embora sabendo não ser o bom exemplo que precisa dar aos filhos.

Ele termina sua entrevista sentenciando: *"Mas quanto ao outro caso, ela é uma ótima mulher, sabe? Só simplesmente ela tá precisando* (riso) *de uma coizinha agora, já. (...) ela é, eficiente, ela é uma boa mãe, uma boa mulher e tudo."*

Sobre si mesmo, comparando-se àqueles com quem conversa nos bares, garante seus valores enquanto alguém que é *"leal à sua parceira"*, que quer construir uma intimidade sexual com a mulher de que gosta, que não tem preconceitos quanto à sua companheira freqüentar os bares com ele. Até porque, ele resume no seu último encontro com a pesquisadora: *"eu sei o meu lugar".*

b) DORA: DE VÍTIMA À CULPADA
Seu ponto de vista sobre sua relação com André

A narrativa de Dora desenvolve-se tentando mostrar todo o *"horror"* ao longo de sua vida com André: *"O* (meu) *medo tava sempre em primeiro lugar."* Mas, na última entrevista, quando a discussão prioriza a relação conjugal, começam a se configurar sentidos mais positivos em referência a ele: *"Eu acho que tem toda essa relação de amor e ódio"*, e *"ele tinha muita coisa boa, mas por outro lado já batia, né?(...) oh, que horror!"*

O contexto das entrevistas ajuda a entender as diferenças entre elas: *"foi naquele tempo que eu fui lá na Casa da Mulher, foi naquelas época lá, que ele tava querendo começar de novo a sessão de pancadaria".* Sua chegada à Casa da Mulher se deu no intuito de buscar ajuda para separar-se de André, e as entrevistas realizadas logo em seguida respaldam isto, enquanto a última remete, claramente, em alguns momentos, as estratégias de apaziguamento.

Dora conheceu André na chácara de prostituição onde trabalhava; ele freqüentava, mas como ela enfatiza: *"nunca foi cliente de NINGUÉM"*; aos poucos foi se aproximando de Dora e tornaram-se *"amigos"*. Ele participava de reuniões na casa dela, onde rapaces e moças tocavam violão, cantavam, *"discutiam muito política"*, faziam uso de maconha (*"mas outras drogas não"*). *"Ele era o maior maconheiro... que* _____ (cidade) *podia conhecer"*, mostrava-se irresponsável correndo em alta velocidade, mas seu jeito *"meio cafajeste"* provocava medo e ao mesmo tempo tinha *"certo charme"*. Dora se sentiria definitivamente atraída por ele na medida em que conseguiam trocar confidências sobre seus problemas emocionais, e ele se mostrava diferente na forma como lidava com as mulheres no campo da sexualidade, preocupando-se com o prazer delas.

Houve muita relutância em se unir a ele, porque ele ainda não havia se divorciado legalmente, e porque ainda parecia *"aloprado"*, *"mau"*. A decisão veio quando se viu *"assustada"* e *"insegura"* diante do acúmulo de problemas, tendo em contrapartida o pedido de André: *"aí, deixa eu cuidar de você, olha aí o que tá te acontecendo!"*

Na fazenda da família dele, os problemas não tardaram a aparecer. Contrariando a vontade dela, ele passava dias na cidade *"sumido"*, enquanto ela se mantinha *"muito medrosa, tinha medo do escuro, tinha medo da casa, medo disso, medo daquilo"*. Em relação à forma como reclamava de André, ela define: *"eu era muito nova também"*. Após dois meses de discussões constantes, ele a agride pela primeira vez deixando-a *"toda roxa"*, o que provocaria sua *"fuga"*, levando a filha. Ela explica: *"eu falo <u>fugir</u>, porque nem sair de lá eu podia, porque eu não tinha dinheiro, lá num tinha ônibus, num tinha carro, num tinha nada"*.

Mais tarde, ela voltaria para lá pela insistência de André, que reforçava sua disposição em cuidar dela e da filha, e ainda pedindo veementes desculpas. A fuga voltaria a se repetir mais uma vez, após novas agressões e mostras do autoritarismo dele com todos na fazenda, mas também a reconciliação, sendo que desta vez tanto a família como sua nova patroa, a incentivavam a absolvê-lo da culpa. Sua decisão é justificada pela premência por cuidar da filha e pela relação que estabelecia com os parentes dele, o avô, irmãos e irmãs.

A convivência entre eles a partir de então seria mais estável, ela afirma: *"daí num larguei mais"*. Durante o tempo de permanência na fazenda, Dora sentia-se uma *"escrava"* da casa, fazendo todo o trabalho doméstico sozinha e com medo da *"tirania"* de André com os funcionários e até com as irmãs mais novas. Após a morte do avô dele e a mudança para a cidade, a violência contra ela reaparece por ele *"cismar"* que ela *"tava dando bola pra alguém"*, enquanto o autoritarismo diminuía um pouco. As discussões entre o casal se dirigiam agora especialmente para a forma como os parentes dele lidavam com eles. Para Dora, todos, menos uma irmã, eram muito *"problemáticos"*, *"desequilibrados"*, tal como André. Um dos principais problemas, na interpretação dela, é que não aprenderam a trabalhar e nem mesmo a administrar o dinheiro que haviam herdado do avô, o que resultou no empobrecimento da família. Todos eles, de alguma forma, ainda abusaram dela, a *"exploraram a vida inteira"*. Uma irmã, sendo sua patroa, mantinha-a *"subordinada"* sem dar-lhe chances de crescer no emprego, além de *"empurrar"* os irmãos problemáticos aos seus cuidados. Outra, mãe solteira, abandonou o filho bebê aos seus cuidados e depois tomou-o sem qualquer cuidado com os seus sentimentos em relação à criança. Outro, viciado em drogas, hospedava-se por longos períodos em sua casa sem contribuir com nada, tendo várias vezes arrombado a casa para comer o que havia na geladeira. Outra irmã, ainda, era doente mental e também esteve jogada aos cuidados de Dora por muitos períodos, que ainda enfrentava a responsabilidade de cuidar das suas duas novas filhas. Dora via-se obrigada a ajudar a família de André mesmo que estivesse passando por severas contenções de despesa ou falta de tempo, entre outras coisas, pela omissão de André diante de suas reclamações.

Por vezes, tentou afastar-se dele, alugando casa, mas ele vinha atrás dela. Registrou várias queixas contra ele, em Delegacias comuns, onde foi humilhada, e nas de Defesa da Mulher, por onde finalmente levou André ao juiz, o que lhe garantiu diminuição das agressões mais severas dele.

Dora resume sua decisão por não separar-se dele como um "*emaranhado*" de situações e sentimentos que a impediam de conquistar a separação: uma doença grave da segunda filha, a falta de recurso financeiro para se manter sozinha, a ausência de apoio de outras pessoas, "*o medo da reação dele*" ("*medo dele me matar*"), a "*chantagem*" dele ameaçando se matar caso ela o abandonasse ("*MEDO do remorso*").

Nos últimos 5 ou 6 anos, apesar da convivência ter se tornado mais amena, em relação à violência dele contra ela, ela não relaxou, ao contrário, precisou se manter sempre vigilante, construindo novas e reforçadas estratégias de enfrentamento para evitar o retorno das agressões ("*para dar um brek*"). Por exemplo, ameaçando apresentá-lo novamente ao juiz, para "*ele cumprir a pena no cadeião*".

Dora sustenta que sofre com a tendência de André em controlála: "*ele tenta me impedir... me impede de crescer*", "*ele num... me impede de fazer o que eu quero, tô me sentindo prisioneira*". E apesar de ele dizer que ela pode sair, quando ela volta ou ainda se ela "*começa a brigar pelos seus interesses*", ele se põe a ficar de "*cara feia*", "*procurando um motivo pra brigar*", acusando-a de não cuidar da casa.

Ela define também como problemático o fato de André em alguns momentos "*ficar bonzinho*", para ela uma "*ressaca moral*". Mas também admite que se vê com problemas pessoais, que sua "*vida está tão bagunçada que é difícil até se colocar*" e que se, por um lado, está certa de que quer se separar dele por outro, não sabe se há "*necessidade*" de trabalhar fora. A raiva por ele mantê-la presa à casa se confunde com seu "*medo*" e "*vergonha*" de alguém descobrir que algum dia foi acusada de ser ladra. Em meio à confusão sobre o que fazer e pensar, ora lembra a ele o quanto quer se separar e ora tenta "*amenizar*", "*evitando gerar mais conflito*" na medida em que entende que André também passa por momentos difíceis, principalmente financeiros.

c) ENTRE OS DEFEITOS E AS QUALIDADES DO OUTRO

Convergência

A questão central de discussão para este casal parece se dar em torno da forma como cada um vê a si mesmo e ao outro. Portanto, uma discussão baseada fortemente em atribuições identitárias. Há acusações recíprocas ancoradas na imagem que cada um faz ou quer fazer de ambos. As primeiras referências de André sobre Dora falam de dificuldades emocionais dela com o nascimento do neném, o que abre caminho para mais tarde defini-la como *"insegura"*, por ter um *"complexo de inferioridade*[36]*"*, apesar de defender enfaticamente que ela é uma *"boa mulher"*. Sua apresentação sobre si mesmo é recheada de caracterizações, defendendo-se das acusações de Dora na Delegacia (lembradas pela pesquisadora). Sua principal definição é que não é violento e para provar faz comparações com outros homens, dizendo que permite que sua mulher freqüente bares, que não é daqueles que *"gostam de zona, boate"* e que fica *"desesperado"* para ter uma relação sexual, mas, pelo contrário, que é *"controlado"* em relação aos impulsos sexuais, sendo *"leal"* à sua esposa e estabelecendo a *"intimidade com uma mulher"* com *"conversa"* antes do ato sexual. Já Dora constrói sua narrativa dizendo que vive com um homem *"louco"* e *"cruel"*, *"um bicho"*, embora tenha *"por um incrível que pareça"* um lado positivo, *"interessante"*: ser *"muito respeitoso"* em meio às preliminares de uma relação sexual com uma mulher. Quanto a ela, há imagens distintas marcadamente delineadas desde sua infância. Ela se indaga: seria uma pessoa que sabe *"defender os seus direitos"*, *"rebelde"?;* ou uma *"delinqüente"*, *"irresponsável"*, *"marginal"*, *"vagabunda"* (porque *"menina de programa"*), *"sem juízo"*, *"incompetente"*, *"ladra"* etc.? O que sabe agora (na época da entrevista) é que está *"confusa"*, fazendo referência de alguma forma à sua dificuldade de definir-se como uma pessoa que não é má.

---

[36] Narrativa não gravada

O fato de Dora ter sido uma *"garota de programa"* antes de assumir a união com André parece ter sido um dos grandes fatores que marcaram este viés de discussão entre o casal. Por ora basta lembrar que André convidara Dora para se unir a ele, abandonando a prostituição, que *"não calhava bem"*, *"não era certo"* (palavras de Dora). O convite de André significava então basicamente uma proposta de modificar a marca identitária socialmente imposta a ela, de mulher sem dignidade, seria uma confirmação de que ela não era de fato uma *"puta"* (ou, para ela, ainda uma *"bandidinha"* ou *"marginal"*), mas ao contrário, uma mulher pura, leal, responsável. Mas – conforme discutiremos mais adiante – embora o foco deste convite se referisse às características de Dora, sendo, portanto, ela quem deveria mudar, também fazia parte do jogo que começava a se formar entre o casal aquelas características de André que, de certa forma, eram equivalentes às de Dora, porque condenadas pela ordem moral hegemônica, ele era, conforme Dora conta, *"o maior maconheiro que a _____ (cidade) podia conhecer"*, e ainda parecia um *"aloprado"*, *"cafajeste"*, mas principalmente um *"sem juízo"* na medida em que *"dirigia em alta velocidade, batia carro..."*

Passemos agora a uma comparação entre as histórias de vida de cada parceiro de forma a demonstrar como as características trazidas por cada um na vida conjugal contêm um vínculo extremamente forte com a vida anterior de cada um, ainda mais marcadamente que o casal discutido no capítulo anterior.

Diferenças e equivalências

De início pode-se dizer, como já começamos a apontar acima, que mais do que diferenças que levam a desencontros, como existe no casal discutido anteriormente, o que existe entre André e Dora são basicamente equivalências no que se refere a busca de cada um por construir uma relação de amor. Por um lado, a forma como esta busca é processada leva a conflitos entre o casal, por outro parece que a equivalência entre elas, quando percebida, é o que mantém e ajuda a produzir a vida mais tranqüila que o casal vive no momento das entrevistas. É André quem dá dados para esta interpretação, suas palavras: *"Eu tenho que me colocar no meu lugar, eu sei o meu lugar, vou procurar outra? (...) não. E eu acho que ela também pensa assim, igual a mim*[37]*"* Passemos a verificar equivalências.

Primeiro salta aos olhos os dois terem pais que viveram relações conjugais violentas, e mães que teriam sofrido as conseqüências dos conflitos com o marido: a de Dora ficou louca e a de André teria se suicidado. Ele esquiva-se de falar sobre a morte de sua mãe, mas na entrevista parece condenar seu pai pelos comportamentos agressivos e Dora responsabiliza tanto um como outro pelos problemas conjugais que enfrentaram, o que aponta para o fato de que ambos se contrapõem às atitudes de seu progenitor de mesmo sexo (ele discorda de seu pai, ela de sua mãe). Ele diz: *"eu até concordo com esses direito da mulher contra a violência"*, já uma referência ao discurso também usado pela sua companheira. Mas existe um outro ponto de semelhança: Dora e André afastaram-se dos pais muito cedo, ela porque saiu de casa com a mãe, e depois foi separada dela, ele porque foi educado pelos avós uma vez que o pai não o assumiu. Na verdade, então, eles pouco testemunharam os conflitos de seus genitores.

Sobre sua educação, contam que foram criados segundo conceitos muito *"fechados"* (expressão de Dora) e *"rígidos"* (expressão de André), que lhes vetava a *"liberdade"* (freiras e pessoas muito mais velhas com a cultura da *"roça"*). Só que ela considera não ter recebido quase nenhum carinho, enquanto ele se sentia amado pelos avós, embora não compreendido. Ela então buscava mais diretamente encontrar alguém que lhe oferecesse uma relação *"definitiva"*, em que houvesse afeto, não com a intenção de *"explorála"* como uma *"escrava"* (o que caracteriza as famílias que assumiram temporariamente sua guarda). Ele procurava a independência emocional e financeira, para tomar suas próprias decisões, segundo seus próprios valores (possuir uma casa, administrá-la, ter sua família, com uma esposa escolhida por ele e não imputada por seus avós,

---

[37] narrativa não gravada

como a primeira): *"eu sentia uma necessidade de ter um... casa, ter a liberdade, pôxa!, onde eu conheci a Dora, né?"*. Mas, a história continua após deixarem a tutela dos educadores de sua infância.

André buscou seu próprio caminho saindo de casa para trabalhar e estudar, procurando amigos que de alguma forma fossem *"mais modernos"* e *"com mais cultura"* (características dos pais da primeira esposa). Envolveu-se então com Dora e seus amigos que eram, conforme ela conta, um *"pessoal meio metido a intelectual"*, *"filhinhos de papai"*, que se encontravam para ouvir música, *"fumar uma maconhinha"*, conversar sobre *"política"* e usufruir de uns *"bebex"* e *"comerex"*. Mas tudo isso não queria dizer que André estava abandonando a *"boa formação"* recebida de seus avós, principalmente porque não freqüentava *"zona, boate, essas coisas"*. Dora conta que mesmo indo à casa de prostituição onde ela trabalhava, ele não saía com *"garotas de programa"*.

Observa-se, então, que André foge ao padrão de identidade de gênero tradicional, como ele e a própria Dora parecem defender. Ela conta: *"e foi a primeira pessoa (homem) que eu tinha conhecido nessa área (relação sexual), todo mundo só queria saber DELE!, ninguém queria saber se a mulher tava gostando ou não, se preocupasse com isso, e ele era mais preocupado com esse lado, se ele tava satisfazendo a mulher ou não, né?"*

André formula outra explicação sobre o controle de seus impulsos sexuais:

"eu sou mais controlado e satisfeito nessa parte (...) sempre fui assim de... Porque eu acho muito importante, porque senão fica aberto, trocando, trocando, trocando, e morre e não <u>conhece uma mulher</u>. Há pouco morreu um amigo meu que tinha cada dia tinha uma mulher, né?, ele tava morrendo, né? Ele falou: 'pô, eu tenho inveja de vocês'. (de mim e do Bebeto),(...) eu falei: 'por que? porque cada dia você está com uma?', falou: 'é por causa disso, porque eu vou morrer e não conheço uma mulher'... (é) <u>'vocês têm</u>

uma há um tempão, mas agora eu nunca tive esse espaço de tempo com uma mulher'. Isso aí..." (grifos meus)

Aqui ser homem para André é possuir uma mulher que o ame, seja fiel e viva com ele permanentemente. Questiona-se então: como ele entende que deva ser essa vida a dois? Ele descreve claramente padrões de comportamento seus "fora do gênero" (expressão de Saffiotti & Almeida, 1995) tradicional, como por exemplo: não se incomodar com o fato de ela freqüentar bares, lugares não comuns às mulheres, e não forçá-la a manter o casamento caso não queira. Entretanto, os relatos de Dora querem revelar que ele também segue o papel tradicional masculino, aspecto embutido também no seu relato acima, o que pode ser confirmado no seu relato sobre sua *necessidade de ter um... casa*", mulher e família. Dora entende que ele segue o papel tradicional masculino na medida em que mantém sua posição de mando e poder do homem sobre a mulher. Diz que ele era *"possessivo"* (explica: *"parece que ele se acha meu dono"*), *"queria mostrar poder"*, *"muito mandão, dominador"*. Tentando encontrar um sentido para tamanhas diferenças entre as interpretações, usando os estudos de Giddens (1993), talvez a melhor forma de explicar os comportamentos que levaram Dora a caraterizá-lo assim seria afirmar que sua identidade de gênero, mais do que manter os valores relacionados à hierarquia de gênero, foi construída a partir da insegurança e carência dele diante de uma mulher, produzindo uma dependência a mesma. Dora acaba por caminhar suas interpretações sobre ele também nesta linha, o que é explicitado no seu relato sobre o começo do namoro e da vida sexual com ele:

> *"Eu que fui seduzindo ele por essa pa...* (atração física) *(...) eu sabia que ele tinha interesse, mas ele ficava muito recatado, sabe? (...) acho que ele tem uma dificuldade pra lidar com isso (...) com mulher assim (...) de se relacionar, de.., de.., de provocar o envolvimento. Fica no bate-papo, se a mulher num.., num.., num souber trabalhar com ele aí, num vira nada, sabe?(...) a gente começou assim de amizade, foi bem isso, ele desabafar, conversar comigo (...) ele tinha*

um pouco de complexo dele, sabe?, assim, de complexo dele assim, em relação a sexo mesmo, sabe? (...) Ele achava que ele era ruim, que ele num atraía uma..., as mulheres num gostava (...) aí eu: 'quê isso num é nada.., nada a ver!', ele: 'ah, é sim, eu acho que eu num.., num sou bom nisso', eu: 'iii!' (risos) Ele sempre falava assim sabe: 'ah, num.., num.., num sei não, eu acho que eu vou ficar assim, sozinho', 'mas por que você tá falando isso? num deu certo com a Edna, é por isso?', 'ah, eu acho que num dá com mulher nenhuma'."

André queria ser *"moderno"*, o que parece significar encontrar sua liberdade frente aos avós, ser adulto como eles, ter seu valor enquanto homem.

Já o caminho feito por Dora após se desvencilhar da tutela de seus educadores é menos proposital e produzido mais por necessidade, por falta de opção: aos dezoito anos teve que sair do orfanato e estabelecer-se sozinha. Até então o que sabia era negar o rótulo de *"delinqüente"* e *"irresponsável, "marruda", "rebelde",* uma pessoa que *"brigava pelos seus diretos",* e protestar negando-se a assumir determinados papéis, como trabalhar de doméstica; isto dava-lhe certa direção sobre o que devia ser e fazer: *"eu me achava (...) auto-suficiente".* Por outro lado, o fato de ainda não encontrar, como ansiava/necessitava, alguém que lhe proporcionasse uma relação de amor (*"com carinho", "definitiva"*) parece que a impingia para uma direção diferente, qual seja, aceitar os rótulos negativos impingidos a ela na medida em que sentia que as pessoas afastam-se dela. André diz que ela já tinha um *"complexo de inferioridade".* Esta segunda tendência é narrada por Dora de fato já em referência à sua vida com André e com suas filhas, como veremos mais adiante, mas pelo fato de ter se envolvido constantemente em *"aventuras"* perigosas que poderiam destruí-la parece ser possível defender que já caminhava também nesta segunda direção. A gravidez parece ser uma das primeiras conseqüências dessas aventuras, que, se até certo ponto por obra do azar ou da falta de informação, como quer entender, por outro por dificuldades em assumir o comando de sua vida, deixando brechas à possibilidade de alguém lhe fazer mal, pois conta: *"foi descuido mesmo... da parte dele, sabe?"*

Já a decisão de tornar-se uma *"garota de programa"* parece estar vinculada a essas duas tendências ao mesmo tempo. Na época já era mãe de um bebê, que precisava ser sustentado tal qual ela mesma, e ademais este novo vínculo podia ter o caráter *"definito"* que tanto queria; ter portanto uma renda digna caminhava na direção por assumir a posição de responsável e capaz de construir vínculos afetivos. Por outro lado, questiona-se: porque assumiu uma profissão que *"achava que não calhava bem"*, que se envergonhava, que não gostava de exercer? De alguma forma então parece caminhar também no sentido de confirmar a posição de marginalizada socialmente, embora com certeza lutasse por erradicar na sua vida essa sina, na medida em que tomava os devidos cuidados para não ser descoberta publicamente, selecionando os *"clientes"* – parece que no sentido de evitar abusos físicos e baixa remuneração –, além de procurar outros empregos.

A decisão lhe foi coerente porque de alguma forma encontrara na época da gravidez, a partir de uma mulher que a apoiou, uma síntese sobre quem era ela: *"Porque ela realmente viu que eu num era nenhuma bandidinha* (voz cínica), *ela viu que eu era menina... que eu tava perdida por... por causa dessas coisas, ela me deu apoio"*, portanto, era alguém que precisava de cuidados. Esta síntese, que parece persistir até hoje, apoia-se basicamente em apreciações que faz sobre situações em que promove comportamentos autodestrutivos, um estado mental que atingiu seu auge máximo na época em que soube da primeira gravidez: *"não tinha cabeça pra nada, só chorava (...) comecei a não ir mais trabalhar, num ir mais na escola, não ter mais lugar fixo para morar (...) comecei a ficar andando igual a minha mãe!"*

Em meio a idas e vindas em direção a cada tendência, Dora conseguiu promover tanto relações prazerosas, por exemplo, com a amiga com quem morava, com o amigo André ainda não pensado como futuro marido, como também relações altamente frustrantes, como a história com um ex-namorado *"importante"* para ela:

"Ele queria cuidar de mim (riso) *de todo jeito, sabe?... às vezes ele tava em barzinho, eu entrava e <u>queria brigar</u> (...) e eu fui fazendo ele me afastar (...) <u>eu estraguei tudo,</u>*

porque aí ele foi ficando com raiva, porque eu... eu ficava indo atrás (...) Quando foi um dia (...) 'saiu no jornaaal!!!!', (...) discutimos lá de frente ao bar lá e eu <u>catei a bebida joguei na cara dele</u>... aí ele se afastou mesmo (...) Aí aconteceu o pior, um dia eu... (...) bebi um pouco, e passei por ele... ele fez que num me conheceu, eu peguei e <u>joguei pedra no carro dele</u> (...); falou um monte de coisa pra mim: 'num me procura mais (...) cê tá se... se... <u>você tá caindo cada dia mais</u>, sabe? (...) Aí eu num fui mais atrás (...) Mas aí um dia (...) o irmão dele chamou a polícia, nossa! eu fiquei num desgosto. (...) 'cês tão me tratando como se eu fosse uma <u>bandida</u>'." (grifos meus)

Este relato mostra que ela mesma ajuda a produzir as acusações de que queria se negar. Mas, se assume seus erros, ao mesmo tempo, quer modificar os significados dados a ela por outros. Quer, não consegue, nem diante de si mesma.

Temos, então, que umas das equivalências entre Dora e André, está na busca de liberdade através da construção de passos em direção a colocarem-se fora do gênero. Não é à toa que ele viu em Dora, uma garota de programa, um caminho para a liberdade. Sua frase de novo *"eu sentia uma necessidade de ter um..., a própria casa, ter a liberdade, pôxa!, onde eu conheci a Dora, né?"* Se por um lado vincula-se ao ideal de ter uma mulher de família ao seu lado, por outro parte da proposta por ter uma companheira que o acompanhasse a bares, por exemplo, basicamente a lugares não freqüentados por mulheres "santas". O fato de Dora ser diferente então parece que lhe podia garantir a liberdade no sentido de não ser cobrado quanto à funções tradicionais masculinas, como basicamente suprir a casa financeiramente e tomar a iniciativa de desempenhar bem o ato sexual. Dora cobria suas preocupações nestes dois pontos, ela *"sempre foi independente, sempre trabalhou fora"* (frases dele) e sendo garota de programa podia ajudá-lo com respeito ao desempenho sexual. Já Dora começou a se interessar por André porque para ela ele era um homem diferente de outros, como já discutido, entendendo que encontraria a liberdade porque poderia buscar e receber considerações sobre o seu próprio prazer na relação com ele.

Mas estas expectativas de ambos seriam frustradas devido a manterem-se ambos também de alguma forma dentro de gênero. Parece que a auto-referência de cada um se torna fluida e cambiável diante de pessoas em que se criava a expectativa de construir uma relação de intimidade. A expectativa diante do outro então parece que se vinculava à proposta de, através dele (ou com ele), resolver/dissipar a fluidez da auto-referência. Estar dentro do gênero passa então, mais do que pelos valores que se tinha, pela forma de perceber o mundo e a si mesmo.

Passemos a discutir como as imagens identitárias contraditórias de cada um foram tanto confirmadas como ampliadas com a união do casal.

Estratégias e atribuições de sentido de André

Um relato de Dora sobre uma conversa que determinou a primeira retomada da união entre eles resume claramente os posicionamentos dele frente a ela: Dora havia *"fugido"* da fazenda onde morou 2 anos com André, deixando provisoriamente sua filha Bia sob os cuidados de uma amiga/conhecida, indo trabalhar em outra cidade.

> *"Ele falou assim pra mim* (pelo telefone)*: 'olha, tem um assunto muito sério...'; eu pensei numa tragédia, né?; 'tem um assunto muito sério a tratar com você', aí eu: 'quem te deu meu telefone?'; ele falou: 'não interessa agora, você pega o primeiro ônibus amanhã, num <u>me obriga</u> eu ir aí!' (...) 'mas o que que tá acontecendo?', ele: 'não, você vem amanhã que a gente conversa, eu tô te esperando em Mococa'; '(...) é com a Bia?!; 'é com a Bia sim, você vem, que eu vou tá te esperando' (...)* (e no encontro face-a face)*: 'ou você cuida da criança, ou eu vou no juiz e <u>vou te tomar a criança</u>'; falei: 'que tomar coisa nenhuma! ela num é sua filha, ela é minha filha'; ele falou assim: 'como num é? assumi paternidade'. (Ele assumiu paternidade da criança, né?, (...) Ele assinou uma escritura pública, sabe?) (...); aí eu falei: '(...) eu num ... eu num te autorizei isso não!'; aí ele: 'olha, (...) vamo conversar lá na fazenda, meu avô tá lá, minhas*

*irmã tá lá, a gente vai resolver essa questão hoje'; 'não'; aí eu
já comecei a chorar; ele: 'não, num fica assim, pára com isso,
quê isso? (é...), esquece tudo aquilo, ah, ela... você tem que
ficar comigo, num vai acontecer isso mais, foi um momento de
fraqueza (...) perdão' (...) Ele chega a chorar, ele faz uma cena,
sabe?, 'perdão, ah eu beijo seus pés, pelo amor de Deus me
perdoa' (...) 'vamo cuidar dessa menina? vamo por a cabeça
no lugar, eu preciso ajudar o meu avô, a fazenda tá largada!
porque você tem que criar juízo! cê quer ficar aí fazendo, (é...
é...) garota de... fazendo programa aí (...)', 'eu num tô mais
fazendo isso, eu tô trabalhando!' – eu falei, sabe?; 'ah, mas
você sai nas horas vagas, que o que você ganha num dá pra
você se manter (...), fica comigo que é melhor'."* (grifos meus)

André atua com Dora a partir de três posicionamentos diferentes: 1) acusador, afirma-se *"obrigado"* a tomar atitudes drásticas
em função de comportamentos errados dela; 2) como vê que essa
primeira posição não atinge seu objetivo de levá-la a retomar a relação, ele passa a aceitar as acusações de que ele é um *"fraco"*, o que
seria uma tentativa de negociação; 3) por fim, ele usa o verbo na
terceira pessoa, configurando um papel para os dois, propondo ser
seu cuidador e definindo-a, em contraposição, como alguém que precisa de cuidados, de ajuda, de alguém que restaure seu *"juízo"*. Dora
relata também que no início do namoro ele pedia insistentemente:
"deixa eu cuidar de você!"

• Primeira posição: ela é o problema

As frases que mostram mais claramente esta posição referem-
se a comportamentos agressivos para com ela:

*"Eu fui até na, até na delegacia, ela fez a denúncia,
aconteceu até realmente, mas..., ela aumenta um pouco, ela
aumenta um pouquinho, porque... eu acho que..., cê dá uma
olhada, igual em casa, igual eu te falo, eu sou violento em
casa? então dá uma olhada nela, nos meus filhos, é, vendo
como eu cuido deles, (isso aí eu disse pra delegada), pode
dar uma olhada nos meus filhos, a formação que eu dou*

pra eles, certo? É-é-é (gagueja) *Ninguém vai tá aqui com, com hematoma no rosto, não tá não. E se levou um tapa meu uma vez, porque que* ela mereceu *também, porque ela ela... é que houve uma* agressão por dela *também, né?"*

"E se ela me levou na polícia, achou que devia, foi *pra me humilhar! porque é-é-é* (gagueja) *não tinha necessidade. E se ela levou aquele tapa é porque ela me deu, ela me deu umas vassourada primeiro também, sabe? A agressão, pô, veio é dela, eu apenas retribuí. E quem se passa por* ruim... *O que passa por* errado *é o homem, por que o homem é mais forte, mas... ver a parte que faz antes (...) eu fiquei magoado... porque eu achei que não deveria ter feito isso. Porque tem muitas mulheres (...) que elas pegam a liberdade... elas quer* abusar! *Eu até... eu até concordo com esses direito da mulher contra a violência... mas tem muitas mulheres que através disso abusa.(...)* ela provoca o homem, insulta, pra poder usar os direitos dela, porque ela é mais fraca. *Porque deveria ter um um conselho, alguma coisa assim, pra poder ver a parte do outro mais também, porque eu conheço, não é só de mim não, é de muitas mulheres, porque o homem é um coitado, a mulher aproveita (...) têm muitas mulheres assim. Você ainda vai conhecer muitas mulheres assim, que* se faz de vítima, *mas vai ver, não é nada daquilo não. É porque hoje, é-é todo mundo conhece, tem conhecimento, é divulgado pra televisão, pro jornal assim, 'pa, pa, pa'... Os homens hoje, não tá assim aqueles homem que... machão não, que só batia e espancava não (...) é a palavra dela contra a... (...) porque ela... pra começar* ela mentiu, *ela disse que eu tava bêbado, eu não estava bêbado. Eu não sou violento."* (grifos meus)

Toda a responsabilidade dos conflitos do casal recai sobre Dora, é ela quem precisa mudar. Tal como João Pedro, discutido no capítulo anterior, então, André justifica sua agressão como forma de punição educativa, porque a companheira tem comportamentos *"errados"*. Assim, ela é a *"ruim"*, a má, a *"errada"*, cabendo a ele o lugar de quem *"apenas retribuí"*.

Nesta direção eis sua própria autodefinição: *"Eu não sou aquela barata..., aquela barata morta, certo?, mas eu de briga, pô!, violento, não, não sou não, (pausa) eu não sou."* "Retribuir" na mesma moeda então não é um erro, ao contrário, é uma característica positiva; seria uma defesa de sua honra maculada, por ser acusado injustamente, por ser agredido fisicamente, por não ser respeitado (isto é, xingado, como veremos mais adiante em uma fala de Dora), por ser traído, por não receber o carinho e compreensão que merece, por ser abandonado sem motivo, por ser cobrado além do que pode fazer, e por aí vai...

Todos esses motivos aparecem implicitamente nas narrativas de um ou de outro, mas, enquanto ele admite tê-la agredido levemente algumas vezes e ainda assim há muito tempo atrás – ele diz *"e se levou aquele tapa meu uma vez (...) mas faz muito tempo que eu não agrido ela"*, Dora já pode contar muitas e muitas agressões contra ela, embora mais intensas mesmo de 5 anos para trás. Eis a seguir alguns de seus relatos mais descritivos no que diz respeito à explicitar as falas de André diante dela. A primeira se refere à convivência na fazenda e as últimas ao período mais recente.

"Na fazenda ele deu de louco, (...) falou que eu tava com história, que eu tinha arrumado homem, que ele ia me matar, sabe? (...) 'que agora num é você que quer ir embora, eu que num te quero mais, pode sumir!' (...) se eu ficasse lá ele ia me matar, que ele ia acabar comigo, que ele ia me jogar no..., que ninguém ia ficar nem sabendo (...) ele foi passando um monte de medo ne mim, né?"

"Falou que agora ele sabia, que ele tinha aprendido um jeito de bater sem deixar marcas. E me bateu mesmo e não ficou marca, deu sôco na minha cabeça por tudo lado, na minhas costa."

"Me chama de incompetente, que eu num cuido, não faço nada."

Mas, muitas vezes, André passa desta posição para uma outra, questionando sobre si mesmo, sobre suas próprias caraterísticas e ações.

• **Segunda posição: eu sou o errado/culpado**

O relato abaixo mostra indiretamente que André vive também esta outra posição, embora no momento em que o produz escorregue para uma avaliação mais defensiva do princípio ao fim:

"E se levou um tapa meu uma vez, porque que ela mereceu também, porque ela ela... é que houve uma agressão por dela também, né? (...)

(Entr.: Hum? me conte)

Houve, ela me agrediu! Né? eu tinha bebido um pouco, aliás, então, <u>não é desculpa</u>, a bebida não é desculpa, que eu posso beber mas eu tenho ali, mas... você perde um pouquinho a a sua... é-é (gagueja), perde, é que o álcool te tira, te tira um pouco do normal, é tira mesmo. Mas depois <u>eu me arrependi</u>, tudo bem. E faz é-é-é (gagueja) muito tempo que-que (gagueja) eu não agrido ela, muito tempo. " (grifos meus)

Dora diz que várias vezes o sente como que *"com vergonha dela"*, *"com ressaca moral"*. Conta ainda que ele, por vezes, verbaliza sua vontade de parar de beber e usar drogas em função da quantidade de bobagens que diz para ela no estado embriagado.

O próprio André admite que alguns de seus comportamentos ou características, não exatamente o de ser agressivo, atrapalham sua vida em família. Uma se refere principalmente à sua relação com suas filhas na medida em que não dá bom exemplo, ele diz: *"Tem hora que a gente faz umas molecagem, né? Como eu fiz essa de... essas noitada aí, tudo! de beber demais, depois ficar até...!!! Isso aí é pra mim hoje, <u>não é certo</u>, mas é uma válvula de escape pra mim. "* (grifo meu) Outra se refere às suas dificuldades em promover o sustento da família. Seu relato a seguir se refere à época em que administrava a fazenda de seu avô:

"Entrar pra tomar conta do que era da gente mesmo, eu, eu <u>não tive essa capacidade</u>, certo? Porque, era muita

coisa em cima de mim (...). Então onde fiquei um punhado de ano em ____ (cidade onde foi criado), e não fiz nada, inclusive eu até <u>perdi até o que tinha</u>, né?, e já tinha arrumado, mulher, filho, tudo, e pra recomeçar não foi fácil."

São duas pequenas frases suas que mostram o quanto essa posição diante de si mesmo e de Dora tem muito mais espaço do que quer admitir, quais sejam: *"e-e-e-eu* (gagueja) *sou gago"*, quer dizer, eu sou/estou inseguro, e *"será que tem uma cobra dentro* (riso) *da sacola* (da pesquisadora)*?* (risadas)", quer dizer: tenho medo. Ao lembrarmos ainda do relato de Dora sobre as dificuldades dele com as mulheres, conforme ele mesmo contara a ela, temos então que esta posição diz respeito à aspectos de sua autodefinição que lhes são de difícil verbalização, que somente são expostas diante de uma relação em que ele se sente aceito em seus defeitos e ao mesmo tempo apreciado em suas qualidades, como por exemplo quando era amigo de Dora, ou que ainda diante de uma situação em que *"não pensa"* muito ou se sente à vontade. Esta segunda situação é explicitada por ele com a seguinte narrativa diante da pesquisadora:

> *"Eu vou te contar de uma amiga minha psicóloga, ela também estudava e não tinha esse negócio de marcar entrevista como você* (pesquisadora) *faz, ela não, ela ia lá no bar e ia conversando com a gente... ia <u>conquistando a confiança</u> d'agente, devagarinho. E a gente ia soltando tudo, assim sem querer, quando via já tinha falado, sem pensar. Isso eu dou uma dica para você. Ela não marcava, ela aparecia, assim, e aí ficava mais fácil. (...) Ela pegava e conversava não é só comigo não, é com uns cinco juntos. As vezes umzinho lá se engraçava, e não dava muito certo, eu até falava: 'ô cara!' Mas era muito bom, falávamos muito, assim, improvisado. Ela tirava muita coisa d'agente. Ela aprendeu muito."*[38]

---

[38] narrativa não gravada

Defende-se então aqui que ele assume em alguns momentos, um posicionamento em que, mesmo não verbalizando claramente, aceita o lugar de culpado, redundando, de alguma forma, na apropriação de autoconceitos deverasmente negativos sobre si mesmos.

Assim posto, podemos passar à discussão de uma terceira posição dele, que mais parece uma tentativa de sair deste segundo posicionamento, e ao mesmo tempo um empreendimento por garantir a continuidade da relação com Dora. Só que antes é pertinente, ainda, discutir como fica a posição de Dora feita por ele nesta segunda posição, definição que também lhe será útil no posicionamento discutido a seguir.

Se então ele é o *"errado"*, talvez até o inferior, que não tem valor, Dora ganha todos os créditos positivos. As definições de Dora apresentadas abaixo são feitas mesmo dentro da próxima posição discutida, mas parece serem fruto de sua tendência por valorizá-la em alta conta, principalmente na medida em que aceita suas fraquezas, seus defeitos:

> *"(...) porque é por é-por* (gagueja) *ela seeeerrr* (agarra) *uma pessoa assim muito leal, então isso é pra mim já é uma grande coisa (...) E ela era bonita, né? Bom, ela é bonita, até mesmo fisicamente.(...) a liberdade que..., que a gente tinha de conversar, um passava problema pro outro (...) Então isso aí foi além de-de-de* (gagueja) *uma mulher, ela é uma companheira pra mim, né? Uma companheira, e eu não precisava de outra."* (grifos meus)

• Terceira posição: o cuidador de um lado e a com problemas emocionais do outro

A posição de cuidador de André parece ser a mais estabilizada entre o casal, afinal é ela que permite a união desde os tempos de namoro até hoje, quando ele a convence de que deve ir morar com ele porque precisa de cuidados.

Seu movimento mais claro para promover esta posição é estabelecer de outra forma a definição de Dora. Vejamos:

"Primeiro ela mentiu (...) Então é o que estou falando, a Dora tá com problema depois que esse menino nasceu, ela está <u>muito insegura</u>, então <u>é-é-é preciso trabalhar muito em cima disso</u>."

"Ela ficou numa <u>neurose</u>, era todo dia, era uma briga. Às vezes nem motivo não tinha. Eu não podia, por exemplo, falar pra ela: 'apaga uma luz, Dora' que... 'porque a hora que você acender uma luz, apaga', 'você quer mandar, você é machão!' Eu falei: 'não é assim, isso aí é questão de economia'. Bom, isso aí é uma das coizinha, é coizinha pequenininha, mas e-e-ela já partia em cima de mim. Uma porque tava grávida também, né? Ela estava grávida, então um tanto já <u>tumultuou a cabeça dela</u>. Mas, nasceu o neném, eu pensei, pra mim melhorou, porque eu tive mais força..."

"<u>Ela não tem estrutura psicológica</u> (...) ela não tá tendo essa estrutura. Ela tá ficando <u>muito fraca</u>, ela tá se enfraquecendo muito mais perante os filho, tá. Ela lamenta demais e.... não reage. Tudo porque o Pedro nasceu (...) eu sinto nela que esse menino, ele veio meio indesejado pra ela, sabe?" (grifos meus)

De má, mentirosa, que quer lhe humilhá-lo, Dora é agora, neste posicionamento, uma pessoa que está com problemas emocionais. O resumo que faz sobre a causa dos conflitos entre eles no último encontro com a pesquisadora, um momento mais tranqüilo que na época que deu a entrevista gravada, confirma como este posicionamento redireciona nesta linha a identificação de Dora:

"Ah, é simples, eu acho que a Dora tem um complexo, um complexo de inferioridade, e às vezes isso... mas ela é uma boa mãe, uma boa esposa, e <u>eu acabo deixando pra lá</u>, sabe?, (...) é só isso, é só isso.[39]" (grifo meu)

---

[39] Relato não gravado

Diante desta nova definição dela o papel dele é "*contornar as coisas*", "*deixar pra lá*", "*trabalhar muito em cima*" das dificuldades emocionais, e "*até compreender*", quando ela o agride ou cobra demais dele. Estas atitudes espelham sua forma de cuidar dela, claramente vista através do seu empenho em prover o sustento dela e de toda a família, sua tendência a se responsabilizar por conseguir um emprego para ela; ele diz: "*Dora, espera um pouquinho pô, vamos dar um jeito, vamos montar um negócio mais pra gente, né? E você passa a trabalhar.*"

Este posicionamento tem várias conseqüências. Comecemos com a produção da nova atribuição de sentido à sua agressão/violência contra Dora. Ela não é um erro nem tão pouco uma virtude, mas conseqüência do alto fardo que carrega:

> "*Eu tenho as <u>preocupações</u> minha, atravessando uma crise, e quando a crise pega, moça! Ah! mas não, não tem remédio não!, é que a <u>cabeça é que domina tudo</u>, né?, a cabeça é que domina tudo (...) influi muito no comportamento da gente. Você vê uma falta de dinheiro ali, cê tem uma conta pra pagar, cê não tem dinheiro. <u>Isso aí vai se acumulando e repassa pro corpo inteirinho</u>, vem... é uns comportamento teu, você fica pô mais agressivo (...) porque a <u>cabeça</u> vem, ela influi, influi mesmo. Então as coisas já está ficando..., os filhos era menos filhos, menas <u>responsabilidade</u>. São umas coisas que tem que colocar em pauta aí também, né? É tudo isso.*" (grifos meus)

Nota-se que seu argumento se refere agora a aspectos fisiológicos do seu corpo, ao animal que há nele, o que faz lembrar de novo a sua autodefinição como não sendo uma "*barata morta*" (visão positiva da agressão), embora diga em outros momentos não ser "*nenhum bicho*" (visão negativa). Este é então um terceiro motivo para suas agressões, inocentando tanto ele como sua companheira. Mas, embora isto em alguns momentos leve à paz entre o casal, em outros vai determinar o aparecimento de contradições no discurso e no comportamento de André; ele se propõe a construir uma relação de liberdade entre ele e Dora, sem autoritarismo e controle, mesmo após ela ter prestado queixa na Delegacia: "*Vai lá Dora, arruma, cê quer um desquite? um divórcio? procura um promotor que-que-que vê o que faz, mas tem que pensar bem, senum...",* e explica: *"não vou obrigar ninguém a ficar comigo, né? (...) não bato nela".* Mas enquanto suas defesas são estas, Dora quer provar que seu controle é muito mais astuto e indireto:

> *"Ele fica, eu já prestei atenção, ele fica feliz se eu num conversar com ninguém, nem com vizinho, só ficar lá quieta dentro de casa, ele chegar, eu tô lendo, a casa tá suja, sabe?, num fiz comida, ele vai lá, ele faz a comida, ele põe o lixo na rua, ele manda as menina limpar a casa, sabe? Mas ele quer me <u>ver ALI</u> (pausa) <u>E num posso reclamar de nada também não</u> (...) Ficar reclamando muito, ele fica bravo, agora se eu num reclamar de nada ele vem, ele.., ele fala, conta as coisa que aconteceu com ele, 'ah? ham ham (afirmativo), tá ...', cato um livro, vou ler, ele: 'vem almoçar, você tá desanimada? por quê? quer sair? vamos no bar tomar cerveja?', 'não, num quero, num tô a fim', 'que você tem?', 'nada! tô na minha!' (riso), aí ele: 'ah, tô te achando muito..., cê quer viajar?' (riso) (...) 'eu quero sair, eu posso sair?', 'pode!, você num vai porque você num quer!', só que quando eu vou sair, ele arruma briga! (...) Só que eu saio (riso) ele ..., eu volto, ele tá de cara feia, eu volto, ele tá procurando um motivo pra brigar, sabe? 'Por que essa louça na pia! porque' (num sei o quê) (...), ele tá caçando um motivo pra ... pra brigar. Cê vê que é tudo válvula de escape, sabe? o motivo que ele tá achando pra... pra justificar as minha saída. Me chama de incompetente, que eu num cuido, que eu num faço nada."* (grifo meu)

Deixando de lado o papel de Dora na produção dessas situações, sua descrição revela o quanto André usa sua posição de cuidador, *"bonzinho"* (nos termos de Dora), para angariar em troca comportamentos que mantém Dora dependente dele. Eis a contradição: concede a liberdade desde que ela siga seu papel, de quem precisa de cuidados, de alguém que lhe ensine, que lhe dê uma direção sobre o que deve fazer.

Ele já teria conseguido/encontrado em Dora uma atitude de certa forma próxima a esta desde a época do namoro; ele conta que ela, além de não se incomodar com o fato de ele freqüentar bares – *"quanto a isso a Dora não, não cria caso comigo não, viu?, ela deixa eu à vontade"*–, ainda o acompanha algumas vezes. É aí que ele constrói seu segundo exemplo como prova de que não é violento:

> *"E tem os violento, tem aqueles que chega em casa que* (bate uma mão na outra) *quer dar pancada, que exige, que quer mulher, é não pode ir num bar, a minha não, onde eu tiver ela pode chegar, ela senta e-e-e* (gagueja) *bebe comigo. Isso ela nunca..., aliás, ela nunca passou vontade disso, ela chega, é, todo mundo respeita. (...) não tem essa."*

Existe dubiedade nesse discurso, que tenta provar que ele não é violento, que é liberal, concordando que sua mulher possa freqüentar bares, e que se preocupa com a felicidade e a *"vontade"* dela, porque subjacente está a idéia de garantir a própria liberdade para estar onde deseja, de garantir que é diferente dos outros homens.

A fórmula baseada no cuidado, então, lhe é útil no sentido de dar-lhe uma proteção contra a exposição de aspectos negativos de si mesmo: ser violento, não saber sustentar uma família, ter a necessidade de usar drogas... Apreende-se então que esta posição é fruto mais da contradição entre as duas posições discutidas anteriormente, do que de uma posição que consiga elaborar e desfazer essas contradições. Embora o consiga em alguns momentos, como o relato abaixo parece caminhar:

> *"Eu amo meus filhos e a Dora também. Eu não quero ficar mudando de mulher não, brigar todo mundo briga, imagina eu começar tudo de novo com outra mulher. Já aconteceu tanta coisa entre eu a Dora. Não, não quero mudar não. Deixa eu ficar com essa mesmo, que tá bom. E outra coisa: eu tenho que me colocar no meu lugar né? eu sei o meu lugar, eu sei o meu lugar, foi procurar outra?, pra*

começar tudo de novo? não. E eu acho que ela também pensa assim, igual a mim."[40]

Estratégias e atribuições de sentido de Dora

Tal como André, Dora parece produzir três posicionamentos diante de seu parceiro; ou melhor, são dois grupos de sentidos opostos entre si que constroem um terceiro mais estável, majoritariamente contraditório porque é uma conjugação não consciente entre os dois.

Dessa forma, André e Dora, ao produzirem o que se chama aqui de três posicionamentos, assemelham-se a Sílvia (discutida no capítulo anterior).

• *Primeira posição: ele é o problema*

Esta é basicamente a posição mais exposta por ela diante da pesquisadora. Tal como Sílvia (M 4), em quase todo o tempo nas entrevistas, conta sua história desde a infância como um contínuo de tragédias que culminam na confusão mental em que se encontra hoje. Sua tendência majoritária foi se colocar na autodefesa, acusando os outros.

É nesta posição que se coloca como "*auto-suficiente*", "*marruda*" e "*rebelde*", que constrói certa crítica social, que toma posse de idéias feministas, usando termos como machismo, violência contra a mulher, opressão e etc.

Mas, o que esse posicionamento trás de mais claro é a definição sobre seu companheiro. Primeiro as características relacionadas ao fato de ele ser homem:

> "*Ele brigava muito, sabe?, era muito <u>autoritário</u>, <u>muito mandão</u>, <u>dominador</u>. (...) ele parecia <u>tirano</u> com os funcionário, parecia que ele <u>queria mostrar poder</u>, sabe?, que ele era poderoso, mandava empregado embora por nada, sabe?*"

> "*Ele começou a ficar assim, muito <u>possessivo</u>, (...) parece que <u>ele se acha meu dono</u>, sabe? (...) Cismar que eu*

---

[40] Relato não gravado.

KÁTIA LENZ CÉSAR DE OLIVEIRA

tava dando bola, que eu ri pra alguém (...) e já me cobrir de pancada, desse jeito. "

"Eu ficava a mercê desse bandido (no sentido de mau porque controla). "

(todos grifos meus)

Com esta lente é que Dora pode definir André, conforme ele conta, de *"machista"*, e denunciá-lo na Delegacia.

Mas há características que ela atribui a ele que parecem não estar vinculadas ao gênero:

"Ele não tinha juízo. "

"Aloprado, doido, já bebia demais, já fazia uso de... de maconha, (na época, ele num... num mexia com cocaína, com crac, essas...) (...) dirigia em alta velocidade, batia carro. Ele era bem garoto, cabeludo, sabe?, na época ele ainda tava assim, nessa de estudante de cursinho. "

"Porque já é tão tumultuado, já mexe com droga, bebe descontrolado, faz conta descontroladamente. " (uma referência ao André atual)

(todos grifos meus)

Focalizando estes aspectos Dora tem o costume de falar pra ele frases tais como: *"ah, cê num passa dum.., dum drogado, um vagabundo irresponsável",* o que para espanto dela, já é *"o suficiente* (para ele lhe) *pra cobrir de pancada",* confirmando as características acima citadas.

• **Segunda posição: eu sou a errada/perversa**

Em outros momentos, muitas vezes após frases como as acima, ela passa ao autoquestionamento, mais precisamente à auto condenação. Passemos a seu relato que foi produzido para explicar porque mantém até hoje a relação com André, porque muitas vezes após separar-se voltou para ele:

"Eu tinha medo das conseqüência disso pra cima de mim. Não que eu tivesse medo dele se matar, eu cheguei ao ponto de desejar (...) toda vez que eu brigo com ele eu..., eu..., que ele me agride eu falo: 'cê vai..., tomara que você se enfie debaixo do primeiro caminhão!' (...) E quando ele viaja acontece as coisa, ele volta: 'nossa, você me jogou praga, o caminhão quase passou por cima de mim!' (riso), sabe? (...) eu cheguei a desejar muitas... (...) Mas eu tenho medo das conseqüência, medo, eu vivi a minha vida inteira em função de medo. <u>Medo</u> das consequências, <u>medo do remorso</u>, medo..., 'meu Deus! e se acontecer?' (...) acho que eu <u>enlouqueço</u> se acontecer isso, hum!!! (se admira)

(Entr.: Por que você 'enlouquece'?)

Ai! pela <u>culpa</u>..., pela culpa, eu acho que...

(Entr.: 'Culpa' como?)

Culpa de eu ter desejado a morte pra alguém. Num é só com ele, é com qualquer pessoa. Olha, eu batia tanto na minha cachorra (...) ficava nervosa, descontava nela, quando foi um dia eu peguei e bati nela e..., e acho que acertei uma paulada na cabeça dela, e ela caiu lá no chão, e eu...(...) eu falei: 'matei a cachorra!!!' eu saí correndo, chorando, gritan... (...) nunca mais eu bati nela, porque eu fiquei com aquela culpa ó... (estala os dedos mostrando que demorou muito tempo). *(...) Num é só com ele, é com qualquer pessoa, com as minha filha..., a culpa sabe?, que às vezes eu..., eu descuto com as menina, eu..., nossa!, eu fico ruim, eu fico ruim! As menina acho que já pegou meu fraco, aí elas me dá o desprezo, daí eu fico correndo atrás. Então eu fi..., eu..., eu vivi a vida assim, muito envolvida com medo (...) Eu fazia as coisa assim, envolvida pelo medo, fugia envolvida pelo medo, sabe?"* (grifos meus)

Suas palavras chaves aqui, neste posicionamento, são "*re-morso*" e sentimento de "*culpa*". O "*medo*" a que se refere é de si mesma, de sua autocrítica. Parece que entende nestes momentos que a responsabilidade dos problemas conjugais, bem como de outras relações que vive, é sua. Aconteceu o mesmo no término com o namorado: *"eu estraguei tudo"*. Estamos aqui diante de conseqüências mais prováveis do que lhe foi imputado quando criança, em especial à frase: *"você é uma marginal, num se entrosa em casa nenhuma!"* ou ainda do que ouviu e ouve de André: *"cê num tem responsabilidade"*, *"cê tem que criar juízo"*, *"incompetente"*, *"cê nem trabalhar cê pode, você... tem processo na justiça"*.

Nesta direção, suas críticas a André acabam questionadas por ela mesma: *"ele é muito possessivo, eu num sei... se é ele, ou se é a gente que deixa se dominar, né?"* Pode-se defender ainda que este posicionamento também a impulsiona a reconhecer as virtudes de André e colocá-las como contraponto de todas as suas críticas a ele.

Seguem-se outras mudanças: depois de sentir *"remorso"*, e de ser também condenada por ele, fica *"correndo atrás"*, atitude que se parece com um pedido de desculpas. Mas, na medida em que atitudes claramente caracterizadas como um pedido de desculpas não são relatadas claramente por ela, as atitudes que define como *"correr atrás"* podem ser entendidas basicamente como fruto da próxima posição discutida.

• Terceira posição: a "consciência" sobre sua "confusão" mental – evitando temas polêmicos

Esta posição é nada mais que a tentativa de conjugar os dois posicionamentos anteriores, que produz comportamentos contraditórios: no início do casamento separar-se dele e depois retomar a relação, e nos últimos anos cuidar da casa e filhos com dedicação, manter relações sexuais, e ao mesmo tempo falar sempre de seu desejo de separação e ir à delegacia denunciá-lo.

É André quem claramente pontua as contradições de Dora: *"Ela lamenta demais e.... não reage."*

Mas a narrativa de Dora dá também a dimensão dessas contradições assinaladas por ele. Há trechos da entrevista que mostram como ela liga sua situação profissional atual e pregressa com a relação conjugal com André:

> *"Eu acho assim, que num tem tanta necessidade deu sair por aí fazendo esse tipo de coisa* (trabalhar como empregada doméstica), *eu acho que é... um pouco por... mais por vaidade, que eu queria assim, melhorar a minha casa, né? ... eu queria mesmo era... era ficar independente e separar dele, sabe? mas como isso é uma possibilidade muito... eu acho remota agora, eu acho, sabe? Uma que eu num tenho profissão, eu acho que esse serviço pra mim sair por aí me esgotando, fazendo faxina igual eu já fiz, num consegui sair...*
>
> *(Entr.: 'Não conseguiu sair'...?)*
>
> *Num consegui separar dele, né? a situação tava tão difícil que eu num consegui separar, num consegui, é... as menina pequena, a Mikaela muito doente. Então agora eu acho que com o neném tá mais difícil (...) pode ser que eu teja errada, que... que agora seria só ele, as duas menina já tão maior, né?, num sei, eu tô tão confusa (...) eu fico assim procurando serviço de meio período, uma coisa mais manera, que num desgasta muito, sabe? (...) que até se pegasse por um dia eu faria, só pra mim poder ter dinheiro pra mim poder andar, sabe?(...) Aí eu acho que num... num vejo assim, necessidade."*

Neste trecho ela define primeiramente (*"intenção maior"*) que sua busca por um emprego se dá para produzir sua independência financeira de André e assim poder se separar dele, mas, no começo de sua explicação e no final, ressignifica contraditoriamente esta busca: *"não"* é uma *"necessidade"*, é *"mais por vaidade"*; para ter as coisas dentro de casa e poder sair sem precisar pedir dinheiro. Assim, não sabe mais qual é sua prioridade; tanto é que o verbo está no pretérito imperfeito: *"a intenção maior mesmo seria... eu queria mesmo (...) era ficar independente e separar dele"*. Dora não consegue decidir entre sua independência e os custos que ela lhe acarreta.

Outro relato, sobre sua dificuldade em arranjar emprego, relacionada a ter levado a culpa quando era ainda muito jovem por um roubo que de fato foi realizado por colegas suas, ajuda a entender esses custos que ela quer evitar.

> *"Eu era muito medrosa, <u>sempre fui muito medrosa</u>, né?, resultado, eu fiquei com o nome sujo muito tempo, que eu num arrumava nem emprego!, <u>medo</u> (...) Eu num podia prestar concurso, eu ficava doida pra entrar num emprego público lá em Minas, sabe? (...) porque eu tinha esse processo na justiça (...) Depois que eu vim pra Ribeirão que eu fui atrás... (...) porque eu queria que limpasse meu nome lá, sabe?, eu fiquei... eu... eu fiquei com a minha vida trancada!, sem conseguir fazer nada! Inclusive isso daí, o <u>André, é... é... me usou muito com</u>... com isso daí, Eu tinha <u>medo</u> de arrumar emprego numa casa de família... numa casa de família e alguém descobrir que eu tinha passagem por roubo, mandar embora (...) então eu ficava sem trabalhar, a mercê desse bandido, a vida inteira ALI! (...) foi ficando lá e eu com esse nome sujo, <u>a mercê desse bandido que hoje é meu marido</u> até hoje, <u>judiando de mim</u> porque: 'cê nem trabalhar você pode, você... você tem processo na justiça, cê é uma ladra, cê é uma ladra', jogava na minha cara toda hora, sendo que eu num roubei nada. (...). Fiquei suja muitos anos, por <u>falta de informação</u>, por <u>vergonha de falar</u>, sabe?, por uma série de razão eu fiquei presa."* (grifos meus)

Seu fracasso profissional é entendido de duas formas. Primeiro, como responsabilidade dos outros: 1) da mãe das moças que efetuaram o roubo, porque não cumpriu a promessa de pagar a fiança e inocentar Dora, que assumira involuntariamente o roubo, e 2) André que a impulsionou a desenvolver o *"medo"* e a *"vergonha"*. Com esse argumento assume a primeira posição. Por outro lado, este relato mostra também sua tendência a se responsabilizar pelo fracasso (segundo posicionamento) falando de seu *"medo"*, *"vergonha"* e demora em promover sua defesa. Mas admitir isto é custoso/dolorido. A solução ao referir-se a sua própria responsabilidade diante do seu fracasso passa a ser assumir os sentimentos de *"medo"* e *"vergonha"* como atributos quase que naturais de si mesma – *"sempre fui medrosa"*. Seu argumento ganha consistência a partir da idéia de uma impossibilidade de agir por si mesma. Ela só teve forças para protestar sobre o evento do roubo quase vinte anos depois: não seria porque após todo esse tempo estaria provado o quão pouco as pessoas fazem por ela? Ou, ainda, o quanto não é capaz de se defender sozinha?; como André lhe falava no começo do namoro *"cê num sabe se defender! (...) cê vai acabar morrendo, olha o que tá te acontecendo!, aí, deixa eu cuidar de você"*. Neste último posicionamento, então, Dora é a *"confusa"* e o que faz é esperar, pedir ajuda e proteção, e reclamar, sem tomar decisões e posições ativas.

A posição de Dora fica mais clara através do relato de André: *"ela me cobra a casa, me cobra, quando vence uma prestação, se vence hoje, ela já me pega no pé desde hoje"*, *"ela quer uma coisa maior (...) eu não posso alugar uma casa maior"*, *"ela me cobra umas coisa que não depende de mim"*. A contradição é evidente, porque ela quer independência financeira e quer ao mesmo tempo continuar sendo dependente e reclamando.

O fracasso nas relações com as pessoas, resumido através de suas acusações sobre violências perpetradas contra ela, também traz pontos discrepantes. Primeiro passemos a um relato que discute os motivos pelos quais não tem conseguido fazer e manter amizades, para depois discutir um relato de uma relação em que é produzida uma violência contra ela:

> *"Eu tô ficando muito só. Às vezes eu saio, dou uma volta, vou na vila, fico andando assim... sem rumo, volto pra casa, eu num tenho conversado com ninguém... eu sempre arrumava uma amiga..., eu tinha uma amiga, a Márcia, eu..., eu ia lá e desabafava muito com ela, porque ela também tem o marido que bebe também, sabe? É..., outra hora, eu tava muito lá na Sueli (...) mas começou a dar problema (...)*

> *(Entr.: Por que você acha que você tá sem amigas?)*

> *Ah, porque eu me isolo. Uma que lá em casa num vai ninguém, as pessoas num se aproxima. (...) E eu, de tanto*

que ele começa pegar no pé, eu me fecho, sabe? Quando eu começo de amizade com uma pessoa, a pessoa começa ir muito lá em casa, (...) ele vai fazendo uma campanha pra mim me afastar, sabe?, vai falando, falando, falando, enchendo o saco, maltrata a pessoa, sabe?(...) Fica difícil, a gente vai ficando assim, sozinho, ele é muito possessivo, eu num sei? ... se é ele, ou se é a gente que deixa se dominar, né?"

Tal como o tema do fracasso profissional Dora condena André como o responsável pelo seu isolamento, embora já caminhe paradoxalmente também para o autoquestionamento.

Vamos ver no próximo relato apresentado a seguir (colocado em uma tabela de forma a permitir que visualizemos melhor as referências que faz sobre cada pessoa) que sua dificuldade na relação com sua vizinha Sueli está ligada com sua dificuldade de lidar com uma situação de violência contra ela, mesmo que seja vinda de uma criança.

MENINO VIZINHO (Vinício ou Vi)	DORA	OUTROS — mãe do menino: Sueli; filho de Dora: Luiz; e outra vizinha: Diva
Mas o menino parece que num pode me ver, ela falou pra mim assim, que ele tem essa reação, que é só comigo! (...) Que ele fica agressivo! (...) Por exemplo:		
	eu cheguei lá com o Luiz, ai eu: 'Oi Vinício!',	
ai ele: 'oi', né?, dai um pouquinho ele já foi lá, já tomou o carrinho que tava na mão do Luiz,		
		O Luiz ficou chorando,
	ai eu peguei: 'não Vi! dá aqui o carrinho do Luiz, ele é pequenim, dá aqui pra ele!',	
ai ele: 'não!',		ai a Sueli: 'Vinício pára de gracinha, dá o carrinho do menino!',
ai ele num ... num ... 'num dou!',	ai: 'por quê você num vai dar?',	
		ai a Sueli: 'ah, ele ganhou um monte de carrinho novo', 'então eu vou pegar um dos teu pra dar pra ele',
'não!', correu lá no quarto, fechou a porta: 'não vai pegar!', ele num queria dar o DELE, mas também num queria dar o ... o do Luiz, (...) e começou a destruir, pegou o martelo, foi lá, quebrou a portinha .... (...)	ai eu fui lá: [voz alta→] 'não, num quebra!', catei assim o carrinho, tomei da mão dele,	
ele começou a me chutar..., começou a me chutar e		e a Sueli é daquele jeito, em vez dela ir lá e tentar contornar com o filho dela, ele prefere ir lá agradar o meu,
	e eu fiquei: 'ah Sueli, ele tá aqui me chutando, aqui Sueli! dá um jeito no Vinício aqui, né?',	
	e eu fui tentando me livrar do menino, sabe?,	'Vinício! Vinício pára com isso!',
ai ele pegou e saiu correndo,	ai eu falei: 'tô indo embora! eu vou embora, cê num gosta de mim, eu vou embora!', né?(...) Aí depois eu fui lá e catei o Luiz do colo dela, aí (...) o carrinho caiu no chão ....,	

ele catou o carrinho e correu lá pra fora, pra rua.	ai a Sueli: 'volta aqui Vinicio! Vinicio volta aqui!',
ai eu fui andando atrás, que eu já tava indo embora pra casa, né? (...)	
ai ele tava lá fora, arrastando o carrinho assim na... na calçada,	ai o Luiz no meu colo chorando, pedindo o carrinho, né?, ai...,
	e ela falando comigo, né? ai eu... a Diva pegou e falou: 'oi Luizinho!', a outra vizinha: 'oi Luizinho! por quê cê tá chorando?',
	ai ele: 'a cao, a cao!',
ai eu falei assim: 'ah, é porque o Vinicio, a lá Diva, tem condição!?' (...) Ai eu falei assim: 'por que ele faz isso? eu num entendo Sueli!',	'ai Dora, eu num sei, é só com você, eu acho que ele tem ciúme, eu acho que ele acha que o Luizinho chega, tira a atenção!'(...)
Ai eu falei assim: 'ah, num sei Sueli, que ruim, né?', ai ela..., ai eu: 'dá o carrinho... dá o carrinho Vi, eu vou embora!',	
[voz alta→]'não, não!'	ai a Diva tava mais perto, a Diva saiu correndo e tomou o carrinho,
ele catou uma pedra desse tamanho e jogou ni mim (risos) e ficou lá do outro lado da rua gritando, xingando aqueles nome feio. (risos) (...) 'some daqui, sua PUTA, biscate!', desse jeito. (...)	
ai eu falei: 'Sueli do céu! o quê que é o fim disso, Sueli!' (risos).	
falei: 'ah, num posso vir na sua casa então, né?, o quê que tá acontecendo?' (...), ai fui embora. Sabe?, falei: 'nossa! Deus me livre credo! o menino jogando pedra ...'	'ah, num sei, mas ele tá bonzinho ultimamente, parece que é só ... é só quando você vem aqui que ele fica desse jeito!',

Dora, por um lado, coloca Vinício e Sueli como os errados; ele é mau, ela é que não sabe educar; contudo, ela se pergunta porque a criança se comporta assim só com ela: ela então é o problema, a errada? Por fim, parece preferir se escandalizar com a violência sofrida e afastar-se da vizinha e de seu filho, para não precisar promover mudanças em si mesma.

Entretanto, há momentos na relação com André que Dora tem comportamentos ativos quando assume sua responsabilidade na construção dos problemas que enfrentam. Parece que é a partir de certa *"consciência"* sobre sua própria *"confusão"* e contradições que *"ameniza"* as críticas a ele.

> *"(...) ele não tá conseguindo saudar dívida (...) muita conta pendente pra trás, é.., ele num tá conseguindo fazer nada com o dinheiro, e eu fico... poupando de certa forma, criar, gerar mais problema pra cabeça dele, sabe? Porque já é tão tumultuado, já mexe com droga, bebe descontrolado, faz conta descontroladamente, (...) então eu queria assim, amenizar... Então eu fico assim, evitando gerar mais conflito."*

Nesta fala, André é, até certo ponto, desresponsabilizado; mais do que mau, ele está muito sobrecarregado com os problemas financeiros e descontrolado, prova disso, para ela, é que faz uso excessivo da bebida e gasta muito dinheiro.

Para finalizar é pertinente ainda lembrar que ela ressalta a carência emocional dele como um dos aspectos dele que a agradam, o que em outros momentos ela define como um *"complexo dele mesmo"*. Assim é de novo a visão dele como patológico emocionalmente que a permite desculpabilizá-lo, e manter assim a relação com ele.

Sua fala a seguir pontua suas contradições em relação a ele, como lhe é difícil conjugar suas diferentes posições e sentidos:

> *"A Patrícia (filha), ela num.. num gosta muito dele, ela num aceita ele muito, sabe? desde pequena ela presenciou toda essas agressões a, ela fala: 'mãe, ele num é normal, ele é louco!' eu acho que envolve tudo, um sentimento de amor e ódio entre todos nós, sabe? Porque foi uma vivência muito*

assim..., envolvendo muita agressão física, bateu em todo mundo, massacrou todo mundo, e ao mesmo tempo ele tem esse outro lado, né?, carente, é..., sempre foi uma pessoa assim... respeitador, sabe?

(Entr.: Então, independente do ódio, você acha que você ama ele também?)

Não, eu acho que eu não, eu acredito que amor..., eu num sei nem... num sei nem colocar essa palavra, amor, você entendeu? porque é uma coisa muito estranha, eu num..., eu num sinto que eu amo ele, num sinto, de jeito nenhum...

(Entr.: Você botaria que... que outra palavra no lugar de amor?)

Ah, eu colocaria, por exemplo: amizade, entendeu?, porque amor, eu acho que é uma coisa assim..., pode até ser amor, mas eu num sei colocar direito, num sei, (...)

Parece então que mais do que admiração, paixão, Dora sente por ele uma identificação. Ela se identificaria com André no que diz respeito ao que vê em si mesma: uma necessidade de ser compreendida e amada por outros a fim de conseguir amar e compreender a si mesma. Não é à toa então que, se em alguns momentos pode tratá-lo com carinho, em outros deve rechaçá-lo.

O encaixe estabilizado

Um relato de Dora, em especial, dá uma boa dimensão da troca de mensagens entre ela e André. Ela se refere à uma situação que viveu há pouco tempo, um período que é, de certa forma, mais tranqüilo do que de 5 anos para trás, ainda marcado por desencontros e conflitos. O conflito começa porque Dora se arruma para ir se encontrar com a pesquisadora afim de continuar a narrar sua história:

"(...) eu falei: 'eu vou, num adianta, você num vai me impedir, eu vou', fui pro ponto de ônibus. Aí ele tava lá no ponto, aí ele: 'entra que eu te levo', falei: 'não, num vou entrar, eu vou de ônibus, pode ir embora!', aí ele desceu do

carro, assim com gente no ponto de ônibus, foi lá, catou o menino do meu colo: (voz tranquila®) *'faz favor, entra que eu vou te levar, pára com isso', 'eu não quero entrar nesse carro, vai embora, vai cuidar de sua vida', e ele: 'pára de fazer gracinha* (riso), *entra aí que eu vou te levar'* (riso) *e começou a rir* (riso), *aí me pegou pelo braço assim, abriu a porta do carro, me trouxe até aqui. Por que eu tenho é que fazer é isso assim, eu tenho que passar por cima dele, brigar e eu... num..., tudo tem que brigar. Na hora de pagar uma prestação, tem uma briga feia pra ele me dar um dinheiro. (...) Tudo tem que ser debaixo de briga, ou então eu sair na surdina! Ele briga, ele cria, ele põe..., sabe?, põe obstáculo (...), 'você num vai! fica quieta, você num vai! pra quê você vai naquela distância lá? larga mão disso', 'eu vou', aí ele: 'tá bom, eu te levo'. Tudo tem que brigar, (pausa) num dá."* (grifos meus)

Primeiro, André se põe categoricamente contra algumas iniciativas/vontades/atitudes de Dora. E, como se viu em relatos discutidos anteriormente, ele chega a usar de agressão física em certos momentos. Ela, por sua vez, contrapõe-se também categoricamente, e como vimos também anteriormente chega a usar majoritariamente de agressões verbais, embora pelo menos por uma vez, conforme André aponta, já tenha usado de agressão física também. Mas ambos percebem que tamanho enfrentamento mútuo é perigoso; André, no extremo, pode ser abandonado ou denunciado na Delegacia, Dora pode apanhar. Mas a conseqüência no nível médio já os incomoda, qual seja, não ser reconhecido como alguém que também tem qualidades; ou mais amplamente falando: não conseguir conquistar a relação que desejam.

Com esta constatação Dora age com cautela ao perceber André muito nervoso ou drogado, evitando enfrentá-lo para não apanhar. Ele ao entender que ela não vai ceder, passa a assumir o lugar de cuidador, mais do que de um igual que permita sua independência. O jogo entre eles se constitui porque ela aceita o lugar de alguém que precisa ser amparada para conseguir o que quer, mesmo que temporariamente.

O quadro que tenta ilustrar a comunicação de duplo vínculo de um diante do outro permite reconhecer como um ajuda o outro a mantê-la:

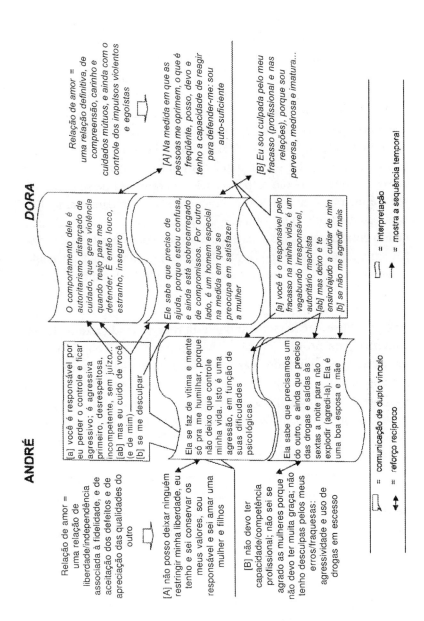

Cada um deles tem um conceito sobre o que é uma relação de amor, desenvolvido a partir da infância e da vida conjugal. André procura uma em que encontre **liberdade/independência**, e não constrangimentos e imposições. O que para ele quer dizer não ser obrigado a fazer o que não pode ou não quer e não ser tolhido quanto ao que quer ou precisa (usar drogas). Ele quer uma companheira que saiba compreender seus defeitos ou **fraquezas** e que consiga achar boas **qualidades** nele. A **fidelidade**, tanto no sentido de não se envolver afetiva e sexualmente com outro homem, como de ser capaz de conversar com respeito e não se aproveitar de suas confissões, é uma boa medida sobre o quanto a companheira o ama. Em contrapartida, ele quer oferecer a ela as mesmas coisas. Parece válido defender que André dá ênfase às qualidades positivas de cada parceiro depois que viveu os problemas conjugais e foi denunciado na delegacia. Já Dora entende e quer uma relação de amor centrada na idéia de laços afetivos próximos de consangüinidade, de parentesco, o que se resume na palavra *"definitiva"*, não presente em sua infância. Ela entende também que esta relação ainda **não** pode ser **violenta**, para provar que não é de exploração, ao contrário deve ser baseada em **cuidado**, **carinho** e **compreensão mútuos**; onde portanto a raiva, os **impulsos agressivos** na vivência cotidiana, **devem** ser **controlados** para não ferir o outro. Este último aspecto parece ser uma concepção elaborada recentemente por ela, a partir das dificuldades com André, e na reavaliação mais positiva do rompimento com o ex-namorado.

Com estas concepções cada um estabelece duas premissas opostas. André: **(A) não posso deixar ninguém restringir minha liberdade,** na medida em que **eu tenho e sei conservar os meus valores,** e que **sou responsável e sei amar uma mulher e filhos,** sendo-lhes fiel e tentando prover o sustento deles. Por outro lado, desenvolve idéias mais difíceis de verbalizar: **(B) não devo ter capacidade/competência profissional** e não consigo muito dinheiro para prover minha família; **não sei se agrado as mulheres porque não devo ter muita graça; não tenho desculpas pelos meus erros/fraquezas: agressividade e uso de drogas em excesso.**

Dora, por sua vez, desenvolve as seguintes premissas: **(A) Na medida em que as pessoas me oprimem** – o que é e foi freqüente durante toda a minha vida – **posso, devo e tenho a capacidade de reagir para me defender;** quero ser **auto-suficiente,** independente; **(B) Eu sou culpada pelo meu fracasso, tanto o profissional como os relacionais,** errei com meu ex-namorado, erro com minhas filhas, com meu cachorro, com o André, não sei controlar meus impulsos agressivos; tenho dificuldades até mesmo para lidar com um menino de três anos quando me agride; **Sou,** portanto, mais **perversa, medrosa e imatura** do que queria.

Diante de comportamentos que André acha desrespeitosos ou impositivos para com ele, portanto agressivos, usa muitas vezes de violência física, tentando argumentar para Dora: **você é a responsável por eu perder o controle; é agressiva primeiro,** por isso é também **incompetente, sem juízo.** Mas, depois, na medida em que Dora não aceita seu argumento, ele diz: **mas eu cuido de você se me desculpar.** Assim um pedido de desculpas, ou um reconhecimento de que errou, associa-se à sua condição de cuidador, o que significa amenizar sua falta. A primeira fala está relacionada à sua premissa (A) – **não posso deixar ninguém restringir minha liberdade,** e a segunda às idéias difíceis de verbalizar: **(B) (...) não tenho desculpas pelos meus erros/fraquezas (...).** O pedido de perdão surge no momento em que percebe que pode perder sua companheira, o que confirmaria o conjunto de premissas (B). Sua disposição por cuidar deles, então, responsabiliza a ela, e mostra como ele assume sua parte, por outro.

Ouvindo a mensagem de André "**você é a responsável...**", na medida em que ela vem acompanhada de agressão física, às vezes até de ameaça de morte, mas mais comumente de xingamentos com alta dose de desvalorização, Dora acaba por confirmar a sua premissa **(A): as pessoas me oprimem (...) devo defender-me (...),** o que tende a gerar sua fala, que espelha a de André: "**você é o responsável pelo fracasso na minha vida (...)**". Nesta direção, ao ouvir e ver comportamentos de André que revelam sua proposta de cuidado, ela então fecha sua interpretação: **o comportamento dele** é **autoritarismo disfarçado de cuidado, que gera violência quando reajo para me defender.** Pode ainda às vezes caminhar para a idéia de que é **louco, estranho, inseguro** demais. Sua fala é bem típica agora: ele é um **vagabundo irresponsável, autoritário machista,** e até louco.

Mas a mesma proposta de cuidado dele, articulado a seus pedidos veementes e sofridos de **desculpa,** algumas vezes até com ameaças de suicídio, ajudam Dora a elaborar também outras interpretações sobre ele, ancorada ainda em sua premissa **(B), eu sou culpada pelo meu fracasso nas relações (...),** qual seja: **ele sabe que preciso de ajuda, porque estou confusa;** tenho que entender **ainda que está sobrecarregado de compromissos** financeiros e em ter que aturar meus ataques de raiva e cobranças; admito que, **por outro lado, é um homem especial na medida em que se preocupa em satisfazer a mulher.** Neste contexto, Dora aceita verbalmente a proposta de cuidado, mas de forma ainda a tentar **ensiná-lo** como deve faze-lo, sob a condição de que **ele não mais a agrida,** ou a acuse de a única responsável pelos problemas deles, ou a desvalorize, o que, para ela, terá o sentido de dizer-lhe que não a considera uma pessoa **perversa,** como sua premissa (B) prescreve.

Ao ouvir a primeira mensagem de Dora – **você é o responsável (...)** – André avalia o posicionamento dela: **ela se faz de vítima e mente só pra me humilhar, porque não deixo que controle minha vida. Isto é uma agressão.** Isso porque faz uso de sua premissa (A): tenho os meus valores e **não posso deixar ninguém restringir a minha liberdade.** Quando ainda vê que ela aceita sua proposta de cuidado, passa a se interessar por avaliar a agressão dela como fruto de **dificuldades psicológicas.** Ele pode primeiro, então, acusá-la de **sem juízo, desrespeitosa, incompetente,** e que, portanto, mesmo **problemática emocionalmente, é a responsável** pelas dificuldades conjugais, ou seja, pelas **agressões dele.**

Neste redirecionamento, vendo em Dora ainda atitudes que mostram o quanto aceita sua proposta de cuidado, e o quanto ainda ela ajuda a fazê-lo – por exemplo, se conformando em ficar em casa e cuidar das crianças, pelo menos por um tempo, pedindo às crianças que tenha paciência com ele, e que não peçam mais dinheiro, ou ainda acompanhando-lhe nos bares –, ele passa a vê-la de outra forma: **ela sabe que precisamos um do outro** para enfrentar as dificuldades da vida, **e ainda que preciso das drogas e saídas à sextas à noite para não explodir (agredi-la); ela é uma boa esposa e mãe.** Esta interpretação está ancorada ainda, mesmo que não verbalizada, em sua premissa **(B) não tenho competência, não sei se agrado as mulheres, não tenho** mas preciso arranjar **uma desculpa para os meus erros e fraquezas.** Assim, esta interpretação serve para confirmar seu lugar de cuidador e minimizar seus erros/fraquezas.

Tal como André, Dora consegue responsabilizar aos dois. O problema dela é que, muitas vezes, passa de um lado ao outro sem integrar as posições ou fazendo-o de forma a assumir o lugar de "rainha do lar": uma posição em que a mulher oferece sua submissão em troca da obtenção do controle.

O quadro que se desenha é de: em alguns momentos ambos conseguem reprimir aquelas falas do outro, como as próprias, que trazem à tona as premissas (B) de cada um – **eu sou culpada (...), sou incompetente,** não tenho valor –, mas em outros momentos, mesmo que não queiram, incentivam-as. Isto porque seus posicionamentos, baseados na conjugação contraditória de suas premissas, tentam garantir a proteção pessoal através do ataque ao outro, reativando e ajudando a manter a premissa (B) do parceiro, que o impulsiona a produzir falas e comportamentos na direção que se tenta evitar.

Com esta discussão temos então que a dinâmica relacional problemática do casal é produzida em torno do tema do cuidado. André e Dora parecem usar o tema para desenvolver um contrato implícito de divisão de papéis, que mais impõe ao outro mudanças de comportamento, que mais cuida apenas de si mesmo, para manter intocáveis aspectos, valores e visões de mundo negativas de si mesmo. Deste modo, o confronto evoca exatamente o que quer evitar.

Novamente é importante pontuar que, com este mesmo tema, eles conseguem começar a trilhar caminhos que produzem paz entre o casal, através da percepção das contradições, num olhar que cambia o foco entre o outro e o si mesmo. Vale a pena retomar a fala de André nesta direção: *"eu tenho que me colocar no meu lugar, eu sei o meu lugar, vou procurar outra? (...) não. E eu acho que ela também pensa assim, igual a mim[41]"*. Já Dora constrói sua síntese quando olha para si e define-se como uma *"menina perdida"*, só que não mais esperando passivamente um cuidado, mas buscando, com apoio dos outros, redirecionar sua vida, abrindo espaço para resignificar a agressão de André. Este caminho não parece ainda completo, na medida em que a violência, em especial a física, por ser mais visível, teima em querer voltar, o que parece se dar porque André precisa elaborar melhor o que entende por *"eu amo minha mulher"*.

O gráfico abaixo ilustra como o casal pode produzir diferentes momentos entre eles:

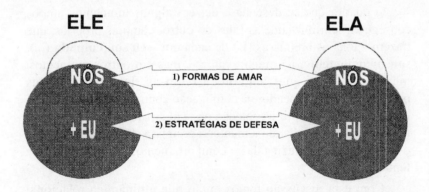

Primeiro, ambos os parceiros constroem diante do outro um posicionamento chamado aqui de **+EU**, quando o foco de atenção está voltado para si mesmo a ponto de não conseguir enxergar o outro. Com este posicionamento tratava-se uma guerra, onde se configuram comportamentos ditos como de autodefesa, mas que de fato são de ataque ao outro. Mais tarde, diante da culpa por ter sido agressiovo/a e ao mesmo tempo por ver que o outro também sente a

---

[41] narrativa não gravada

mesma culpa, a tendência de cada um é produzir um posicionamento que exerga ambos, o que chamamos aqui de **NÓS**. Neste caminho, essa é a possibilidade conjunta de vivenciar momentos de paz de fato, não aqueles que fazem parte de jogo violento, como defende a teoria do ciclo da violência. Estes momentos estão representados no desenho com o círculo **NÓS** não cruzado com o mais **+EU**. Entretanto, eles são tênues ainda, porque sentindo-se a tendência de aceitar completamente as argumentações do outro, negando as suas próprias, acaba-se por camuflar o discurso baseado em **NÓS** no tema do cuidado, de forma a manter a defesa incondicional de si mesmo através da cobrança ao outro. Eis aí a contradição entre o casal, que é representada no desenho através do cruzamento entre os posicionamentos. Com este **NÓS**, disfarçado ou verídico, desenvolve-se **formas de amar**.

Tanto as **formas de amar** (menos quando o posicionamento **NÓS** de fato se constitui) como as **estratégias de defesa**, tal como discutido em relação ao outro casal, servem para pontuar os diferentes momentos entre eles, que pertencem ao mesmo jogo que produz a violência. **Defender** a si mesmo no posicionamento **+EU** nada mais é do que um ataque ao outro, constituindo uma guerra explícita. Já o **amor**, a amenização ou ainda o cuidado, dentro do mesmo posicionamento, pretendem atacar os sentidos produzidos pelo outro e fazer valer aqueles seus que interessa trazer à tona. É um amor voltado a amenizar apenas as próprias carências.

Termina-se aqui essa forma de analisar os dados com uma comparação mais explícita entre esses dois casais, os mais contrastantes deste estudo. Há diversidade de posicionamentos por aqueles que vivem relações conjugais violentas. Os homens podem se manter centrados neles mesmos, como se viu em relação a João Pedro (H4), ou desenvolvem comportamentos bem distintos do padrão de masculinidade dito patriarcal, tal como André (H3). As mulheres podem se manter autocontidas no perpetrar agressões em primeira instância, como Sílvia (M4), ou resvalam para comportamentos de crítica ao outro, mais intensa que a dirigida a si mesmas, o que foi visto em Dora (M3).

VIOLÊNCIAS CONJUGAIS CONTEMPORÂNEAS –
o confronto como sobreposição ao parceiro

A partir da discussão dos relatos apresentados pelos dois casais, nos capítulos anteriores, observa-se um ponto em comum entre todos os sujeitos, ele se refere ao modo como constituem as tentativas de restabelecer suas relações conjugais: eles produzem uma tentativa de se sobrepor ao outro, com a finalidade de fazer valer sua maneira de ver os problemas e de abafar a do outro. Focando este aspecto é ainda útil discutirmos sobre um outro casal não contemplado até agora, na medida em que podemos relacionar este posicionamento ao contexto cultural dos tempos modernos. É uma análise que enfoca como este posicionamento é desenvolvido e quais são suas conseqüências, o que dá subsídios ao capítulo, uma discussão de forma a retomar o debate sobre a violência conjugal apresentado na introdução.

O que se chama aqui de confronto como sobreposição ao parceiro faz parte do que se definiu nos gráficos apresentados na discussão dos casais apresentados anteriormente, como posicionamento +EU, produzido sob o significado de **estratégias de defesa**. São aqueles comportamentos que, apoiados na lógica da defesa, configuram-se de fato como um ataque.

Para incluir os outros casais nesta discussão trazemos primeiro uma interpretação mínima sobre a postura da mulher 1 (Marta) diante de seu marido, em função de suas entrevistas, que, como comentado em capítulo anterior, foram desvalidadas mais tarde como espaço de coleta de dados da pesquisa, mas que se tornou uma das várias experiências de atendimento da autora, e mais um exemplo que reforça às interpretações de Gregori (1993), conforme exposto no primeiro capítulo.

Se muitas vezes a mulher (no caso específico: Marta) busca apaziguar os conflitos conjugais se calando, se submetendo, parece que a tendência oposta ganha a cada dia mais vezes. Neste segundo caminho, até os momentos em que ela se cala vão se configurando em um confronto a ele, tanto é que ele se sente agredido e resolve também confrontar-se, só que com agressão física, o que ela acaba por fazer também. Ela quer que ele pare com várias atitudes agressivas e controladoras. O que não quer é colocar em discussão as reclamações dele sobre ela. Assim, luta para que ele mude, defendendo que é ele quem age, enquanto ela reage. Esta atitude combina com a forma como a decisão pelo casamento entre eles se deu: era ele quem queria casar, tendo ela apenas aceitado, sob a clareza de que não gostava dele. Eis então um dos principais fundamentos de seu posicionamento diante dele: postula uma igualdade em que ela não precisa pensar nos seus deveres, só nos direitos, ou seja, não precisa pensar no seu papel na produção da violência, só no quanto sofre por recebê-la. Seu confronto então tem como função sobrepor-se ao companheiro, fazer valer seu ponto de vista em detrimento do dele. O problema é que busca desta forma manter a relação e não rompê-la, embora em alguns momentos acredite ser essa última opção a melhor solução diante das dificuldades entre eles.

Eis então que o confronto nestes moldes parece ser a outra face da mesma moeda, no que se refere a atitudes de submissão. Ambos, confronto nestes moldes e submissão, focalizam um dos parceiros, nunca os dois.

Com as narrativas do casal 2, a discussão pode ir mais longe, avaliando-se em separado como o posicionamento de confronto da mulher surge e quais seus efeitos na relação conjugal, porque a história deles compõe-se claramente de um antes e um depois no que se refere à produção de comportamentos de confronto da mulher (Carla, M2) ao seu companheiro (Paulo, H2).[42]

Comecemos a discutir essas histórias através do discurso de Paulo. Para contextualizar suas narrativas, gravadas para este estudo, pode-se dizer que ele é prolixo, parecendo querer estender a

---

[42] Alguns detalhes sobre a história conjugal e de cada um, bem como aspectos das entrevistas com eles, podem ser encontrados no anexo 2.

relação com a pesquisadora e arrumar o *"embolado"* e *"embaraçado"* de sua vida[43]. O mais importante é marcar que ele quer ser entendido assim, pela pesquisadora, e parece também pela companheira.

Relato 1

"Ela é muito <u>dona</u> de si própria... (...) mas antes não, antes ela era uma <u>mosca de boi,</u> (...) tipo... uma <u>lerda</u>! (...) De repente, depois duns dois anos, três... três anos... quatro anos vivendo junto, a mulé foi ficando dum jeito que... a mulher mudou. (...) <u>Ela me escutava</u>... <u>era mais atenciosa comigo</u>, e <u>não respondia também não</u>. Depois de um tempo <u>ela começou a responder</u> e... se vacilasse <u>ela dava uma avoada em cima de mim</u> (...)

<u>Eu era meio... muito... nojento</u>, <u>muito exigente mesmo</u>. Agora por qual razão eu era exigente assim eu não sei ...vai ver que... é por causa... num tava acostumado com vida de... casado, morar junto com uma mulher assim... definitivamente, eu era meio, eu era meio... <u>meio ignorante</u> (...) se eu falasse pra ela: 'eu não quero que você saia de casa hoje', 'mas eu vou na casa de minha amiga', 'não quero que você vá lá e tá acabado!', <u>ela: 'tudo bem', ela não ia</u>, né? No começo era assim, só que com o tempo, depois de um ano, dois anos, é... não sei se foi o motel porque nós moramos em motel... (...) era aquela baixaria no motel, sabe?(...) ou se foi por causa de MIM MESMO, como eu falei pra senhora, <u>eu não sou nenhum santinho</u>, <u>o meus er ro</u>, o meus erro..." (grifos meus)

---

[43] Seu relato: *"Eu sou uma pessoa... (...) Sabe o que é dar uma caneta ou um lápis na mão de uma criança e um papel em branco e falá desenha, é isso o que as criança fazia ali, aquele ali sou eu (...) que que ele faz? não faz nada, faz um monte de rabisco (...) tudo embolado, eu me julgo uma pessoa totalmente embolada e embaraçada (...) cheguei a pensar que tudo isso aí foi por causa das drogas (...) e o pior de tudo é que prá mim cair na real"*

Relato 2

"Eu era machista e ignorante, mas depois..., depois de um tempo..., sei lá eu que aconteceu com a mulher?(...) ela trabalhava igual uma condenada lá no hotel também, foi as época que nós ficamos sem casa, e eu procurando emprego (...) só sei dizer que... essa mulhé foi ficando esperta (...) essa mulher ficou valente (...)

(Entr.: Você acha que ela piorou ou melhorou, Paulo?)

Ela nem melhorou nem piorou... Ela... ela começou, vichi!, ela começou saber agi, ela era muito dependente (...) Sabe a pessoa muito dependente... da outra? não! muito dependente, eu não sei se era muito dependente não, isso aí eu não posso dizer não (...) sempre lutou e cuidou da filha dela, sem precisar de mim, porque ela nem me conhecia... depois que eu conheci ela, ela era muito... muito... acho que ela era mais educada, é acho que... mais educada, ela pra falar um palavrão era coisa DIFÍCIL... e... me agridi também (...) Hoje em dia eu... (...) se eu não sair debaixo eu levo é patada, levo facada, levo água quente (...) barrada de ferro, paulada que ela dá, tijolada.(...), o pior é... além de ser desse jeito, ainda chamava a polícia pra mim ainda. (...) A polícia chegava me batia... me batia ainda... chegou uma época (...) tá loco!, num dava mais certo, ela tinha os nervosinho dela, eu também tinha os meu , eu não sou nenhum inocentezinho, um santinho... Mas ela tem que entender que ela tinha os nervorsismos dela, e... eu não era obrigado a ficar agüentando os nevorsinho dela não, do jeito que ela não era obrigada a agüentar o meu nervo... (...) não era mesmo (dá duas palmas) ela não me escutava eu não escutava ela, ela me respondia e... eu respondia ela, aí o clima ficava feio e... aí pronto.

(Entr.: E você 'diminuí'[44] o seu 'machismo' em função de quê?)

---

[44] expressão usada por ele anteriormente

Eu diminuí..., eu diminuí porque eu vi que <u>eu só tava</u> <u>tomando prejuízo</u>, (...) porque..., ela chamava a polícia (...) ela podia me estourar minha cabeça mas se eu desse um tapinha nela, era a razão pra mim tá preso... (...) Eu diminuí meu machismo porque olha dona... Kátia... mas às vezes o machismo é um pouco de ignorância também do... do povo, ignorância do homem (...) o machismo e a ignorância pode se dar a mão, porque é irmã... du jeito que... que... o cachorro tem o casal a cachorra, o homem tem a mulher, o cavalo tem a égua, a, a, égua, (ô meu deus do céu! eu esquec...) (...) porque o cara machista... o cara machão, ele não gosta de ficar por baixo (...) ele nunca leva desaforo pra casa (...) Eu diminuí porque... eu vi... eu comecei aprender... foi a vida que me ensinou (...) Foi ELA que me ajudou também, viu? A... BRABEZA dela, a BRABEZA dela... Falo: 'pô, se ela vem em cima de mim, eu bato nela... o que que acontece? eu só vô prejudicá mais ainda, eu só vou aumentá as coisa mais ainda'. " (grifos meus)

Relato 3

"Prá ser sincero... eu vou dizer, não tenho ciúme dela, <u>eu não sei se eu tenho ciúme ou... não sei se é machismo</u> <u>meu...</u>, eu num me acho um cara... esses tipos de mandão, a mulé tem que obedecer ele no pé-da-tetra... (...) Isso aí posso até que no começo do... do meu casamento com ela, de eu ter conhecido ela, possa até ser que eu exigi... mas eu não exigia comidinha pronta na hora (...) Eu exigi sim muitas coisas dela... ela saí pra casa de uma amiga, ela esquece da vida! Às vezes eu to lá em casa, (...) 'pó meu! já é dez hora da noite e essa mulher na rua', (...) 'MEIA-noite essa mulher na rua', meia-noite e vinte a mulher chega! Às vezes ela saiu, chegou daqui da casa dessa Lena aí, uma colega dela aí (...) Primeiro... incluindo tudo... <u>o errado eu sei que é</u> <u>sempre eu mesmo</u>. Eu com meus erro, (...) eu tô pagando, porque cabeça que não tem juízo o corpo paga, a memória paga, tudo paga. (...) Nesse trecho aqui, à noite,(...) mas aí

tem nego fumando basiado a dar com pau por aí... (...) a torto e a direito...(...) eu fico preocupado. Eu fico preocupado, pelo seguinte..., porque... porque lá naquela casa ali, onde eu moro com ela, já aconteceu muita briga entre eu e ela (...) briga de vagabundo chegar lá, e me ameaçar e praticamente pôr eu prá correr e ficar conversando com ela. Da prá acreditar?! (...) eu cismo... só cisma, porque eu nunca vi nada. (...) Um cachaceiro igual eu... tem... tem muita gente aí que gosta de se aproveitar da mulher... da da coitada, (...) vi muita gente com umas atitude dessa, só porque o cara é pinguço, chegava na mulher do cara, até ameaçar só para arrastá a mulher do cara, vagabundo! (...) Então isso aí é um medo meu, de alguém chegar e abusar dela, (...) soltá disrespeito com a minha mulher." (grifos meus)

Pode-se dizer que sobre cada período de seu casamento, dividido aqui entre antes e depois que ela começou a reagir a ele de forma contestadora, Paulo desenvolve duas visões diferentes. Sua narrativa, é lógico, insere-se dentro do segundo período, quando mais do que abandonar os valores e a visão que tinha de sua relação conjugal no período inicial, o que faz é, conjugar contraditoriamente velhos e novos valores, estes últimos adquiridos diante da *"vida"* e em especial diante da própria esposa – *"a brabeza dela"*. Assim então é que ele parece poder manter as duas versões.

No início do casamento, na sua visão, ele era o cuidador de sua companheira. Nesta lógica é que se diz (no relato 3) preocupado com a possibilidade de que alguém faça mal a ela, abuse sexualmente por andar nas ruas às altas horas da noite. É pertinente ainda pontuar que ele na época trabalhava, ajudando a prover satisfatoriamente a família. Este lugar de cuidador, e de responsável por ela, dar-lhe-ia o direito de impor limites e punições, estando os exageros ancorados na idéia de "ciúme", ou no fato de usar drogas e perder o equilíbrio (memória e controle das emoções) em função delas, ou por sofrer "alucinações"; argumentos de fato mais elaborados dentro do segundo período de convivência.

Nesta lógica da complementaridade (cuidador e cuidada), Paulo fala de Carla como uma boa mulher e mãe, que sabe cumprir o seu papel de preocupada com os outros. Mas ainda existe uma segunda versão sobre este primeiro período, sobre a qual pontuamos novamente que foi adquirida e elaborada, de fato, no segundo período de convivência. Ele era *"machista"*, *"nojento"*, *"exigente"*, *"mandão"*, *"o mais errado"* mesmo, o que também o é hoje, como confessa, mas menos – *"diminuí meu machismo"*. Portanto, podemos concluir que até certo ponto então Carla (M2) conseguiu sim promover uma mudança em seu companheiro, se não de atitudes, pelo menos de ponto de vista.

Nesse novo ponto de vista é que ele pode defini-la, no primeiro período, como uma *"mosca morta"*, uma *"lerda"*, enfim, uma pessoa submissa, e explicar a mudança como um aprendizado diante do autoritarismo e violência, ele diz que ela *"começou a saber agir"* e a ficar *"esperta"*, *"valente"*.

Por outro lado, a visão de Paulo sobre o segundo período mostra o quanto ele não mudou, conforme apregoa. Primeiro, ao falar da mudança de Carla, ele estabelece que ela passou de um extremo para outro; se antes era passiva, quase *"dependente"*, submetendo-se a ordens, agora é *"muito dona de si"*, e por conseqüência agressiva. Uma mudança que para ele se reflete na forma como ela lidava com sua sexualidade. De mulher de família a puta.

Acusando assim Carla, então, é que ele pode passar da autodefinição de *"o mais errado"* para novamente à idéia de homem/cuidador/provedor, que vai estar ligada à qualificação de *"excelente"*, escorregando para *"gostosão"* ou *"bom"* de cama, qualificação trazida no relato abaixo:

> *"Quando eu não bebo eu tô... eu, eu sei que <u>eu sou excelente</u>, eu sei, eu sinto dentro de mim (...) a senhora pode até pensar 'que nada... cê é um metido, cê tá querendo dar uma de metido.'*

> *(...) a Carla diz que eu sou metido, mas eu não me acho um cara metido. (...) Metido é... metido ao gostosão, metido ao bom! (...) não tem pobrema não eu falar isso aqui?... é*

*que eu podia sair com seis mulher na noite, numa noite só
(...) mas hoje em dia eu sou gostosão de outra maneira... eu
num... eu sou cara de pau! (...) Porque antes tinha até
vergonha (...) eu sou é homem, eu sou é homem (...)*

(Entr.: Homem pra você é o quê?)

*Homem pra mim é homem. (...) ele tem que gostá só do
que homem mesmo gosta... o homem macho gosta, é só da
mulé... (...) O homem que... que age certo assim com a família,
(...) responsabilidade, responsabilidade com a família, e
cuidá do serviço, a obrigação dele... e respeitá também né?...
respeitá o público... (...) Agora o seguinte, vou falar pra
senhora, se é uma mulher, se é uma mulher ali eu faço tudo
(...) faz de tudo quanto é maneira (...) <u>eu... exijo tudo dela...</u>
(...) desculpa, isso aí pra mim puxa quem escutá essa fita
(...)*

(Entr.: Como foi tua relação sexual com a Carla?)

*Ah... foi boa, eu fiz ela trepá nas paredes, eu quase que
mato a mulé, a mulhé quase que dá um creco nela lá, na
primeira vez, a segunda, a terceira... hoje em dia quando
eu faço relação com ela (...) Eu já chego, já pulo em cima.(...)*

(Entr.: E ela gosta?)

*Eu sei lá eu? Eu acho que ela gosta. Ela pelo menos
nunca reclamou não. Agora o seguinte, eu acho quem não
gosta muito sei lá eu acho que sou eu.”* (grifos meus)

Seu lado *“bom”* se refere à área sexual, mas contraditoriamente, como aponta Carla; ele agride a ela e a seus filhos de várias
formas: xinga usando palavras relacionadas a sexo, provoca de modo
erotizado, faz insinuações e acusações sobre o comportamento sexual deles.

Ele mostra então como ainda seu lado *“machista”*, no sentido
dado dele mesmo, basicamente definido como *“não gostar de ficar
por baixo, (...) nunca levar desaforo prá casa”*, mantém-se ainda

forte. No entanto, nota-se que sua autodefinição mais forte é a de *"metido"*, *"cara de pau"*, o que resume sua condenação ao seu próprio machismo, e ao mesmo tempo permite mantê-lo sob proteção das críticas. É interessante ainda ver que esta definição se aproxima da que elabora à sua parceira: ser muito *"dona de si mesmo"*, entender-se a dona da verdade.

Ele, portanto, também vai de um extremo ao outro, como condena sua esposa, se não nos comportamentos como Carla, na avaliação sobre si mesmo e sobre seus comportamentos para com ela, aspecto que será retomado após a discussão das narrativas de Carla.

A seguir são trazidos vários relatos de Carla (M2). O primeiro se refere às discussões entre eles no início do casamento, sobre o que fazer com a filha pequena (a primeira filha de ambos, a única na época) que tinha problemas sérios de coração. Os dois próximos relatos apresentam o exato dia em que ela marcou sua mudança de comportamento diante dele. Por fim, são trazidos relatos que mostram os novos problemas vivenciados dentro do período em que começa reagir.

Relato 1: o antes

"Desse tempo pra cá nós não se deu mais bem (...) Não, não pelo fato dela ter ficado doente não, é pelo fato dele ter aprontado muita coisa que ele aprontou, e acabou a gente, eu ter que trabalhar dobrado pra cuidar da menina, e a menina na mão dos outro acabou maltratada. (...) Então eu fico assim muito revoltada, muito admirada dele mesmo falar e apoiar a família dele dizendo que... mãe que tem amor no filho deixa morrer mais não entr ega pra estranho. (...) Então me magoou. De lá pra cá eu tomei raiva dele mesmo, foi onde eu comecei falar em separação... Já vai pra doze anos. Foi onde começou as agressão, porque... Toda vez que eu falo de separar é aquela agressão, é aquela estupidez, é ameaça de morte, É tudo, tudo que se pode imaginar o Paulo já fez. 'É outro homem', é dizer que eu tava..., se eu ia no médico, é dizer que eu tava dando pr o médico, era assim.(...)

Ele não olha o lado humano da pessoa, sabe? Ele só quer ver é malícia. <u>Ele é muito malicioso</u> (...) eu acho que pelas coisa que ele fala e faz <u>ele é neurótico</u>. Eu sofri um bocado... Depois que a Tatiane (filha) *foi embora* (morar na casa da madrinha*) aí <u>eu me deixei levar</u>, sabe? ...<u>ele fazia o que ele queria comigo</u>. E <u>eu aceitava, eu ficava calada, eu tinha medo dele, mas morria de medo dele</u>. (...) Depois quando eu tive a Maria aí <u>eu comecei a reagir</u>, sabe? A <u>abrir a boca, a partir pra cima</u>. <u>Se me dá eu dou também</u>, <u>se gritar comigo eu grito também</u>. Mas até então <u>eu era boba</u>, ele dava na cara, <u>era capaz de eu dar o outro lado e eu ficar quieta</u>. Sabe?"* (grifos meus)

Relato 2: o dia em que marcou sua mudança (2 aspectos da mesma situação)

"Aí a gente vem vindo pra casa, e ele parou pra conversar com um rapaz, na avenida (...) e falou pra mim assim: 'vai, andando'. E eu desci a avenida ainda... E aí como aquela entradinha ali era escura, eu fiquei em pé esperando ele, que ele falou assim: 'vai na frente e me espera lá em baixo'. Então eu esperei! O que que ele fez? Ele acabou de conversar com o rapaz, ele desceu por um trilho, e entrou dentro de casa (...) voltou onde eu tava, e eu lá em pé esperando ele, e ele falou: 'onde você tava?' eu falei: 'eu tava aqui te esperando', 'Não, mentira', 'ué, você não me mandou eu te esperar aqui?', 'Não, não mandei não'. Aí começou a discussão, eu falei: 'não é possível, você me mandou eu descer e te esperar no pé do morro, eu tô esperando', (...) (uma das casa que tinha assim na esquina era uma cerca de madeira e ao redor da cerca o home tava cavando um alicerce pra fazer o muro) ele pegô, foi enfiou as perna nas minha assim, e eu caí, dentro do buraco. E conforme eu caí, ele se segurou nas madeira assim e começou a pular em cima de mim. E eu não tinha como escapar porque eu só tava só com o braço solto e ele pulava nesse braço, e o outro dentro do buraco, sabe? Então ele pulava, ele pisava

*na minha cabeça, no meu braço, eu sei que eu fiquei toda
machucada. E eu não conseguia me livrar dele, até que teve
uma hora que eu consegui segurar o pé dele e puxei, quando
eu puxei ele caiu. Aí que eu consegui assim, sair daquele
buraco... Mas aí eu já tava toda machucada... eu fui embora
pra casa (...) Aí no dia seguinte de manhã, e ele não tava
bêbado nesse dia não, eu falei pra ele (...) 'você vai embora
porque eu não quero mais você morando na minha casa'.
(...) Quando eu falei assim, ele pegou, foi, catou a cabo de
vassoura (...) e veio, mandou com tudo no meu braço. Aí eu
abaixei, pus o braço, acertou o braço, né? ai como meu o
braço doeu!, eu abaixei a mão e ele acertou na cabeça, foi
onde eu peguei e fui e falei pra ele: 'cê num, num vai me
bater nunca mais, se você me bater vai ter troco'. Aí tinha
umas garrafa de refrigerante assim em cima da mesa, aí eu
catei a garrafa e... abri a cabeça, sabe? ele desmaiou lá no
chão. Aí o vizinho catou ele e levou no pronto-socorro, eu
nem vi. Aí ele veio e falou que ia me processar, porque eu
tinha aberto a cabeça dele. Aí eu peguei e falei assim: 'bom,
a justiça foi feita pra todos, né? vá lá e me processa.' (...)
'de hoje em diante vai ser assim: se você vir pra cima de
mim eu vou revidar, aí quem tiver a garganta maior vai
engolir o outro. Não é assim que você gosta? Então vai ser
assim'.*

*Então daí pra cá ele já não vinha assim pra me bater,
em MIM, sabe? Ele tinha uma mania de tomar uma distância
de mim e me tacar pedra, tijolo. (...) Outra vez também ele
me quebrou o braço, na porta do trabalho (...).*

*Ele desconfiava de mim, me agredia, e depois queria
dormir comigo... a gente brigava muito por causa disso. (...)
eu falei com ele que ele não dormia mais comigo, eu cheguei
até a abrir a cabeça dele, dele ter que ir pro hospital levar
ponto, sabe? Foi uma confusão, que eu falei que não dormia,
não dormia. (...) Eu pus as criança* (riso) *pra fora, mandei ir
pra uma igreja, (...) Aí esse dia nós sentou, eu falei: 'agora
nós se mata aqui, não tem criança, não tem nada'. Chegou*

lá no hospital, mentiu, diz que caiu, hum!, a porta na cabeça dele, que ele tava arrumando. Voltou pra casa, continuou brigando, eu parti pra cima dele de novo."

Relato 3: a situação depois da mudança

"Eu xingava ele até... brigava, sabe? Mas depois quando eles vinham falar 'pô, cê viu o que que o pai fez? Pai falou isso, isso, isso de mim'. Eu falava: 'pois é meu filho, só que você NÃO É; então deixa ele falar o quanto ele quiser, porque ELE é o sujo, você não ; ele tando falando isso ele é o sujo, você não é'. Entende? Mas eu não podia dizer, 'ele é um sem vergonha mesmo, ele é um safado', sabe? (...) Eu nunca joguei nenhum dos menino contra ele.

Quando a Ana (filha mais velha) abriu a cabeça dele, eu falei: 'não, você não precisa se preocupar não, se apavorar, você não teve culpa, aconteceu, e ele te provocou muito, eu vi' (...) eu não podia falar pra ela: 'você tá certa de ter aberto a cabeça dele'. Eu também não podia fazer isso.

Chegou um ponto que teve época que eu mentia pra ele, sabe? (...) E a gente passa a se sentir mal, ficar mentindo.

Eu me sentia muito mal, porque... as criança acabavam falando pra mim: 'dá mãe, um prato de comida a ele', sabe?, e eu acabava dando. (No período em que já havia expulsado Paulo de casa.)

Antigamente ele brigava pra não sair, hoje ele pede pra MIM ajudar ele a sair, entende? (...) eu falo 'estranho', mas ele foi uma pessoa assim... muito dependente, muito dependente mesmo... ele arrumou a primeira namorada (...) a moça engravidou (...) arrumou casa pra moça morar, mas ele não morava na casa, ele morava co'a mãe, entendeu? Era assim, muito grudado co'a mãe. A mãe morreu!, uma semana depois ele largou da moça, e foi morar co'a irmã, *sabe? (...) Quando ele saiu da casa da irmã dele pra morar comigo, ele ficava dois dia em casa, dois dia na casa da irmã dele... Quando ele veio pra casa, que ele ficou assim de vez... ele ficou dependente, eu senti que... ele é dependente de qualquer pessoa, não é só eu não. (...) ele tem falado pra mim que ele... que ele precisa de ajuda pra sair, entende?, ele tem ido sim na panela pegado comida, pra comer, e eu tenho evitado negar.... (...) Porque, se toda vez que eu negar um prato de comida pra ele, ele for sair pra rua e encher a cara, aí é nós que não vai ter sossego. (...)*

É que eu penso assim, Kátia, eu não queria..., não é só por causa das criança não, é por causa de mim também, eu num queria assim... que ele fosse embora, que a gente se separasse..., assim, com aquela coisa que ferro e fogo... Eu, eu num..., imaginava a minha separação com Paulo assim, ele na dele, eu na minha, se a gente precisasse assim dá um apoio prum filho, uma força, se ele pudesse dar ele dá, se entende? Essas coisa. Eu sei que é meio difícil ele fazer isso aí, mas eu imagino isso... Porque as coisas entre nós virou uma guerra, entendeu, que: 'você vai', 'não, eu num vou', 'você vai', 'não, eu num vou', ou 'eu vou mas voltei', entendeu? (...) eu queria que fosse uma coisa assim: que... ninguém vai prejudicar ninguém com isso." (grifos meus)

Pode-se dizer que Carla desenvolve uma linha de estória mais coerente que João, o que lhe garante promover a separação entre eles, mesmo que difícil e longa; há 6 anos mora em outra casa com os filhos, tendo o companheiro, a contragosto, sempre ao redor deles, às vezes dentro de casa. Mas, nos relatos 3, fica evidente que existem pontos de interpretação que mais a fazem produzir comportamentos contraditórios do que trilhar com clareza o rumo proposto.

Do lugar de oprimida, desvalorizada, agredida, passiva e submissa, nos seus termos *"boba"*, *"quieta"*, *"capaz de dar o outro lado"* da face ou *"medrosa"*, ela teria passado primeiro a ter *"raiva"*, *"mágoa"*, começando a se contrapor às ordens e àqueles comportamentos dele de que não gostava. Interpretando desta forma pôde aplicar de outro modo seus valores democráticos. Se antes, como seu pai ensinava, vivia sob a lei de que era preciso conversar ao invés de agredir[45], na nova fase admite que é preciso impor suas idéias através da agressão, já que não quer ser vítima. Foi tentando preservar suas idéias democráticas que ela procurou manter os filhos longe das brigas do casal, no sentido de pô-los longe dos sentidos e valores ali produzidos, até mesmo por ela, como confessa.

Na busca pela igualdade – "*a justiça foi feita pra todos*" – passa à proposta de produzir a mesma atitude que ele: o confronto como sobreposição ao outro; ela diz: "*quem tiver a garganta maior vai engolir o outro*". Antes desta frase, ela lançou a proposta de separação, que seria substituída pelo convite a um duelo entre eles, em busca do mais forte, do vencedor. Ela diz: "*as coisas entre nós virou uma guerra*". Como com os outros casais discutidos, então, a defesa transforma-se em ataque; a defesa que nasce em busca da igualdade é usada para produzir desigualdade, mudando apenas quem estava por baixo. Assim, mais do que diferenciar-se de Paulo (H2), o que Carla (M2) faz é incorporar valores dele: agora, como ele, ela também "*não gosta de ficar por baixo, (...) nunca leva desaforo pra casa*" (frases dele).

Tem-se, então, que este casal não estabelece mais uma relação em que um manda e outro se submete, mas cada um tenta espelhar as atitudes do outro. Tornam-se atuantes valores voltados à preservação da integridade de cada um e de seu ponto de vista, não havendo uma proposta de manter a família íntegra a qualquer custo, mas a proteção do indivíduo. Nesta direção há mudanças no sentido atribuído aos fatos, ao longo do tempo.

Paulo parece só se definir como "*machista*" no período em que Carla já pode "*respondê-lo*", o que mostra ter ele se apropriado dos

---

[45] Ela conta, entre outras tantas situações: "*a gente* (ela e seus irmãos quando crianças) *pintava: tinha um vizinho que (...)a gente chegava lá na parreira dele e arrancava as uvas verdes todinha do pé, sabe?,pra brincar... (...) Então, meu pai sentô com a gente, começou a falar, sabe?, aí ele falava que quando era criança, que ele também pintava o diabo, ele apanhava pra caramba da mãe dele, do pai dele, e ele não queria bater n'agente não, porque ele achava que não era por aí.*"

novos valores usados por ela. Mas não pára de agredi-la e sim defende que suas ações decorrem da agressão dela. Assim, para ele, se antes havia a intenção de dominar, para preservar a dinâmica conjugal, agora existe defesa pessoal. Seu argumento parte agora também daqueles valores que ela traz para modificar a ordem instituída entre eles.

Em suma, os novos valores adquiridos/usados não ajudam Paulo a abandonar velhos comportamentos, mas a produzir novos, como mostrar-se arrependido. A conjugação contraditória pode ser feita porque a apropriação se deu através da idéia de valorização de cada indivíduo, quando suas tentativas de autodefesa transformam-se em ataque, até porque aproxima-se e muito dos velhos valores *"machistas"* de *"não querer ficar por baixo"* ou *"levar desaforo pra casa"*, porque é *"homem"*, que se alia ao argumento: porque é gente, um indivíduo com direitos (*"eu não era obrigado a ficar agüentando os nevorsinho dela (...) do jeito que ela não era abrigada a agüentar o meu"*).

Mas Carla também, a partir do período que começa a *"reagir"* ao seu companheiro, pôde promover mais comportamentos contraditórios do que uma direção coerente que lhe libertasse daquela relação violenta.

Revendo sua história vemos que os conflitos conjugais não começaram de fato a partir do dia em que marcou sua mudança de comportamento diante dele – a partir do dia em que começou a agredi-lo também – mas na época em que a filha deles estava doente, quando tornou-se claro para ambos, ou melhor, quando estabeleceu-se as diferenças entre eles. Carla, sozinha, tomava a decisão de entregar sua filha aos cuidados de outra pessoa, contrapondo-se a ele, embora sua atenção estivesse voltada a proteger sua filha. Mas, logo a seguir, promovia sua submissão às vontades dele em outras questões, parece que em função de tentar provar que ele estava errado ao defini-la como uma mulher fora do padrão que ele julgava. A partir de então é que parecem surgir, junto com o movimento em direção à independência de Carla, as ordens e agressões de Paulo, que, mais tarde, seriam ampliadas com as marcas cada dia mais visíveis do confronto mútuo.

Carla então se perderia na sua proposta de igualdade de outra forma ainda: formula às vezes uma relação de "*ajuda*", na medida em que acha seu quase ex-parceiro "*muito dependente*". Nota-se que de "*malicioso*", "*agressivo*", autoritário, ele se torna alguém que precisa de ajuda. O problema é que a relação de ajuda é aceita por ele, como se ele estivesse sendo aceito de volta, mas na verdade é proposta por ela para que ele saia de casa. Seus argumentos para promovê-la mostram sua contradição: ela explica (nos relatos 3) que a produz tanto 1) em virtude do medo, ou de precisar desesperadamente de momentos de paz, quando coloca-se então como vítima; ou 2) porque propõe para si mesma abandonar aqueles comportamentos que tanto condena em Paulo, quando coloca-se como a vilã, deixando margens para então desculpar de antemão seu companheiro.

A interpretação de Paulo sobre ela mostra como a configuração da relação não ajuda, promove a separação entre eles, como ela queria:

> "*eu sinto isso, quinze anos vivendo com ela eu sinto isso, que ela (...) <u>não quer se separar de mim.</u> O que ela qué mesmo, a esperança dela é.., é... o que todo mundo qué, ser feliz e ter paz, e isso que... eu não tava fazendo por ela, eu tava tirando a paz dela... bebendo direto, fumando maconha, (...) e... esquecendo de viver a minha própria vida, (...) já não agüentava fazer mais nada... por causa daquela ressaca braba..., então que quer dizer que pra melhorar <u>tem que... tomar outras pinga pra melhorar a ressaca</u>, então (...) já não ia me empregá (...) e isso fez com que ela perdesse a esperança...*"

O que se começa a levantar aqui, como aspecto ainda pouco discutido sobre a problemática em questão, é que na medida em que se quer (se tenta) abandonar, principalmente da parte das mulheres, o posicionamento "passivo", onde ouve-se apenas com o ponto de vista do outro e falava-se apenas usando o ponto de vista do outro, as personagens têm passado para um outro posicionamento, que mais do que diferenciar-se dos seus companheiros, tem se assemelhado a eles em alguns aspectos; e mais: têm ajudado a transformar e complexificar, porém não extinguir, os argumentos pelos quais seus parceiros continuam a agredir/violentar.

O resultado então é a perpetuação da agressão física masculina, bem como a inclusão de comportamentos agressivos da parte das mulheres, e, ao mesmo tempo, a não superação definitiva da convivência de complementariedade submissão-posição de mando, como já desejam ambos os parceiros depois de tantas mudanças.

RETOMANDO A POLÊMICA TEÓRICA

a) PATRIARCADO versus/e INDIVIDUALISMO, FOCO NO COLETIVO versus/e FOCO NO INDIVÍDUO; ou, Quais as visões de mundo que legitimam o exercício da violência?

A discussão teórica é retomada aqui com o uso das categorias "dentro do gênero" e "fora do gênero" de Saffiotti e Almeida (1995), relacionando a segunda ao que define-se aqui como o confronto de todas as mulheres deste estudo aos seus parceiros.

Saffiotti e Almeida (1995) constroem a categoria "fora do gênero" ancorada na contraposição à idéia de submissão da mulher e, portanto, na crítica ao "patriarcado". Estar "dentro de gênero" é, segundo as autoras, para as mulheres manterem o lugar de submissa e desvalorizada e ainda preocupada sobretudo com os outros; para os homens é manter a forma de julgamento através da racionalidade e sobretudo buscar o lugar de mando. Estar fora é desenvolver outras formas de lidar com as pessoas e outras percepções do mundo diferentes desta primeira. Gênero é um conceito, de fato, mais amplo e mais dinâmico do que patriarcado, na medida em que ancorado em uma abordagem relacional, moldando um olhar menos universalizante, mais voltado a apreender o que há de específico em cada cultura e época. Como já discutido, Saffiotti tem recebido críticas no sentido de que aplica e desenvolve o conceito de gênero de forma a essencializar os atributos masculinos e femininos, de forma a universalizar, tal como o conceito de patriarcado, as características das relações entre homens e mulheres. Mas, embora a crítica seja pertinente, admite-se que a análise via estas categorias ajudou a dar visibilidade às contradições das mulheres, modificando sua imagem de um ser passivo que apanha do marido, aspecto básico do segundo modelo explicativo sobre a violência conjugal. O uso destas categorias parece poder desenvolver ainda o que é pouco explorado nas críticas à Saffiotti e ao modelo explicativo da problemática que ela representa, qual seja: uma análise voltada a reconhecer os valores culturais que legitimam a violência conjugal.

Em virtude de análises de Heilborn (1991, *apud* d'Oliveira, 1996) sobre o porquê se estaria assistindo, nas sociedades contemporâneas, a movimentos de contestação sobre o que foi estabelecido como masculino e feminino – em especial o movimento feminista, e portanto, um movimento de não-violência contra a mulher – traz-se uma outra categoria aqui para ajudar na tarefa de definir com mais clareza o que é estar fora do gênero. A autora coloca que o que torna possível o surgimento destes questionamentos é o *individualismo,* porque lhe está embutida a possibilidade de uma igualdade indiferenciada entre as pessoas.

Heilborn apóia-se em Dummont, que estabeleceu diferenças nítidas entre culturas usando a dupla de categorias *indivíduo* e *coletivo*. Ele comparou primeiro a cultura hindu com a das sociedades ocidentais modernas, apreendendo que a primeira, baseada em castas, valoriza os indivíduos a partir de uma inserção no coletivo, enquanto as segundas estão voltadas a visualizar as peculiaridades das pessoas. Assim, pode-se falar de sociedades que caminham para extremos opostos: é como se umas tivessem um olhar mais holista, enquanto outras algo que se direciona para as partes do todo. O primeiro olhar constrói sua organização social em torno da hierarquia, portanto da diferença entre os indivíduos, que são valorizados na medida em que mantém a unidade do todo. Enquanto o segundo, entendendo o indivíduo como uma unidade da natureza e portanto como se fosse autônomo, constrói a possibilidade de uma igualdade entre os indivíduos.

Como Velho (1981) e Heilborn *(id.)* apontam, usando o recorte de Dummont, nossa sociedade de fato desenvolve os 2 enfoques. Aliás, Velho, relativizando os achados de Dummont, defende que a ambigüidade individuação-totalização é condição básica do ser humano vivendo em grupo. Um dos exemplos dele sobre a sociedade ocidental é que cada indivíduo tem, no mínimo, dois nomes; um primeiro que se refere à particularidade de cada um (se não for uma homenagem a outra pessoa), enquanto os próximos correspondem à inserção do sujeito em uma família. Já Heilborn marca a convivência entre individualismo e holismo nas sociedades modernas ocidentais comparando a convivência cotidiana de um lar privado, marcada ainda pela hierarquia e pela idéia de complementaridade de gênero, com aquela do mundo público onde, em tese, todos seriam indivíduos iguais, com os mesmos direitos e deveres. Para ela, a interpenetração contemporânea dessas duas matrizes, sobretudo através da pu-blicitação do privado, tornam mais intensos os questionamentos do individualismo em contextos de flagrante desigualdade.

Se relacionamos a categoria "dentro do gênero" com "patriarcado", um conceito que remete à organização hierárquica, podemos aproximá-la da categoria "foco no coletivo", complementaridade de indivíduos desiguais. Assim, por sua vez, a categoria "fora do gênero", (pelo menos quando vem como contraposição a "dentro do gênero") pode ser relacionada a "foco no indivíduo", e à proposta de uma igualdade indiferenciada entre os indivíduos. Essa associação é legitimada ainda a partir de autores como Barsted & Alves (1987) e de novo Heilborn (1996) por chamarem a atenção para o fato de que o movimento feminista tem como um dos pilares de fundação o *individualismo;* e por outro lado por autores como Bonetti & Wiggers (1999) que relacionam os movimentos socias e políticos contra violência ao *individualismo.*

Com esta comparação podemos voltar às narrativas colhidas neste estudo a fim de identificar a partir de qual dos pólos a violência é legitimada ou afastada. Lembramos que para Saffiotti & Almeida (1995) a violência masculina é perpetrada porque o homem está dentro do gênero, por isso defendem que sua violência é perpetrada a fim de dominar, para manter a hierarquia onde ele está na posição superior; enquanto a mulher ora se submete a ela por estar dentro do gênero, e ora busca defender-se dela, às vezes com agressões físicas como o homem, mas com a finalidade de buscar a igualdade, por estar fora do gênero. As autoras ainda trazem uma outra explicação: a de que a violência masculina se dá mediante a contestação feminina de fora do gênero; o que aproxima-se das conclusões levantadas no tópico anterior. Mas, como já discutido na introdução, essa segunda argumentação das autoras não se articula com as primeiras mais acima, sendo a pouca clareza sobre o que é estar "fora do gênero" o maior entrave que impossibilita esta articulação. Por que e como as autoras determinam que o homem não está fora do gênero? A violência masculina não poderia ser perpetrada da posição de fora do gênero?

Todos os homens deste estudo produzem argumentações que seguem os valores morais tradicionais de gênero: incentivando (em 2 casos impondo), segundo suas esposas, para que elas se envolvam mais com o cuidado da casa e filhos do que com o trabalho remunerado ou até com os estudos. Pode-se defender que sob este aspecto eles têm um olhar focado no coletivo, na preservação da família, na comple-mentaridade entre eles e suas esposas. Olhar este, como bem aponta Saffiotti & Almeida (1995), que acaba por legitimar a violência, usando do argumento de que a violência é usada como uma forma de educação. As frases de João Pedro (H4) são as mais claras nesta direção: *"a gente ia tentar ter uma relação, ela (...) dava uma de dura. (...) uai!, trabalho, ponho de tudo dentro de casa (...) E pra quê isso?"* Já Dora (M3) conta como percebe que André (H3) investe em comportamentos que indiretamente a mantém em casa e sem trabalhar fora, como já discutimos. Paulo (H2) admite ter sido *"machista"*, *"mandão"* e o quanto precisa mostrar que é homem, tendo relações sexuais abundantes, fora do casamento, sem aceitar que ela faça o mesmo, bem como impondo que ela mantenha vida sexual com ele.

Mas, podemos ver também, usando o recorte indivíduo X coletivo, e deixando de lado por enquanto a discussão dos significados sobre o que é ser homem e ser mulher, que esses mesmos homens compõem explicações sobre as situações que vivenciam, e ainda argumentos sobre os atos violentos que perpetram contra suas esposas, seguindo argumentos a partir do foco no indivíduo e/ou da proposta de igualdade. A narrativa de H1 (Raimundo) – o único homem da qual ainda não havíamos trazido nenhum relato seu – mostra claramente que ele tem um discurso psicologizado, uma das marcas do individualismo, como apontam Velho (1981) e Gergen (1994):

"Pra abraçar a minha mãe <u>eu sinto muita vergonha</u>, porque a gente foi criado desse jeito... ela mandava trazer no cabresto mesmo. (...) <u>eu sou muito carente</u>, (...) eu vim a conhecer a Marta (...), <u>sempre eu fui r omântico (...)</u>, fiquei todo feliz (...), eu achava que Deus realmente tinha mandado ela pra mim e que seria a pessoa certa <u>pra mim poder ser feliz</u>... eu já havia <u>sofrido</u> muito... naquele momento eu senti <u>aquela emoção tão grande dentro de mim</u>... e <u>falava dentro de mim mesmo</u>: '(...) <u>então eu vou lutar com tod'as garra'</u>." (grifos meus)

João (H4) tem um discurso também centralizado em si, nos seus sentimentos, suas necessidades e explica seus comportamentos agressivos a partir de problemas emocionais:

"Eu falei pra ela: 'eu não quero perder mais ocê', sabe?, é '<u>eu não sei mais o que eu tô fazendo</u>! (...) Daí nós conversou, tudo, parece que Deus tirou <u>aquela coisa tão ruim de dentro de mim'</u>."

André (H3), de alguma forma, também se refere ao indivíduo como uma unidade com complexas dinâmicas internas, só que através de argumentos sobre a biologia do seu próprio corpo e mente:

"É a cabeça que domina, influi muito no comportamento d'agente. Você vê uma falta de dinheiro ali (...) Isso aí vai se acumulando e repassa pro corpo inteirinho... (...) você fica (pô) mais agressivo."

A diferença entre André (H3) e os outros homens deste estudo é que consegue olhar a companheira sob o mesmo prisma e desculpá-la de seus atos agressivos contra ele. Mas seu argumento mais contundente, porque repetido, aproxima-se do de Paulo (H2), de que a violência perpetrada por eles é uma autodefesa em busca da igualdade. Lembremos que a igualdade é um dos grandes temas do individualismo, embora não consiga implementá-la de fato.

André (H3): *"E se levou um tapa meu uma vez (...) <u>é que houve uma agressão por dela também</u>, né?"*; e; *"eu falei: 'vai lá Dora, arruma, cê quer um desquite (...) mas tem que* *pensar bem (...)' Eu não vou obrigar ninguém a ficar comigo, né?"* (grifos meus)

Paulo (H2): *"Eu não sou nenhum santinho, mas (...) eu não era obrigado a ficar agüentando os nevorsinho dela (...) do jeito que ela não era obrigada a agüentar o meu nervosismo."* (grifos meus)

Entre esses dois homens salta aos olhos a diferença no que se refere a como construíram a proposta de igualdade. André orgulha-se por ser um homem diferente do padrão, na medida em que controla seus impulsos sexuais e não a agride quando ela propõe o divórcio. Já Paulo (H2) quer ter o papel de provedor e sobretudo ser respeitado como homem, para ele um ativo sexual, na sua honra de *"não levar desaforo pra casa"*. Temos então que o primeiro mantém seus comportamentos agressivos para com ela de fora do gênero, enquanto o segundo, mais do que abandonar os sentidos dentro do gênero, consegue compor argumentos que unem sentidos dentro e fora do gênero.

Deste ponto voltamos à discussão a partir do gênero. Pelo que vemos acima, apreendemos que o foco no indivíduo como se este fosse composto por uma dinâmica interna autônoma, e/ou a proposta de igualdade, não se relaciona necessariamente com a categoria "fora do gênero". Para resolver esta incongruência voltamos a Giddens (1993). Lembramos que ele explica a violência masculina não pelo viés da hierarquia (patriarcado), mas pela construção da identidade de gênero na modernidade, no individualismo, portanto. Ele afirma que, no momento atual, ela é muito mais fruto da insegurança masculina diante das mulheres, do que uma tentativa de oprimi-las. A narrativa colhida neste estudo que evidencia com mais clareza esse aspecto é a de João diante de sua companheira (Sílvia, M4): *"você não gosta mais de mim, né? (...) Fala, é ou num é?"*

Não que os moldes de convivência hierarquizados/patriarcais já tenham sido abolidos em nosso meio, o que já se encontra em um estado mais avançado no mundo inglês de Giddens, mas as falas dos homens deste estudo mostram o quanto ao invés de almejarem a superioridade diante das mulheres, já lhes basta estabelecer a igualdade, agora que se sentem inferiores, dependentes emocionalmente. As atitudes autoritárias partem, pois, mais do foco no indivíduo do que no todo, no coletivo.

A primeira conclusão a que se pode chegar então é que estando uma pessoa em busca da igualdade sob os argumentos focados no indivíduo, tal posicionamento não a impede de produzir comportamentos violentos. Neste ponto é que podemos discordar da concepção de que as mulheres só agridem por autodefesa. Não é exatamente assim que os homens majoritariamente interpretam seus próprios comportamentos? Assim, defende-se aqui que estar "fora do gênero" não garante a produção de relações não-violentas.

Passemos a discutir autores que ajudam a explicitar como a violência/agressão pode ser perpetrada a partir do foco no indivíduo, deixando de lado a produção da violência através da lógica holista, da complementaridade de gênero.

Um dos temas por excelência nesta direção é o da autodefesa, que Heilborn (1991, *apud* d'Oliveira, 1996) esclarece em sua referência ao movimento político feminista. Ela aponta que sob a matriz simbólica do individualismo o feminismo corre o risco de escorregar em uma defesa unilateral de "direitos individuais" de pessoas autônomas, perdendo os vínculos ou relações com o restante da sociedade.

As reflexões do escritor russo León Tolstói (1994, original de 1893), que viriam a influenciar Gandhi na Índia no início do Século XX, exemplificam como isso se dá, fazendo com que este, ao defender a "doutrina da não resistência ao mal com a violência" gastasse páginas e páginas de seu livro "O Reino de Deus está em vós" atacando os argumentos em prol da formação dos exércitos nacionais para defesa da nação estado, como se essa fosse uma unidade independente/diferente das outras, um conjunto de indivíduos com direitos iguais e respeitados. Tolstói mostra que o exército serve para promover a opressão de uma nação sobre a outra, não seguindo o argumento de que só age mediante o ataque, de outra nação; na verdade o que o exército faz é proteger os interesses dos governantes, em detrimento dos do povo (mais especificamente em detrimento da vida dos soldados). O argumento, então, de que se deve usar de violência para combater a violência nada mais é que uma proposta de igualdade inconsistente e sem mérito, porque retira a possibilidade de olhar para o outro como compondo o coletivo: "o Reino de Deus".

É Gergen (1994), um dos maiores críticos atuais do individualismo, que consegue agregar argumentos para explicitar quais suas conseqüências. Vale a pena trazer suas palavras:

"De início, a crença no individual contido em si mesmo[46] (...) legitima uma preocupação preeminente com a própria condição privada de cada um – começando com o estado de conhecimento de cada um e prosseguindo através de temas relacionados aos direitos, necessidades, prazeres e metas próprias de cada um. Apoiados pela teoria de Darwin sobre a sobrevivência das espécies, o que nós devemos questionar de algum projeto é como o si mesmo é afetado: 'como ganho ou perco?' Outros indivíduos podem ser considerados, mas somente se suas ações afetam nosso próprio bem-estar. Deste modo, a atenção voltada para o indivíduo pode favorecer o altruísmo, mas somente se houver um lucro positivo para o si mesmo. A cultura do narcisismo de Chistofher Lasch (1979) encerra talvez o estado mais condenado da atitude 'eu-primeiro' engendrada pelo impulso individualista. Para Lasch esta orientação reduz para relacionamentos emocionais e intimidade sexual triviais (carregado por 'faça eu me sentir melhor'), para uma pesquisa interesseira (conduzida por 'ajude minha carreia'), para o discurso politiqueiro (fechado no 'ajude-me a ganhar').

Intimamente relacionado com esta trivialização, a ideologia do individualismo também gera um senso de independência fundamental e de isolamento. Para o individualismo, as pessoas são entidades limitadas conduzindo vidas separadas em trajetórias independentes: nós nunca podemos estar certos de que alguém nos entende, e deste modo, que eles podem se preocupar profundamente conosco.(...) E por que deveriam tais investimentos ser

---

[46] sua expressão: *self-contained individual*

persuadidos quando eles restringem a liberdade individual de alguém? Bellah e seus colegas (1985), juntamente com psicólogos Sarnoff e Sarnoff (1989), têm chegado à conclusão que instituições tais como comunidade e casamento são profundamente ameaçadas pela perspectiva individualista. Se alguém acredita que a unidade central da sociedade é o self individual, então os relacionamentos são, através das perspicácias da definição artificial, antinaturais e alienadas. Por esta implicação eles devem ser construídos, educados e 'trabalhados'. Se cada esforço evidencia-se pessoalmente como árduo e desagradável, então este alguém é convidado a abandoná-las e retornar ao estado nativo de isolamento.

As análises da sociedade são também referentes aos efeitos da ideologia individualista no bem-estar coletivo. Clássicas são as análises de Hardin (1968) sobre os altos custos da racionalidade individual. Como ele demonstra, se cada indivíduo agir para maximizar ganhos e minimizar custos, as conseqüências em toda a parte para a sociedade podem ser desastrosas (...)

Finalmente, nós devemos questionar se uma ideologia individualista pode guiar-nos para um futuro seguro. Como MacIntyre (1981) argumenta, não há razões porque alguém compromissado como o individualismo dever prestar atenção às 'boas razões' dos outros. Se o indivíduo deve 'escolher o que ele ou ela crê ser bom e certo'– como a perspectiva individualista favorece – então alguma visão oposta constitui-se como frustrações e interferências. Prestar atenção à oposição é abandonar a integridade de alguém. Em efeito o individualismo promove conflitos intermináveis entre desempenhos morais e ideológicos incomensuráveis. Todas as culturas do mundo estão ameaçadas através do já crescente contato de uma com as outras, problemas de cooperação internacional são já expandidos, e ferramentas para a destruição em massa são ampliadamente efetivadas.

Tal mundo da mentalidade individualista – um contra o outro – possui um perigo substancial." (Gergen, 1994: 212-3, livre tradução.)

Já discutindo especificamente as relações afetivo/conjugais entre homens e mulheres, só no Brasil, vários autores têm pontuado como a busca por igualdade entre os sexos a partir do foco no indivíduo, tem levado a mais conflitos do que à pacificação. A facção psicanalítica, como, por exemplo, Prado (1996), através do seu texto *"Introdução aos Quiproquós Conjugais"*, tem desenvolvido explicações em torno do conceito de "preservação narcísica" e "identificação projetiva"[47], legitimando, mesmo que não seja esta a intenção, a discussão sobre as conseqüências maléficas do individualismo, do foco estabilizado no indivíduo. Já a psicanalista Rita Kehl (1996) concentra-se por explicar os problemas atuais nas relações entre homens e mulheres através do eixo igualdade e diferença, por onde vemos que a conquista feminista de uma certa igualdade e indiferenciação entre os sexos também tem sido problemática. Suas palavras:

---

[47] Ela que explica que o conceito psicanalítico de *"identificação projetiva"* corresponde a projeção no outro (objeto da projeção) de características baseadas nas necessidades pessoais do próprio sujeito, não levando em conta o caráter real do outro. Assim o sujeito se identifica com o outro a partir de sua própria percepção do outro, ou do que o outro lhe provoca, sendo que esta percepção é sempre uma distorção da realidade. A identificação projetiva ocorre numa expulsão dos afetos e das representações desprazeirosas, projetadas no outro, na tentativa de *"preservação narcísica"*. Desta forma, o movimento de procurar a felicidade com a união conjugal está ligado inbrincadamente a reedição dos conflitos primários e a tentativa de resolvê-los, assim *"questões não resolvidas ou mal resolvidas se reeditam na conjugalidade em busca de soluções"* (Prado, 1996: 19). Mas, *"a ilusão de constituírem um casal parece só poder se manter através do silêncio,* [no que podemos dizer também da violência] *já que a perda e o luto não podem ser vivenciados por propiciarem o surgimento de sentimentos persecutórios, acarretando um reforço da identificação projetiva do ódio, insustentável como parte de si mesmo"* (Id.: 22). É que quando o sujeito começa a dar conta de que suas percepções do outro eram equivocadas, não consegue concebê-lo assim, o que entende é que o outro o traiu. Com o tempo, através de *"decepções mútuas e acumuladas, cada qual passa a se sentir credor, ao mesmo tempo que injustamente devedor. Assim acumulam-se as queixas e as decepções, aumentam as confusões, que se somam à desilusão de, mais uma vez, não se ser atendido nem compreendido, em termos absolutos: a culpa é do outro. Desta forma, observa-se a prevalência de relações objetais narcísicas, em que se confunde unidade com união. Na fantasia, o desejo do casal parece ser o de afirmar uma unidade fusional total e de negar que há uma união entre dois seres. (...) O relacionamento tem sede de absoluto, é tudo ou nada, sem as amenizações da relativização e dos possíveis acordos"* (Id.: p.22-3)

"(...) As novas identificações (mesmo de traços secundários) feitas pelas mulheres em relação a atributos que até então caraterizavam os homens, não são meros disfarces: são aquisições que tornaram a(s) identidade(s) feminina(s) mais rica(s) e mais complexa(s). O que teve, é claro, seu preço em intolerância e desentendimento – de parte a parte. Aqui tomo emprestado um conceito de Freud no 'Mal-estar...'[48], sem ter se estendido mais sobre ele. Neste texto ele cunhou a expressão 'narcisismo das pequenas diferenças' tentando explicar as grandes intolerâncias étnicas, raciais e nacionais (...) É quando a diferença é pequena, e não quando é acentuada, que o outro se torna alvo de intolerância. É quando territórios que deveriam estar bem apartados se tornam próximos demais, quando as insígnias da diferença começam a se desfocar, que a intolerância é convocada a restabelecer uma discriminação, no duplo sentido da palavra, sem a qual as identidades ficariam muito ameaçadas." (Kehl, 1996, p. 26)

Mas este texto ainda fala mais, o que passamos a usar dentro do próximo tópico.

B) CONTRADIÇÕES E VIOLÊNCIAS; OU, PORQUE A RELAÇÃO É MANTIDA APESAR DO SOFRIMENTO? E O QUE É VIOLÊNCIA EM UMA ABORDAGEM RELACIONAL?

Kehl (1996) ainda levanta no texto acima a presença das contradições, como toda a facção psicanalítica. As contradições surgem dentro do processo de mudança conduzido pelas mulheres. Entende-se aqui, apoiando-nos nesta autora, que, a partir da busca de igualdade entre os sexos iniciada pela mulher, o homem tende a se apegar nas diferenças que ainda lhe sobram para manter aquela relação na qual sabia como lidar com ela – a relação em que as diferenças eram

---

[48] Freud, "El malestar en la Cultura", in: Obras completas. Madri: Biblioteca Nueva, 1976.

bem-estabelecidas através da hierarquia –, mas nesse movimento (nesta mudança de padrão relacional) ele já não é mais o mesmo. Já com a tentativa do homem de manter as diferenças a mulher volta a tentar se igualar a ele no que assume a mesma atitude confrontativa que ele, mas aí sua proposta já está modificada, se é que esteve clara para ela mesma. Ou seja, não há mais a clareza sobre o que se discute: a igualdade ou a desigualdade entre os indivíduos, há "mínimas diferenças".

No referencial da antropologia, Salém (1989) e Vaitsmam (1994), a partir de estudos de casais que vivem intensamente os valores do individualismo, também é mostrado como as contradições entre valores novos e antigos moldam os conflitos. Salém (1989), sugere que as pessoas estudadas por ela estruturam suas modalidades de ser e de estar dentro da relação conjugal a partir de 3 princípios básicos; já ressaltando que estes constituem-se mais em nível da representação, do ideal, do que na prática concreta da vida desses casais. São: o da psicologicidade, o da igualdade e o da mudança. O primeiro se refere a um movimento de individualização, interiorização e privatização dos sujeitos, quando estes se justificam segundo uma lógica interna a eles mesmos; o que defendemos aqui como compondo os valores do individualismo. Esse princípio, para os sujeitos estudados, leva ao segundo, o de igualdade que se remete a uma oposição a englobamentos e a ordenamentos hierárquicos. O sujeito tem valor por ele mesmo e não porque se insere em classificações sociais. Neste movimento, então, as identidades de gênero não são valores intrínsecos a cada um, ao contrário, há um incentivo para que "cada gênero ingresse e experimente concreta e simbolicamente o universo e até mesmo a identidade do outro" (p. 26). O princípio da mudança se estabelece num compromisso dos sujeitos para com a "autodepuração" e o "auto-aperfeiçoamento", onde tem como imperativo o "questionar-se" e o "libertar-se da rigidez", "não reproduzir". As duas autoras concluem apontando para o grande impasse da conjugalidade "pós-moderna": o ideal de integrar duas individualidades numa singularidade (como casal), tornando contraditório o espaço do individual e coletivo. Desta forma, a proposta de igualdade não acontece, tornando a fórmula do casamento vulnerável. No lugar da igualdade ou são produzidas separações intermináveis, que mais servem para conduzir de novo à incessante busca por um novo casamento, como apontam as duas autoras, ou se produz a violência, defende-se aqui.

Deste ponto, cabe voltar à hipótese de Grossi (1998b) sobre a produção da violência na conjugalidade moderna que se refere ao tema do amor e da paixão, apresentada no primeiro capítulo deste livro[49]. A diferenciação entre amor e paixão da psicanalista Alvarenga (1996) ajuda nesta discussão:

> *"O amor implica em que cada um seja reconhecido pelo outro, tanto como fonte de prazer quanto como possuidor de uma capacidade privilegiada de provocar sofrimento (...) A paixão (...) caracteriza-se pela assimetria. (...) O amor aspira a reciprocidade e adquire valor de descoberta. Já a paixão impossibilita a reciprocidade porque o outro está sobrecarregado de projeções: o ego recai sobre o objeto impedindo qualquer participação deste. (...) A relação passional não apenas anula as diferenças, como anula o outro sujeito"* (Alvarenga, 1996: 28-9).

Nota-se aqui, primeiro, que a paixão, que leva aos conflitos, se aproxima do foco no coletivo, na medida em que se apóia na "assimetria" – como aponta Alvarenga no seu referencial. Mas também se aproxima do foco no indivíduo, porque busca apenas seus próprios interesses e "anula as diferenças" (termo de Alvarenga).

Giddens, uma das referências importantes de Grossi (*id.*) para defender a presença de contradições na conjugalidade moderna, parece falar desta paixão usando do termo "amor romântico". Ele fala que "tal amor projeta-se em dois sentidos: apoia-se no outro e idealizar o outro", e projeta um curso do desenvolvimento futuro" (p. 56), numa tentativa de segurança psicológica. O primeiro sentido – "apoiar-se no outro e idealizá-lo" – está relacionado à complementariedade entre os papéis de gênero. O autor explica o equilíbrio

---

[49] Para confirmar esta linha de discussão cabe lembrar que Salém (id.) afirma que há um "sentido de completude atribuído à união marital que impregna os ditos casamentos modernos" (p. 29).

entre os gêneros dentro do casamento moderno com uma análise sobre como o "amor paixão" passou à "romântico": "o amor romântico era essencialmente feminilizado (...) as idéias sobre o amor romântico estavam claramente associadas à subordinação da mulher ao lar e ao seu relativo isolamento do mundo exterior" (p. 54), "para os homens, as tensões entre o amor romântico e amor ligado à paixão eram tratadas separando-se o conforto do ambiente doméstico da sexualidade da amante ou da prostituta" (p. 55), fazendo com que para eles o amor estivesse mais próximo à idéia de paixão. Já o segundo sentido – "projetar um curso de desenvolvimento futuro" – se refere à busca primeira pelo bem-estar individual ancorando-se portanto na ideologia individualista. O que se vê portanto é o estabelecimento de contradições, como Grossi aponta. Giddens parece resumir essa contradição nas frases: "em certo sentido, o indivíduo fragmentado torna-se inteiro (p. 56)", "a auto-identidade espera sua validação a partir da descoberta do outro (p. 57)".

Jurandir Freire Costa (1999), apoiado em Spinosa, usa outros termos para esclarecer a relação entre a construção do conceito de paixão e o individualismo. Ele fala de amor passivo – que podemos ligar ao conceito de paixão de Alvarenga – e amor ativo. O primeiro, desenvolvido a partir do individualismo moderno, se constitui com uma atitude que espera que o amado seja o complemento que falta a si mesmo para que a felicidade pessoal possa se dar. Já o amor ativo, apregoado pelo autor, olha para o outro e ao mesmo tempo para si mesmo, cobra a ação do outro, também assume a si como co-responsável pela felicidade de ambos.

Neste enfoque, faz sentido a hipótese de Grossi de que a violência conjugal está associada à produção de contradições dentro do modelo de conjugalidade moderna na medida em que ancorado na idéia de amor. Usando a lógica dela, entende-se aqui que, ao se falar sobre ele ou tê-lo sempre como referência nas discussões, cada parceiro tem a tendência de entender que o outro usa o mesmo conceito de amor que ele mesmo, – é ainda um outro aspecto da hipótese da mesma autora de que se concebe o amor como universal –, algo que de fato, dentro da multiplicidade de valores da cultura moderna e da busca pela individuação, é impossível.

Neste movimento, não há encontro, não há novas produções de sentido entre eles que determinem uma direção para a união conjugal. Não há ainda um conceito de amor, de relação conjugal, que agrade a ambos, embora seja o conceito de cada um que una os dois.

Uma idéia que parece essencial nesta linha de discussão, mais voltada a entender o *como* do que o *porque*, é aquela já levantada por Watzlawick, Beavin & Jackson (1998– originalmente de 1967) de que os conflitos familiares surgem quando na "pontuação da seqüência de eventos". Cada sujeito age e fala como se estivesse com a verdade. Essa idéia redimensionada para "um de nós dois tem a verdade", parece dar conta de explicar tanto a dinâmica conjugal violenta com base nos valores do individualismo como aquele com base no patriarcado. Explica-se: dentro dos valores do patriarcado estabelece-se uma relação assimétrica, a partir da noção comum a ambos os parceiros de que o homem tem a verdade, enquanto dentro dos valores do individualismo estabelece-se uma relação simétrica onde cada um dos parceiros se acha o dono da verdade.

Os conflitos violentos aqui já estariam quase explicados seguindo então duas direções. Uma, se pensarmos que o homem no lugar de dono da verdade, no lugar do poder, se pusesse a usar mal esse poder, em benefício próprio, de forma a desvalorizar todas as falas da mulher, ao invés de conjugar suas idéias às dela. Outra direção se daria se pensarmos que na posição de cada um como os donos da verdade, não há acordo possível se as verdades são distintas. Mas o que vemos é que o problema da violência conjugal é ainda mais complexo, na medida em que apreendemos que ambos os parceiros, de todos os casais entrevistados neste estudo, tanto desenvolvem a concepção de que eles próprios têm a verdade como, contraditoriamente, de que o outro tem a verdade.

As mulheres assim vivenciam tais idéias basicamente por assumirem alternadamente a posição tradicional feminina, de buscar o consenso através da renúncia, e a tentativa de contrapor-se a agressão sofrida usando de algum tipo de agressão. Os homens assumem posicionamentos alternados também, ou procurando que os papéis tradicionais de gênero sejam cumpridos por todos, como se esses fossem naturais, ou procurando assumir a culpa por seus comportamentos violentos. Às vezes tanto homens como mulheres, neste estudo mais os homens, vivenciam tais idéias ainda de forma mais confusa: querem mostrar-se fortes e confiantes (como se estivessem com a única e toda verdade), mas, de fato, o que sentem é que são fracos e incapazes de convencer através da conversa seus parceiros, convencer sobre suas verdades, que nem sabem precisamente quais são (posicionando-se deste modo como os que não têm verdade nenhuma). Com essa contradição, não se sabe mais se existe discordância ou concordância entre eles. Os capítulos anteriores, onde se discute pormenorizadamente os casais 3 e 4, serve como exemplo dessas confusões. Note-se que estivemos falando de comunicações (a discussão sobre um tema) e metacomunicações (a forma como cada um se posiciona diante do outro), tentando defender que cada uma delas pode ser construída com base em valores diferentes, mas podendo ser apresentadas ao mesmo tempo, perdendo, portanto, a coerência interna de cada uma delas. Pode-se, portanto, defender que as contradições fazem com que cada um não consiga ser compreendido pelo outro, tendo como conseqüência não conseguir compreender a si mesmo dentro daquela relação. A idéia de que a própria pessoa está com a verdade espelha esta confusão: se um deles tem a verdade então a diferença entre os parceiros está em foco, mas como a idéia é imposta ao parceiro, também está sendo proposta, em outro nível, a igualdade.

Por fim, trazemos um texto de Velho (1981) que nos leva a entender que o problema da cultura ocidental moderna é caminhar na direção por negar a ambigüidade individuação-totalização de todo agrupamento humano. Ele faz parte de sua análise sobre a "violência urbana" (no sentido de ter um *locus* e não de ser um tipo de violência) no Brasil:

> *"Não há uma ordem moral dominante, apoiada em explicações cósmicas e religiosas que justifique a desigualdade, como no modelo tradicional clássico descrito por Dummont. Por outro lado, não chegamos a constituir uma ética social apoiada em uma negociação de realidade travada por indivíduos-cidadãos que possam organizar-se*

e expressar-se politicamente. Existem os dois modelos mas nenhum se realiza plenamente e a violência expressa a tensão e inconsistência de sua convivência. (...) O autoritarismo se manifesta através do exercício de um poder não legitimado em termos morais, religiosos e políticos. Esse é o nosso grande impasse e a violência é sua expressão mais flagrante" (Velho, 1981: 148, grifo meu).

Nesta lógica, o individualismo teria que caminhar (ou retroceder, se nos apoiarmos em Gergen) para apreender os indivíduos enquanto cidadãos, ou seja, enquanto indivíduos inseridos em um coletivo. Sob esta mesma lógica podemos pensar também sobre as sociedades, ou relações pautadas no holismo/hierarquia. Se os valores e imagens delas podem elaborar uma igualdade de direitos entre os indivíduos, embora com funções diferentes, evitam a violência contra os que estão no patamar inferior da hierarquia. Olhando a relação pais x filhos, ou professor x aluno, não se vislumbra que a diferença de maturidade/conhecimento estabeleça deveres e papéis diversos para cada um e não a opressão dos filhos ou alunos?

Com as considerações de Velho então conclui-se aqui que o que se deve condenar de uma ou outra proposta de relação, a de igualdade com o foco no indivíduo e a de hierarquia/desigualdade sob o foco no coletivo – e agora não falamos exatamente de patriarcado e individualismo, mas do que parecem ser suas conseqüências no que diz respeito à construção das dinâmicas relacionais – é o fato de não permitirem que o foco oposto possa emergir na medida em que serve de contraponto a si mesmo, a fim de controlar a produção da violência legitimada por seu próprio foco. A proposta então deve ser de que cada modelo mantenha sua coerência interna, através de seus próprios valores ou sentidos/imagens, mas de forma a manter o movimento contínuo que focaliza ora o indivíduo ora o coletivo.

Nesta linha de argumentação pode-se repensar também como temos definido o que é violência. O conceito de violência de Chauí (1984), levantado na introdução deste estudo (p. 20), ainda se aplica principalmente quando aponta que a violência surge quando converte-se a diferença entre os parceiros em uma desigualdade e uma desigualdade entre superior e inferior. O que se chama de confronto como sobreposição ao outro aproximar-se-ia desta lógica. Só que no argumento elaborado aqui, a violência não surgiria a partir de uma relação "assimétrica", como parece sugerir o conceito de Chauí, mas ao contrário; nem muito menos, por este mesmo motivo, a violência aqui é entendida com base na intenção de exploração e opressão, como aponta Chauí; ela diz que a violência é a "conversão de uma diferença e de uma assimetria numa relação hierárquica de desigualdade, com fins de dominação, de exploração e de opressão". A diferença, na lógica desenvolvida aqui, surge na medida em que remetemos-nos falar dos valores do individualismo, que busca idiossincrasias de cada um, e ao mesmo tempo coloca em pauta a proposta de uma igualdade indiferenciada entre os indivíduos.

Seguindo ainda as críticas de Gregori (1993), de que as explicações de Chauí (*id.*) seguem uma abordagem que apreende as condutas como se fossem uma determinação direta dos valores culturais, é preciso levantar outros aspectos da violência que sirvam para desenvolver um enfoque relacional diante do tema, que mostre as apropriações contraditórias de valores. Defini-se então aqui que as violências conjugais são ações que não apresentam uma possibilidade de negociação entre os parceiros.

Negociar não é renunciar sempre, como se faz na posição submissa, nem muito menos impor, mas ser capaz de apresentar e defender suas verdades e ao mesmo tempo ouvir e tentar compreender as do outro. A verdade de cada um, nesta lógica, se torna um ponto de vista.

Nestes termos, o conceito de violência produzido aqui se refere mais ao significado pelo qual um ato violento/agressivo é produzido, o que se aproxima do de Chauí, em um certo nível. Se ele surge como uma forma de se fazer ouvir, sem que haja a negativa por ouvir o outro, não seria violência. Assim, busca-se aqui dar conta da violência nos moldes tanto da relação hierarquizada quanto na produzida pelo individualismo. Pontua-se que esta visão se distância também da diferenciação de Grossi (1998b) entre violência e agressão, que parece relacionar violência às relações assimétricas do patriarcado e agressão às relações moldadas pelo individualismo, como da de Saffiotti & Almeida (1995), que define os atos do homem como violência e os da mulher como autodefesa.

***

Mas esta discussão ainda continua, mediante a constatação de que o casal 2, discutido no capítulo anterior, viveu uma relação conjugal violenta dentro de períodos distintos, ou seja, dentro de dinâmicas relacionais distintas. Aspecto que ganhou proeminência neste estudo diante 1) de um outro casal contactado, que seria o casal 5 caso não houvesse desistência, e 2) da proposta de Soares (1999) de retomarmos o debate atual sobre a violência conjugal, de forma a conjugar os modelos, o que é feito por ela na medida em que caminha por entender que existem diferentes padrões de relações violentas, sendo um deles constituído como um padrão de aterrorização e chantagem predominantemente feito pelo homem (aspecto defendido pelo primeiro modelo), e o outro padrão por violências de ambas as partes.

c) SIMETRIA E ASSIMETRIA/HIERARQUIA:
RECONHECENDO DOIS PADRÕES DISTINTOS DE CONJUGALIDADE VIOLENTA

Cada um dos parceiros de um quinto casal que se apresentou como pretendente a participar desta pesquisa estabeleceu um contato distinto com a pesquisadora. O homem compareceu ao primeiro dia marcado para que ele participasse do estudo, mas perante a recusa da pesquisadora em contar-lhe o que sua esposa já havia dito a esta, resolve cancelar a entrevista. A mulher continuou os encontros com a pesquisadora, no papel de alguém que busca ajuda a psicóloga da Casa da Mulher, quando apresentou frases próximas a: *"eu nunca consigo ganhar uma discussão com ele"*, *"ele me convence, não sei como"*, *"ele é muito inteligente, ele até contou-me que já enrolou uma psicóloga, pois conhece as artimanhas da psicologia para investigar e driblar um paciente"*, *"eu tenho uma cabeça limitada, sou fraca"*, *"acabo fazendo o que ele quer"* (relatos não gravados).

As descrições desta quinta mulher sobre si mesma se assemelham àquela feita por Carla (M2) sobre suas reações à Paulo (H2) no primeiro período do casamento: *"eu me deixei levar (...) ele fazia o que ele queria comigo, e eu aceitava, eu ficava calada, eu tinha medo dele (...) ele dava na cara, era capaz de eu dar o outro lado e eu ficar quieta"*. Carla, de alguma forma, tal como essa quinta mulher, parece que absorvia a lógica do parceiro.

A definição da equipe de Palo Alto, Watzlawick, Beavin & Jakson (1998), de que existem 2 padrões de interação entre as pessoas pôde estabelecer melhor as diferenças entre os casais. A dinâmica deste quinto casal bem como aquela do primeiro período de união violenta do casal 2, pode ser classificada como tendo uma relação "complementar", que, segundo Watzlawick, *et al,* baseia-se em uma nítida divisão de papéis, ou seja, uma interação em que permutas comunicacionais baseavam-se nas diferenças entre os parceiros, maximizando-as; onde existem comportamentos ajustados que se provocam mutuamente" (p. 63). Enquanto a maioria das dinâmicas desenvolvidas pelos 4 casais entrevistados podem ser classificados dentro da definição de "interação simétrica", que se baseia na igualdade e minimização da diferença, onde "os parceiros tendem a refletir o comportamento um do outro" (p. 63).

Ressalta-se que esta classificação é concebida na observação de *como* os comportamentos se constituem e não diante do *porque* os sujeitos crêem se conduzir de certa forma. Se a classificação fosse feita a partir deste *porque,* explicam os autores, as relações poderiam ainda ser classificadas por exemplo em relações "metacomplementares", em que A deixa ou força B a encarregar-se dele, ou pelo mesmo raciocínio poder-se-ia ainda definir a "pseudo-simetria, em que A deixa ou força B a ser simétrico" (Watzlawick, Beavin & Jakson, 1998: 63); levando a uma regressão infinita de classificações.

A classificação da dinâmica dos casais entrevistados em "relação simétrica" é feita, na medida em que nenhuma das mulheres, tal como fez esta quinta mulher, aceita majoritariamente as definições dos maridos sobre a relação e sobre elas, pelo menos no momento em que elas são feitas. Como já apontado, o que se percebe nos casais entrevistados, é que cada parceiro se propõe muito mais a estabelecer uma escalada simétrica de contraposições ao parceiro. As quatro mulheres entrevistadas relatam que quando seus companheiros lhes atribuem definições de inferioridade ou culpabilidade elas majoritariamente as negam. Mesmo que afirmem ter medo deles em alguns momentos, e se retraírem por isso, admitem-no sempre através da imposição de força, negando que percebam a realidade tal como eles a explicam. O que há de simétrico então é uma tentativa de colocar-se como sujeito que pensa e explica a realidade de forma independente. É neste caminho que se produzem os embates e a falta de consciência das contradições presentes em ambos, a falta de capacidade de "dançar com o outro".

Já a classificação da dinâmica deste quinto casal em "assimétrica/complementar" é confirmada no entendimento de que um dos fatores que dificultaram a esse quinto homem a dar entrevista está relacionado ao "a mais" de poder exercido por ele na relação com sua companheira. Ao ver que ela resolve dar a entrevista ele primeiro tenta estabelecer o controle sobre o conteúdo das entrevistas dela, mas quando não atinge seu objetivo, nega a entrevista como uma forma de não permitir que ela dê ou prossiga com as entrevistas, já que sabe que a proposta da pesquisa só se realizará com o consentimento de ambos.

Abrindo um parêntese para discutir a metodologia deste estudo, levanta-se aqui que a proposta de entrevistar ambos os parceiros, e ainda de forma individual, tem mais possibilidade de levantar dados de casais com relação simétrica. Parece que para pessoas que vivem relações assimétricas as entrevistas são vistas como uma ameaça à estabilização do padrão de relação, enquanto para aquelas que vivem uma relação simétrica, ao contrário, elas confirmam a tendência de cada um por afirmar-se independente nas tomadas de decisão. Torna-se claro então o limite deste estudo: as conclusões sobre o posicionamento dos sujeitos perante os parceiros deve ser vista como compondo uma parcela da população que vive conjugal violenta.

Por fim, apresenta-se o esquema a seguir, a fim de ajudar a visualizar como pudemos neste estudo conjugar e expandir os modelos explicativos sobre violência conjugal:

O modelo de opressão através do gênero

- violência do homem contra a mulher
- o gênero determina comportamentos e percepções distintos para homens e mulheres, hierarquizando a relação entre eles

(vê os valores patriarcais)

O modelo com o foco nas contradições

- violências de todas e para todas as direções (o homem perpetraria mais violência física e a mulher mais violência psicológica)
- o gênero determina atualmente mais dinâmicas intrapsíquicas distintas do para homens e mulheres do que a hierarquização entre eles
- a violência advém do modelo ambíguo de conjugalidade moderna, constituída assim na medida em que ancorado na concepção de paixão/amor passivo

Relação assimétrica violenta com contradições

Os valores do patriarcado determinam o *como*, diferentemente, os homens e mulheres se comportam diante do outro, já os do individualismo para os homens auxiliam na argumentação por continuar agredindo, e para as mulheres tanto determinam pequenas tentativas da mulher de mudar a dinâmica conjugal como auxiliam a argumentação do lugar de vítimas.

Críticos radicais do modelo de opressão

- violência de todas e para todas as direções

(refere-se aos valores individualistas, sem defini-los)

Relação simétrica violenta com contradições

Os valores do individualismo determinam o *como* os sujeitos tentam refletir o comportamento do outro. Já os do patriarcado servem como auxílio para a argumentação que legitima estes comportamentos.

Os modelos não são vistos como opostos entre si, o modelo com o foco nas contradições (por pensar a violência como advinda de conflitos) seria um avanço na discussão, assumindo alguns pontos do modelo baseado na idéia de opressão e outros dos críticos radicais deste último modelo.

Tentamos avançar na discussão a partir do modelo baseado na idéia de conflito, mas de forma a tentar acomodar melhor alguns aspectos do modelo baseado na idéia de opressão. Neste caminho, classificamos as relações violentas em dois tipos: simétrica e assimétrica, tendo entendido que o problema de cada uma delas está em serem constituídas a partir de contradições. Esta classificação é feita a título de didática apenas, porque o que acontece de fato é um processo que se dá do modelo patriarcal em direção ao modelo individualista. A relação assimétrica violenta teria sido posta em evidência pelo modelo baseado da idéia de opressão, quando centra suas críticas ao patriarcado, enquanto a relação simétrica teria ganhado visibilidade a partir das críticas radicais a este modelo, na medida em que pudemos relacioná-las às críticas feitas à ideologia individualista.

Classificar uma relação de simétrica violenta aqui não significa acusar a presença de agressões de todas e para todas as direções, mas tão-somente a possibilidade de que isso aconteça. O que não seria possível, pelos menos de forma permanente, na relação assimétrica/complementar.

É necessário ainda explicar que ao definirmos todos os casos deste estudo, nas suas relações atuais, como "relações simétricas", não significa negar que às vezes, minoritariamente, ainda promovam uma relação assimétrica/complementar. Vemos que assim se configuram claramente alguns de seus momentos o casal Sílvia e João Pedro (casal 4) e Carla e Paulo (casal 2), porém, a cada dia menos.

Apreende-se que se o movimento entre uma e outra forma de relação, por um lado, reflete o quanto os casais estão perdidos em meio às contradições de sentido, por outro, estabelece o quanto existe a possibilidade de que eles juntos, ou pelos menos um deles, supere a relação violenta.

Isto fica claro com a definição de Watzlawick, Beavin & Jakson (1998) sobre o que eles consideram ser uma relação saudável: manter o movimento contínuo, em que os parceiros podem experimentar, diante de temas específicos e em momentos distintos, ora relações complementares ora simétricas. Seria de novo dizer, dentro da discussão em torno do foco no coletivo ou no indivíduo, que é preciso olhar ora para nossas idiossincrasias ora para o que temos em comum com os outros.

Como conclusão em torno do debate sobre violência conjugal, ou melhor, do tema sobre a violência contra a mulher, defende-se então que o ponto de vista da mulher e/ou feminista radical deve ser pensado como um elemento fundamental e indispensável, porém não único, para a construção de relações conjugais satisfatórias para ambos os parceiros no mundo contemporâneo.

Nesta direção, o movimento feminista deve empoderar-se ainda mais, mas de forma a aprimorar seu discurso. As palavras da historiadora Scott (1992) esclarecem:

"Nas histórias do feminismo e nas estratégias políticas feministas tem que existir ao mesmo tempo uma atenção às operações da diferença e uma insistência nas diferenças, mas não uma simples substituição de diferença binária por múltipla, porque não é um alegre pluralismo que precisamos evocar. A resolução do 'dilema da diferença' não vem de ignorar ou assumir a diferença como se constitui normativamente. Em efeito, me parece que a posição crítica feminista deve sempre implicar os <u>movimentos</u>. O primeiro é a crítica sistemática das operações de diferença categórica, a revelação dos diversos tipos de exclusões e inclusões – as hierarquias – que constrói, e uma renúncia a sua 'verdade' essencial. No entanto, <u>não uma renúncia em nome de uma igualdade que implica similitude ou identidade,</u> e sim, pelo contrário (e este é o segundo movimento), em nome de uma igualdade que se apóia nas diferenças – diferenças que confundem, desorganizam e tornam ambíguo o significado de <u>qualquer oposição binária fixa</u>. Fazer qualquer outra

coisa é aceitar o argumento de que a similitude é um requisito para a igualdade, uma posição insustentável para feministas (e historiadores) que sabem que o poder se constrói no, e portanto deve ser questionado desde o, terreno da diferença." (p. 104, grifos meus)

CONSIDERAÇÕES FINAIS

Neste estudo tentamos caminhar na discussão sobre a complexidade da violência no vínculo conjugal aproveitando as contribuições de ambos os pólos do debate atual sobre o tema. Ficou claro que não podia ser usado (de forma bruta) o argumento de que existem sentimentos "inconscientes", próprio do modelo explicativo que falava em "violência doméstica", porque o outro pólo negava-se a falar de psicopatologias individuais. Nem muito menos podíamos usar do posicionamento político fechado na idéia de que só os homens são violentos, próprio do modelo que enfatizava a importância de olharmos para os valores culturais, porque este era um dos pontos mais polêmicos do debate. A solução foi então discutirmos o tema em termos de contradições entre valores e conceitos (implícitos ou não). Este parece ser, enfim, um caminho mais fácil para estabelecer um diálogo tanto entre os modelos explicativos, como diante das pessoas que vivem relações conjugais violentas, e também entre os parceiros.

Buscamos então identificar os múltiplos sentidos produzidos pelas pessoas que vivem uma relação conjugal violenta, conscientes de que fizemos uso de categorias pré-estebelecidas. Essa foi a forma encontrada para construir um eixo de discussão, importante diante da confusão marcadamente presente nos discursos daqueles que vivem relações conjugais violentas. Mas ainda cuidando para que as categorias não abafassem pontos importantes que configuram o "nó" da contradição que mantém as relações conjugais violentas.

Constatamos que os homens não usam apenas de argumentos em torno da idéia de que a violência perpetrada por eles constitui-se como uma medida educativa de punição diante de suas companheiras, no sentido de que elas precisam obedecer-lhes, como a teoria que defende a violência como um mecanismo de controle dos homens diante das mulheres tende a encontrar. Eles já falam de dificuldades emocionais, de excesso de tensão advindas de outras relações de <u>ambos</u> os parceiros, ou seja, já usam também de argumentos ancorados em uma proposta de igualdade entre os parceiros.

Apreendemos também que as mulheres deste estudo não estão tão perdidas dentro de seus argumentos, no sentido de que são vítimas com síndromes psicopatológicas graves em virtude da violência recebida. Isso não porque não sejam vítimas, mas por possuírem um papel ativo em direção a saírem da relação violenta. Até certo ponto tentamos valorizar positivamente suas reações diante da violência recebida, na medida em que a partir dessas põe-se em discussão o tema da violência, definindo-a como um comportamento que precisa ser extinto ou pelo menos diminuído. Mas, por outro, chamamos a atenção para o fato de que muitas vezes o combate à violência recebida se torna também uma violência. Neste ponto então, de vítimas as mulheres podem passar a ser também agressoras. Defendemos que isso acontece, muitas vezes, porque elas mantêm o olhar focalizado em si mesmas (o que é necessário quando são vítimas, na medida em que precisam se proteger e se valorizar), mesmo após já terem redistribuído o poder entre elas e seus parceiros, por exemplo, através da denúncia na delegacia, ou negando-se a relações sexuais etc. Quando agridem, não falam de punição, como os homens, mas usam da idéia de autodefesa, o que na verdade já é um ataque.

A pluraridade de explicações feitas pelos homens sobre suas próprias agressões e até aquelas praticadas pelas suas companheiras, estaria relacionada à também estarem, como suas companheiras, bem como através delas, sob a influência das novas mudanças culturais que abominam a violência intrafamiliar. O foco em si mesmo, uma das grandes tendências da cultura ocidental moderna, que alguns autores chamam de *individualismo,* é o que o definimos como um dos grandes fatores, ainda não discutidos claramente na literatura sobre o tema, que levam à violência conjugal atualmente.

Desenvolvemos também, neste estudo, uma forma de explicitar a relação pesquisadora e entrevistados, de mostrar como o posicionamento da pesquisadora influi na formatação dos dados/narrativas colhidos e na análise, sem cair no que Grossi (1998) condena como sendo uma confissão do pesquisador, atitude que não ajuda na discussão. Optou-se por relatar os contextos das entrevistas e contatos com os sujeitos, esclarecer as apropriações e usos de conceitos para a análise dos dados, atrelar as narrativas dos sujeitos a algumas perguntas da entrevistadora/pesquisadora, e acrescentar pequenas discussões acessórias como uma forma de relativizar seus achados.

Acreditamos ainda que, ao final, pudemos ampliar a forma de classificação proposta por Soares (1999), quando afirma que existem, além de diferentes modos de significar a violência, diferentes padrões de relações violentas. Relacionamos a distribuição da violência entre homens e mulheres na relação conjugal à forma como cada um se posiciona diante do parceiro. Teríamos então relações majoritariamente simétricas, onde a violência pode mais facilmente ser perpetrada em todas as direções, e outras basicamente assimétricas/complementares, onde existe predominantemente a violência masculina.

Mas há que se investigar, pensar e discutir, se esta classificação ajuda ou atrapalha. Pontua-se que essa categoria foi estabelecida tentando mostrar como o individualismo é mais atuante em alguns casos do que em outros, embora os valores do patriarcado ainda estejam presentes em todos os casos.

Há que se chamar à atenção também que existem outras formas de investigar sobre a interação entre os parceiros. Este estudo tentou realizar esta investigação comparando as narrativas de cada um, feitas separadamente. Uma análise sobre as narrativas feitas conjuntamente provavelmente revelaria novos aspectos da problemática, revelaria mais claramente a produção conjunta de sentidos e contradições. Direção esta que demandaria ainda novas avaliações sobre a ética e proteção às vítimas relacionadas à forma de coleta de dados.

Análises ainda sobre intervenções, por exemplo, diante de grupos de discussões em comunidades, ou ambulatórios, ou na forma de psicoterapias grupais relacionadas ao tema, ou de casais, parem ser uma das direções mais ricas no sentido de colhermos novas contradições de sentido, e a construção delas.

É preciso identificar processos de aquisição e uso dos valores/conceitos para que possamos ser capazes de pensar em estratégias de intervenção que estejam voltadas a mudança de atitudes/ posicionamentos das pessoas que vivem uma relação conjugal violenta.

Por fim, é pertinente trazer e apoiar, em função dos resultados deste estudo, as apreciações de Soares (1999) sobre a diversidade de intervenções já existentes diante do problema em questão. Ela conclui que não se deve procurar a melhor intervenção, de forma geral, a atenção deve se dar na construção do maior número possível de alternativas interventivas. Assim, podemos olhar os casos individualmente, tomando o cuidado de dar apoio à tomada de decisões das vítimas por continuar ou não com a relação que construíram, e ao mesmo tempo estabelecendo a responsabilização daqueles que perpetram violências, senão pela interiorização desta pelos mesmos, pela expiação executada por outros após um julgamento estabelecido pelo consenso entre diferentes correntes de entendimento da problemática.

É preciso procurar desenvolver uma linguagem que estabeleça relações sociais onde todos tenham direito a voz. Propomos aqui que nossas conclusões sejam apresentadas como um ponto de vista, que não precisa exatamente ser aceito mas considerado. Propomos uma forma de explicar a produção da violência que identifique as semelhanças e não apenas as diferenças entre os parceiros. Propomos a responsabilização de cada um pelos seus atos, ao mesmo tempo em que a contextualização deles.

REFERÊNCIAS BIBLIOGRÁFICAS

ALVARENGA, L. L. (1996). Uma Leitura Psicanalítica do Laço Conjugal. Em: T.F. Carneiro **Relação Amorosa, Casamento, Separação e Terapia de Casal** (pp. 25-35). Associação Nacional de Pesquisa e Pós-Graduação em Psicologia.

ALVES, A. J. (1991). O Planejamento de Pesquisas Qualitativas em Educação. **Cadernos de Pesquisa,** 77: 53-61.

AMADO, J. (1997). A Culpa Nossa de Cada Dia: Ética e História Oral. **Projeto história**, 15: 145-155.

ARILHA, M. (2000). Homens Jovens, Gênero e Masculinidades. **Perspectivas em Saúde e Direitos Reprodutivos**, 2 (3): 21-25.

BARSTED, L. A. L. & ALVES, B. M. (1987). Novos Padrões e Velhas Instituições: Feminismo e Família no Brasil. Em I. Ribeiro (org) **Sociedade Brasileira Contemporânea, família e valores** (pp. 205-223). São Paulo: Edições Loyola.

BERNARDES, N. M. G. (1993). Autonomia/Submissão do Sujeito e Identidade de Gênero. **Cadernos de Pesquisa**, 85: 43-53.

BIASOLI-ALVES, Z. M.M. (1998). A Pesquisa psicológica – análise de métodos e estratégias na construção de um conhecimento que se pretende científico. Em: G. Romanelli & Z.M. Biasoli Alves, **Diálogos Metodológicos sobre Prática de Pesquisa** (pp. 135-158). Ribeirão Preto: Legis Suma.

_____ & Dias da Silva, M.H.F.G. (1992). Análise qualitativa de dados de entrevista: uma proposta. **Paidéia - Cadernos de Psicologia e Educação**, 2: 61-69.

BOM MEIHY, J. C. S. (1996). **Manual de História Oral**. São Paulo: Ed. Loyola.

BONETTI, A. & WIGGERS, R. (1999). Antropologia e Violências: Notas para uma Reflexão acerca da Pluralidade do Fenômeno da Violência. **Texto e Contexto – Enfermagem**, 8 (2): 483-488.

BURGESS, R. L.; GARBARINO, J.; GILSTRAP, B.(1983). Violence to the Family. Em: E. Callaban & K. A Maccluslay (ed.) Life-Span **Developmental Psychology: Nonnormative Life Events** (pp. 193-216). London:Academic Press.

CABRAL, M. A. A. (1999). Prevenção da Violência Conjugal Contra a Mulher. **Ciência e Saúde Coletiva,** 4 (1): 185-191.

CARDOSO, N. M. B. (1997). Psicologia e Relações de Gênero: A socialização do Gênero Feminino e suas Implicações na Violência Conjugal em Relação às Mulheres. Em: A V Zanella; M.J.T. Siqueira; L.A Lulhier & S.L. Molon **Psicologia e Práticas Sociais.** (pp. 280–292). Porto Alegre: ABRAPSOSUL

CHAUÍ, M. (1984). Participando do Debate sobre Mulher e Violência. Em **Perspectivas Antropológicas da Mulher** (pp. 23-62). Rio de Janeiro: Zahar.

CHODOROW, N. (1979). Estrutura Familiar e Personalidade Feminina. Em M.Z. Rosaldo & L. Lamphere (org.) **A Mulher, a Cultura, a Sociedade** (pp.65-94). Rio de Janeiro: Paz e Terra.

CHODOROW, N. (1990, originalmente de 1978). **Psicanálise da Maternidade, uma Crítica a Freud a Partir da Mulher**. Rio de Janeiro: Rosa dos Tempos.

COSTA, J. F. (1999). **Sem Fraude nem Favor, Estudos sobre o Amor Romântico.** Rio de Janeiro: Roxo, 3ª ed.

DAVIES, B. & HARRÉ, R. (1991). **Positioning: The Discursive Production of Selves.** Disponível na Internet : http://www.massey.ac.nz/~Alock/position/position.htm. Acessado em 1999.

DEMARTINE, Z. B. F. (1992). Trabalhando com Relatos Orais: Reflexões a Partir de uma Trajetória de Pesquisa. **Textos CERU**, 3 (2): 42-60.

D'OLIVEIRA, A F. (1996). **Gênero e Violência nas Práticas de Saúde: Contribuição ao Estudo da Atenção Integral à Saúde da Mulher.** Dissertação de mestrado. Faculdade de medicina da USP, Departamento de Medicina Preventiva. São Paulo.

ELKAÏM, M. (1990). **Se Você Me Ama, Não Me Ame: Abordagem Sistêmica em Psicoterapia Familiar e Conjugal**. Campinas: Papirus Editora.

ETHERINGTON, K. (1996). The Counselor as Researcher: Boundary Issues and Critical Dilemmas. **British Journal of Guidance and Counseling**, 24 (3): 339-346.

GERGEN, K. J. (1994). **Realities and Relationships – Soundings in Social Construction**. Cambridge: Harvard University Press.

GIDDENS, A.(1993). **A Transformação da Intimidade: Sexualidade, Amor e Erotismo nas Sociedades Modernas**. São Paulo: Edusp.

GILLIGAN, C. (1991). **Uma Voz Diferente**. Rio de Janeiro: Editora Rosa dos Tempos.

GREGORI, M. F. (1993). **Cenas e Queixas**, São Paulo: Paz e Terra.

GROSSI, M. P. (1994). Novas/Velhas Violências Contra a Mulher no Brasil. **Revista Estudos Feministas**. Número especial: 473-488.

_____(1998a). Gênero, Violência e Sofrimento. **Cadernos Antropologia em Primeira Mão**, n. 6:1-20.

_____(1998b). Rimando Amor e dor. Reflexões sobre a violência no vínculo afetivo- conjugal. Em J.M. Pedro; M.P. Grossi, **Masculino, Feminino, Plural** (pp. 293-313). Florianópolis: Editora Mulheres.

_____(1998c). Direitos Humanos, Feminismo e Lutas contra a Impunidade. **Cadernos Antropologia em Primeira Mão**, 26:1-13.

HEILBORN, M. L. (1996). Violência e Mulher. Em G. Velho & M. Alvito (orgs) **Cidadania e Violência** (pp. 89-97). Rio de Janeiro: Ed. UFRJ e Ed. FGV.

LAING, R. D. (1977). **Laços**. Rio de Janeiro: Imago Editora, 2a ed.

LAURETIS, T. A (1994). A tecnologia do gênero. Em: Holanda, H.B. (org) **Tendências e Impasses, o feminismo como crítica da cultura** (pp.206-242). Rio de Janeiro: Rocco.

KEHL, M. R. (1996). **A Mínima Diferença: Masculino e Feminino na Cultura.** Rio de Janeiro: Imago.

MACHADO; L. Z. (1992). Feminismo, Academia e Interdisplinariedade. Em A O. Costa & M. C. Bruschini (org.) **Uma questão de Gênero** (pp.24-38). Rio de Janeiro: Rosa dos Ventos.

MÉNDEZ, C. L. (1995). Violência em la Pareja. Em H. Maturana; F. Coddou; H. Montenegro; G.Kunnstman & C. L. Méndez (orgs) **Violência en sus Distintos Ambitos de expresion.**(pp.23-38) Santiago: Dolmen Ediciones

_____ ;CODDOU, F.; MATURANA, H. (1998a) A Constituição do Patológico: Ensaio para Ser Lido eM Voz Alta por Duas Pessoas. Em H. Maturana (ed) **Da Biologia à Psicologia.** (pp. 147-178) Artes Médicas, Porto Alegre, 3ª ed.

OLIVEIRA, R. D.; BARSTED, L. L. & PAIVA, M. (1984). **A Violência Doméstica.** Rio de Janeiro: Editora Marco Zero.

PEREIRA DE QUEIROZ, M. I. (1987). Relatos Orais: do Indizível ao Dizível. **Ciência e Cultura,** 39 (3): 272-286.

PRADO, (1996) M. C. C. A.; Uma Introdução aos Quiproquós Conjugais. Em: T.F. Carneiro **Relação Amorosa, Casamento, Separação e Terapia de Casal** (pp. 17-24). Associação Nacional de Pesquisa e Pós-Graduação em Psicologia.

RAVAZOLLA, M. C. (1999a). Algunos Dilemas en el Campo de la Violencia Familiar. **Texto e Contexto - Enfermagem,** 8 (2): 39-52.

RAVAZOLLA, M. C. (1999b). **Historias Infames: los Maltratos en las Relaciones.** Buenos Aires:Editora Paidós, 2ª ed.

RIFIOTIS, T. (1997). Nos Campos da Violência: Diferença e Positividade. **Cadernos Antropologia em Primeira Mão,** 19:1-18.

ROSSETTI-FERREIRA; M. C.; AMORIM, K.S.; SILVA, A. P. S. (2000). Uma perspectiva Teórico-Metodológica para Análise do Desenvolvimento Humano e do Processo de investigação. **Psicologia: Reflexão e Crítica,** 13 (2) 281-293.

SAFFIOTTI, H.I. B. (1992). Rearticulando Gênero e Classe Social. Em A L. Costa. & C. Bruschini (orgs) **Uma Questão de Gênero** (pp. 183-215.) São Paulo: Editora Rosa dos Tempos

_____ (1994). Violência de gênero no Brasil Contemporâneo. Em H.I.B. Heleieth & M. Muñoz-Vargas (orgs) **Mulher Brasileira é assim** (pp. 151-186). Brasília: Rosa dos Tempos.

_____& ALMEIDA, S.S. (1995) **Violência de Gênero, Poder e Impotência**. Rio de Janeiro:Revinter.

_____ (1999) **A Impunidade na Violência Doméstica**. Notícias FAPESP 39, Jan./fev.

SALÉM, T. (1989). O Casal Igualitário: Princípios e Impasses. **Revista Brasileira de Ciências Sociais**, 3 (9): 24-37, fev.

SCOTT, J. (1990). Gênero: uma Categoria Útil de Análise Histórica. **Educação e Realidade,** 16(2): 5-22.

_____ (1992). Igualdad versus diferencia: los usos de la teoria postestruturalista.. **Feminist Studies**, 14 (1)85-104.

SLUSKI, C. E. (1996). Violência Familiar e Violência Política: implicações terapêuticas de um modelo geral. Em D.F. Schnitman (org) **Novos Paradigmas, Cultura e Subjetividade** (pp.229-244) Porto Alegre: Artes Médicas.

SPINK, M.J.P. & Gimenes, M. G. G. (1994). Práticas Discursivas e Produção de Sentido: Apontamentos Metodológicos para a Análise de Discursos sobre Saúde e Doença. **Saúde e Sociedade**, 3(2): 149-171.

SPINK, M. J. P. (1996). **O Discurso como Produção de Sentido.** VI Simpósio de pesquisa e Intercâmbio Científico da ANPEPP, pp.1-15.

_____ (org) (1999) **Práticas Discursivas e Produção de Sentidos no Cotidiano: Aproximações Teóricas e Metodológicas**. São Paulo: Editora Cortez.

_____& Menegon V. M. (1999). A pesquisa como prática discursiva: superando os horrores metodológicos. Em: M.J.P. Spink (org) **Práticas Discursivas e Produção de Sentidos no Cotidiano: Aproximações Teóricas e Metodológicas** (pp.63-92). São Paulo: Editora Cortez.

_____& Lima, H. (1999) Rigor e visibilidade: a explicitação dos passos da interpretação. Em: M.J.P. Spink (org) **Práticas Discursivas e Produção de Sentidos no Cotidiano: Aproximações Teóricas e Metodológicas** (pp.93-122). São Paulo: Editora Cortez.

SOARES, B. M. (1999). **Mulheres Invisíveis: Violência Conjugal e Novas Políticas de Segurança.** Rio de Janeiro: Civilização Brasileira.

TOLSTÓI, L. (1994, original de 1893). **O reino de Deus está em vós.** Rio de Janeiro: Rosa dos Tempos, 2a ed.

VAITSMAN, J. (1994). **Flexíveis e Plurais: Identidade, Casamento e Família em Circunstâncias Pós-Modernas.** Rio de Janeiro: Rocco.

VELHO, G. (1981). **Individualismo e Cultura: Notas para uma Antropologia da Sociedade Contemporânea.** Rio de Janeiro: Zahar Editores

WATZLAWICK, P; BEAVIN, J. H.; JAKSON, D. D. (1998, orig. 1967). **Pragmática da Comunicação Humana. Um estudo dos Padrões, Patologias e Paradoxos da Interação.** São Paulo:Editora Cultrix, 10ª ed.

ANEXO 1A

CONSENTIMENTO INFORMADO

Eu,_____
declaro que aceito participar da pesquisa realizada por Kátia Neves
Lenz César de Oliveira que tem por objetivo conhecer o ponto de
vista de homens e mulheres casados em que a mulher registrou queixa contra o marido na Delegacia de defesa da Mulher.

Declaro também que:

• estou aceitando voluntariamente participar deste estudo, não
tendo sofrido nenhuma forma de pressão para isto, o que implica
ainda que se desistir de participar da pesquisa minha decisão não
implicará em recusa por parte da pesquisadora para atendimento
psicológico ou para encaminhamentos para outros profissionais.

• e que fui assegurado que as informações prestadas por mim
serão utilizadas somente para este estudo e de forma a não me identificar.

Ribeirão Preto, _____ de 199___

ANEXO 1B

TERMO DE COMPROMISSO

Eu, Kátia Neves Lenz César de Oliveira (CRP n. 06/54336-8) declaro que sou pesquisadora e entrevistei _____ para a pesquisa que tem como objetivo conhecer o ponto de vista de homens e mulheres casados em que a mulher registrou queixa contra seu marido na Delegacia de Defesa da Mulher.

Comprometo-me a usar o material colhido somente para a pesquisa e de forma a não identificar os entrevistados.

Declaro também que a desistência à participação na pesquisa não implicará de minha parte em qualquer recusa a atendimento psicológico ou a encaminhamentos dos entrevistados.

Ribeirão Preto, _____ de 199___

ANEXO 1c

CONSENTIMENTO INFORMADO 2

Eu,_____
declaro que aceito participar da pesquisa realizada por Kátia Neves Lenz César de Oliveira que tem por objetivo conhecer o ponto de vista de homens e mulheres casados em que a mulher registrou queixa contra o marido na Delegacia de defesa da Mulher. Minha participação se faz em contar o que eu julgar importante e quiser contar sobre minha história de vida, sendo minha narrativa gravada em áudio.

Declaro também que:

• estou aceitando voluntariamente participar deste estudo, não tendo sofrido nenhuma forma de pressão para isto, o que implica ainda que posso interromper a qualquer momento minha participação nesta pesquisa.

• que fui assegurado que as informações prestadas por mim serão utilizadas somente para este estudo e de forma a não me identificar.

• que me foi informado de que esta pesquisa não acarretará a mim nenhum benefício direto.

• que ainda tenho assegurado que posso dispor de encaminhamentos a profissionais caso julgue necessário após as entrevistas, tanto quanto de esclarecimentos sobre a andamento da pesquisa.

_____

Ribeirão Preto, _____ de 199___

_____

Kátia Neves Lenz César de Oliveira (CRP n. 06/54336-8)

Ribeirão Preto, _____ de 199___

ANEXO 2

Mais características do casal 2:

CARLA E PAULO (casal 2)- **A separação lenta e gradual, mas o fim ...: exigências opostas quanto a manter ou não a união, mas que levam ambos a autoculpabilizações após realizadas**

São casados há 15 anos, têm 5 filhos e mais 2 de anteriores relacionamentos de Carla (de 6 a 19 anos, 6 meninas e 1 menino). Ela, 34 anos, branca, é diarista, cursou até a sétima série. Ele, 35 anos, mestiço, é mecânico desempregado a oito anos, cursou até a quarta série. A renda familiar no período das entrevistas é por volta 200 reais (1 salário mínimo e meio).

Carla (M2) e Paulo (H2), a contar da época da entrevista, são casados há 13 anos. Eles se conheceram e resolveram morar juntos quando Carla estava viúva e grávida de um segundo filho. Após mais ou menos 2 anos de união casaram-se oficialmente em virtude do nascimento da primeira filha do casal. A relação após poucos anos de convivência gerou muitas brigas e denúncias em Delegacias, e por fim 5 filhas. Há 6 anos, Carla propôs a separação, vendendo a casa e suas coisas para dividi-las com ele e mudando-se de cidade em fuga, mas Paulo escondido (segundo ela) seguiu atrás da família, embora já tivesse gastado todo o seu dinheiro. Durante as entrevistas Carla vive o longo processo de tentar se separar de Paulo. Expulsa-o de casa várias vezes, já com mandato judicial e chamadas constantes da polícia para ajudá-la; mas Paulo está constantemente em casa, preferencialmente embriagado, quando acontecem cenas de discussão, com ofensas verbais e violência física por parte de ambos. Paulo diz querer manter a convivência com Carla em função de não ter para onde ir e para cuidar dela e das crianças, mas contraditoriamente não procura emprego ou nega-se a aceitar ou manter-se por muito tempo em algum emprego. Ainda mantém um relacionamento violento também com os filhos, desvalorizando-os com xingamentos erotizados. Tendo até promovido relações sexuais, com estranhos no quintal da casa, e ainda tentativas de suicídio através enforcamento, a fim de promover o constrangimento na família. Carla acaba permitindo que Paulo entre na casa em alguns momentos, dando-lhe comida e lavando ou pedindo à filha para lavar suas roupas. Quanto a dormir, só permite que passe a noite no quintal. Defende basicamente assim lidar com ele em função de angariar alguma paz, argumentando também o quanto quer desenvolver um comportamento que seja diferente do dele, que seja democrático.

Carla foi abandonada, juntamente com a família, pela sua mãe quando tinha dois anos. Sua mão foge levando somente seu irmão mais novo, que ainda era um bebê. Ela acha que o seu pai fez à sua mão algo grave, mas nunca soube o quê. Lembra apenas do fato dela reclamar do vício dele de beber. Com a ausência de mãe, seu pai resolve encaminhar os 5 filhos para um orfanato. Lá Carla viveu até aos 12 anos, quase sem contatos com o pai quando enfim volta (com os irmãos) a viver com ele. Nesta época pára de estudar e começa a trabalhar, mas experimenta bons momentos com o pai ao julgar-lhe amigo dos filhos e possuindo valores democráticos que fazia questão de ensinar, apesar dele beber muito e não esforçar-se em tarbalhar para sustentá-los. Este morreu de cirrose hepática, por excesso de bebida, quando Carla tinha 15 anos, causando-lhe muita mágoa, por sentir-se abandonada de novo, e ao mesmo tempo com saudades. Casa-se aos 18 anos após um namoro tranqüilo com um rapaz, tem uma filha, e com 2 anos de casada, vivendo um casamento bom, segundo ela, seu marido morre em um acidente de trânsito. Mais tarde depois de alguns namoros e uma gravidez, conhece Paulo e resolve amasiar-se com ele, a partir de argumentos mais relacionados à comodidade de uma mulher casada; não há referência a sentimentos de amor por ele no seu relato.

Paulo, veio de uma família de 12 irmãos. Seu pai era violento para com a sua mãe, abandonando-a várias vezes para morar com outras mulheres, até que sua mãe resolve fugir para outra cidade com os filhos ainda pequenos. Paulo lembra com prazer a preferência de seu pai por ele, mas só volta a ter contato com ele na vida adulta. Sua mãe era sua referência quando se sentia atordoado com alucinações, que surgiram desde a adolescência, mas, morreu quando ele tinha por volta de 18 anos. Paulo se envolve nas drogas e álcool desde adolescente através dos amigos. Conhece Carla, acha-a muito bonita, diz que mentia sobre como era. Após algum tempo de namoro muda-se para a casa dela. Paulo nega sentir amor ou paixão por ela, embora fale de admiração e cuidado para com ela.

As 4 entrevistas de Carla são feitas consecutivamente, durante 4 semanas, 4 horas de gravação. Das 3 entrevistas de Paulo, 1 é realizada logo depois das entrevistas de Carla, os outras duas aproximadamente 8 meses depois, quando por acaso a entrevistadora e ele se encontram e combinam outra entrevista, apesar de Paulo já ter faltado anteriormente a 3 encontros marcados sob o argumento de que aqueceu. Na segunda entrevista fala 3 horas e na última, um dia depois, mais 1 hora.